文化鄱阳丛书　顾问　周金明
　　　　　　　　　　胡　斌
　　　　　　　主编　应美星

陈先贤

编著

文化鄱阳

文化卷

江西高校出版社
JIANGXI UNIVERSITIES AND COLLEGES PRESS

图书在版编目(CIP)数据

文化鄱阳. 文化卷/陈先贤编著. —南昌:江西高校出版社,2021.4(2022.3 重印)

(文化鄱阳丛书/应美星主编)

ISBN 978-7-5762-0462-9

Ⅰ. ①文… Ⅱ. ①陈… Ⅲ. ①文化史—鄱阳县 Ⅳ. ①K295.64

中国版本图书馆 CIP 数据核字(2020)第 212621 号

出版发行	江西高校出版社
社　　址	江西省南昌市洪都北大道 96 号
总编室电话	(0791)88504319
销售电话	(0791)88522516
网　　址	www.juacp.com
印　　刷	天津画中画印刷有限公司
经　　销	全国新华书店
开　　本	700mm×1000mm　1/16
印　　张	17
字　　数	260 千字
版　　次	2021 年 4 月第 1 版
	2022 年 3 月第 2 次印刷
书　　号	ISBN 978-7-5762-0462-9
定　　价	58.00 元

赣版权登字-07-2020-1157

编委会名单

序　一

张祯祥

县委宣传部部长应美星同志主编、陈先贤编著的《文化鄱阳丛书》即将付梓，草草地翻了翻，这套书信息量很大，内容广博，意蕴深邃，对鄱阳的历史文化做了一次较为精细的回顾，值得称许。

鄱阳是江西拥有域名最早的两个县之一，秦初立县，东汉末年析豫章立郡，历享"银鄱阳"之誉，是江南著名的鱼米之乡。

2014年下半年在组织的安排下，我来到鄱阳任职，开始服务鄱阳人民，并成为鄱阳的一员。鄱阳是我从小耳熟能详的地方，在我们余干，更多的时候不称鄱阳而称饶州。那时在我心中，鄱阳是个繁华的地方。后来读书接触的东西多了，我对饶州也就是鄱阳又有了一些新的了解，知道她不但是江西最早存有域名的地方，而且是本省建县最早的两个县之一。在漫长的历史时期，鄱阳一直是郡、州、府所在地，与余干、余江、万年、德兴、乐平、浮梁同属一个行政体。我来到鄱阳后，进一步了解到鄱阳是江西发展得较好的地区之一：沐浴在中国传统文化阳光里的鄱阳，长期以来一直深受众多历史文化名人的熏陶与影响，人才辈出，水运发达，是江西农业、商业和手工业"早熟"的地区，是江南较为富庶的鱼米之乡，也是文化璀璨、教育趋前的地方，尤其是文化，可以用四个字概括——"博大精深"。

对于鄱阳文化的“博大精深”，以前总是从她的历史长度去看，很少从她的历史宽度去深入了解，即使是通过翻阅县志，也难窥见比较完整的当时面貌。因为，县志受体例制约，无法过度去拓展。这套书好就好在它不受这些限制，可以就事就人去拓宽视野，尽最大努力搜集有关鄱阳的人和事。这些人和事，使我们加深了对不同历史时期鄱阳的发展脉络和当时所处的地位的认识。

在赣东北地区，鄱阳历史与文化的深远影响，远远不止这种地域的划分与人口迁徙这么简单。从这套书中，我们可以清楚地看到，鄱阳的历史文化既具有文化品质的包容性，又具有历史文化的传统性和创造的广泛性。它的包容性，即求同存异和兼收并蓄。求同存异，就是能与其他文化和睦相处；兼收并蓄，就是能在文化交流中吸收、借鉴其他文化的积极成分，并以此增强对自身文化的认同和对其他文化的理解和认知。

如果追溯历史，鄱阳湖与鄱阳有着非同一般的渊源关系，不只是湖名得名于县，其漫浸的广袤地区，有不少曾为“番”所属。在现代学者看来，称谓江西文化时，除了“赣”字之外，“鄱”也是最能指代江西的字。当然，这里的“鄱”虽然包含广大的鄱阳湖流域，但“鄱”字的源流与“番”息息相关。江西学者傅修延说：“根据学界考证，‘赣’字中的‘章’旁，表明赣江流域的先民与北方漳河流域的漳人有关（也有人说源于战国时期江淮流域的‘豫章’）；而‘鄱’字中的‘番’旁，又提示鄱阳湖地区的先民有自己的来源——《山海经·海内经》中那个‘始为舟’的黄帝后裔番禺。”当然，这是一家之言。不过，在上古文献中，无论是《左传》还是《战国策》，都很难找到江西人的踪影，重大事件基本上发生在北方。古代江西有史可考的最早人物为春秋晚期楚大夫

潘子臣和吴国的公子庆忌。《史记·吴太伯世家》载,公元前504年,“吴王使太子夫差伐楚,取番”。《左传·定公六年》载:“吴大子终累败楚舟师,获潘子臣、小惟子及大夫七人。”《史记索隐》载:“番,音潘,楚邑名,子臣即其邑之大夫也。”番即秦所设之番县,其地在当今之鄱阳及周围地区。又据《左传·鲁哀公二十年》载,庆忌“出居于艾”。杜预注:“艾,吴邑,豫章有艾县。”其地在今修水。上述诸人只是在江西地域活动过,并非江西土著。而且这说明,江西吴头楚尾之地,其实是楚国先占,春秋中期以后为吴国所占,后来又为楚所占。因此,从文化属性来看,它是随着统治阶级的变化而变化的。但是后来的历史证明,因为战争和自然灾害,鄱阳的人口经历了多次巨大的变化,正是这些变化,使鄱阳文化不断走向成熟,并具有如下几个特征:

首先,鄱阳人口的多元性与混合性,奠定了鄱阳历史文化的包容性。起初,属于楚领地的鄱阳,因诸侯的争夺变成时“楚”时“吴”,进而变成了“吴头楚尾”。尤其是本为春秋时吴国贵族后裔的吴芮,入籍鄱阳之后,鄱阳不但行政属性有了质的不同,文化属性也受到较大影响。随着时间的推移,特别是通过两晋南北朝北方人口大量的迁徙,经过接触、混杂、联结和融合,中原文化的影响日益扩大。鄱阳文化的主流由许许多多分散孤立存在的不同文化体验形成一个你来我去、我来你去,我中有你、你中有我,而又各具个性的、相互包容的、互不排他的多元统一体。这种现象,在鄱阳现存的语言和风俗习惯中表现得尤为突出。

其次,正是这种文化上的包容性,使传统文化在广大的鄱阳地区,形成了丰富多彩、生动活泼的局面,在外部不断吸纳外来文化的营养,使自身更具生命力。比如我们的渔俗文化、饶河调、渔鼓、大鼓以及不

少手工艺制作乃至“耕读传家”等儒家思想的续存，都体现了这点。乡镇各地至今在民间流行的一些传说，充分证明了这个事实。

再次，从过去的岁月中可以看到，鄱阳自两汉以来人才辈出，体现了这个地区人们独有的品性。雷义、陶母、陶侃、操师乞、林士弘、蔡明远、吉中孚以及后来的彭汝砺兄弟、熊本、陶节夫、洪皓父子、姜夔、彭大雅、周伯琦、胡闰等，除东晋时官拜大将军、都督八州军事的陶侃之外，他们虽然大都未独领风骚，但每个人都自尊自强，志存高远，持之以恒，深明大义，正直自重，关心民瘼，勇敢担当，忠君爱国，坚贞不二，立功立事，穷不丧志，富不骄奢，不沽名钓誉，不欺世盗名，一步一个脚印，从平凡处起步，到平淡处终结，为鄱阳留下了宝贵的精神财富，形成了这个地区人们特有的品格。这种敬畏自然，兼容并蓄，博采众长，重传承、重接纳、重追求、重贡献、重承诺和轻索取的文化精神，激励一代又一代鄱阳人为自己的家乡和祖国做出了不可磨灭的贡献。

今天，我们所干的事业是古人难以想象的，但是，对于鄱阳这些宝贵的文化遗产，我们还是要毫无保留地继承。所以我认为这套书值得我们去翻阅。当然书中难免还有不足之处和遗漏，希望这只是个开端，将来有更好的书出版。

我爱鄱阳，祝愿鄱阳的明天更美好！

序　二

胡　斌

《文化鄱阳丛书》即将付梓,这应该是本县文化界的一件大事、幸事,借此我谈谈自己的看法。

我对鄱阳较全面的了解,是来此任职之后。以前我知道鄱阳是个大县,历史悠久,享有"鱼米之乡"的美誉,但不够深入。来鄱阳后,通过广泛接触我才知道,地处江西北部偏东,东近浙江,北接安徽,西邻鄱阳湖的古邦,因悠久的历史和独特的地理环境,鲜遭兵燹,风景秀丽,水富地肥,宜于人居,所以成为魏晋以来历朝历代举家外迁、躲避战乱的理想场所。这一地区崇文重教,农、商、儒兼举,代代相沿,不仅在江西历史上的地位较高,而且创造和积累了有着自己特色的灿烂历史文化。

从现在的地理位置看,鄱阳和我的家乡婺源相距不近,如果还原历史,鄱阳和婺源曾经有着剪不断理还乱的种种关系。鄱阳置县时间早于婺源,而且婺源设置之初,有部分地域曾属鄱阳。然而,若从家谱中查看乡镇的历史,鄱阳几乎每个乡镇都有从婺源迁徙过来的家族。从这点看,鄱阳和婺源的关系太不一般。所以在鄱阳,我就有种与众不同的感觉——我所从事工作的职责即是为家乡建设贡献自己的力量。

中国的历史多集中在两类人身上,一是皇帝,一是皇帝身边的人，因为后者多是历史“巨人”。在鄱阳的历史上，不乏这类人物。翻开鄱阳历史，首先映入眼帘的，是江西第一位政治家吴芮。是吴芮的远见卓识，奠定了鄱阳后来的历史地位，使鄱阳从一个“荒服之地”，成为赣东北地区的政治、经济、文化中心。

汉代离秦朝虽然很近，却是鄱阳重要的历史转折时期，番（通鄱，音 pó，下同）县的设置，不只是一个域名的存在，而是一种历史的认同。正因为此，汉武帝时，远在北方的朝廷便把目光投向了南方这块璞玉。车千秋寝葬鄱阳，看似一件无关紧要的小事，但对当时仍处在生产力落后状态的江南，不啻是种兴奋剂。虽说早在春秋时，番已是诸侯争霸的必争之地，但毕竟仍很荒凉落后。东汉末年，鄱阳地位上升，使这块璞玉有了被雕琢的机会。三国东吴分豫章立鄱阳郡，从此鄱阳翻开了崭新的一页。正是从这个时候起，历史上不少名人或主政鄱阳，或享受鄱阳的供奉。这些人中既有政治家、思想家，也有文学家、史学家、诗人、学者。这些重要历史名人在鄱阳任职，对鄱阳文化水平的提升起到了不可估量的作用。尽管他们中有的人在鄱阳任职的时间并不长，时间较长的也不过三五年，但都留下过印记，有的印记甚至千年万载都无法抹去。据不完全统计，仅唐朝就前后有9位朝廷枢臣——宰相来鄱阳任职，成为州守。如至今鄱阳人仍称道的“颜范遗风”，就是唐宋两朝良牧治饶的典范。“颜范遗风”，颜指颜真卿，范为范仲淹，是古代有名的两位人物，他们都在鄱阳任过职，而且给鄱阳人留下了深远的影响。除了书法之外，颜真卿坦荡率直、一丝不苟、忠贞节烈的浩然正气和优良品格，给一代又一代鄱阳人树立了良好的精神丰碑；范仲淹的刻苦励志和“不以物喜，不以己悲，居庙堂之高则忧其民，处江湖之远则忧其君”“先天下之忧而忧，后天下之乐而乐”的

胸怀天下的苦乐观和抱负，至今不但为鄱阳人所敬仰，也为天下人垂范。

“柳公楼”，它早不为现在的鄱阳人所熟悉，但它能在古代历史地理典籍中出现，可见其当时的规模与影响；当我们每每谈起铸钱和铜镜时，可曾想到唐代时鄱阳的造纸技艺，“鄱阳白”这个一时让人感到陌生的文房四宝之一，显现了传统文化在鄱阳的根深蒂固；自晋虞溥办学之后，鄱阳教育始终走在江西前列，到两宋书院兴起，为鄱阳培养了大量学子，也使原饶州地区输送出一大批人才；景德镇陶瓷艺术，看似与鄱阳不搭界，实际上能拥有今天的辉煌，离不开鄱阳曾经的贡献，这不只是地理意义上的优势，还有人才、技术等方方面面的支撑……凡此种种，无不让我对鄱阳有了全新的认识。

乡村是城镇的起点，鄱阳广袤的农村，折射出这块古邦大地的久远。从新石器时代走来的鄱阳人，历经秦汉初始，两晋南北朝的迁徙接纳，唐、宋、元、明、清的不断变迁，直至新中国的建立，其间多无文字记载，我们却可以从蛛丝马迹中看出他们的发展轨迹，这些都对我们的新农村建设有一定的借鉴。

历史是文化的土壤，文化是历史的积淀。历史是人类对过去的记忆，古罗马的哲学家西塞罗有句名言：“人若不知出生以前发生的事，则将永如幼童。”鄱阳之所以文化积淀深厚，是因为其悠久的历史。鄱阳早在春秋战国时便在史籍上出现，加上傍湖依水、湖山钟秀的地理优势，因此在较长的时间里，拥有了一定的政治和经济地位。正是这种得天独厚的条件，使鄱阳在历史的长河里，贤才俊彦层出不穷，淳风良俗代代相传，文化内容博大璀璨。所有这些沉淀，经过继承发展，逐渐过滤成自己的文化风格和文化品位，这种文化可归纳为：三大经纬六大品质十个内核构筑的、有着自身品性的地域文化，即以湖风水俗为经，以吴楚中原风韵为纬，以古风淳俗为梭，交织成坚忍不拔，敬畏自然，兼容并蓄，博采众长以及重传承、重接纳、重追求、重贡献、重承诺和轻索取“五重一轻”的文化品质。这种品质的内核，主要体现在吴芮胸襟、陶母美德、陶侃气魄、士弘刚毅、明远情义、彭氏（彭汝砺、彭汝方、彭大雅）品格、四洪（洪皓与子洪适、洪遵、洪迈）风范、姜夔才艺、伯琦智慧和颜范遗风中。

我们正在打造一个全新的鄱阳，这个鄱阳既要连接历史，又要面向未来。遗忘、轻视历史，都会使我们继往开来、承前启后的工作受到影响。然而鄱阳的历史太悠久了，时间跨度之大，留存记忆之少，又给这项工作带来了一定的难度。尤其乡镇方面，历史裂缝很大，从建县迄今有两千多年，要想真正了解实在不易。这套丛书以最大的可能，弥补了这方面的不足，为我们全面了解鄱阳辟了一条蹊径。

往事如烟，但历史的烟尘并不可能随便被风吹散。对此我感到莫大欣慰，并愿有兴趣者抽空一看，以加深对这片土地的印象，并建言献策，为更好地打造新鄱阳贡献自己的光和热。

目录

胜事华章

移民后裔

胜事华章

番君学堂，开江西教育先河

倘若追溯鄱阳历史，有案可稽的无疑是“番（音 pó，下同）君学堂”。它不仅是一处古迹，更是鄱阳文化、教育的起始点，甚至可以毫不夸张地说，此为江西教育开先河之处。

翻开历代《鄱阳县志》，在古迹条中有如此记载：“番君学堂：在郭璞山下，世传吴芮读书处。”

郭璞峰现为鄱阳与景德镇共同管辖。鄱阳皇岗集镇往东 7 公里，也就是离县城 45 公里处，有座海拔绝对高度 453 米的山峦，这座山因晋人郭璞在此修行炼丹而得名，人们叫它郭璞峰。郭璞峰原为鄱阳辖区，20 世纪 70 年代，鱼山镇划归景德镇后，主山区从此归属景德镇。尽管如此，早在战国时期，秦始皇统一六国后，在全国推行郡县制的首任鄱阳县令、出生于番地的吴芮，小时候便在这座山下读过书。后来，这处吴芮读过书的地方，又一度专门用作教习乡民律法的所在，人们于是便把吴芮的读书之所称作“番君学堂”。

吴芮是鄱阳的名人，据吴氏家谱记载，他是吴王夫差的第五世孙。

吴国原是周朝的一个诸侯国，位于今苏、皖两省长江以南，后扩张到除徽州地区以外的苏、皖两省全境。国都初期在无锡，后来迁到苏州。春秋战国时期，吴王夫差连年征战争霸，公元前 494 年，越国被吴国打败，越王勾践及王后，连同几乎所有大臣入吴为奴。夫差让勾践给他喂马，他每次坐车出去，勾践扶他上马。两年后，夫差认为勾践真心归顺了他，便放勾践回到越国。谁知勾践回国后，历经十年卧薪尝胆，励志图强，使国力又逐渐强大起来。为了复国雪耻，勾践选拔了西施、郑旦等一批越国美女献给吴王，迷惑夫差，使他忽视边界上的越国，并乘虚而入，使其兵败自杀，致使吴国灭亡。

当吴国将被越国灭亡时，夫差的子女纷纷出逃避难。据吴氏家谱记载，吴王夫差被越国灭亡后，越王勾践命人斩草除根，追杀夫差后人，太子吴友和王子吴鸿等带着家人从安徽休宁，翻过虎头山分别隐匿到了番。吴芮的祖父吴厥，是吴友的长子，擅长医术，乐于治病救人。吴芮的父亲吴申，在诸侯争霸接近尾声时，曾任楚国大司马，见秦国一统天下之势已成定局，遂急流勇退，回乡隐居。吴申擅长医术，并擅长种稻酿酒技术，回乡后广泛施医授技。吴芮他们就是在这段时间来番定居的，于是才有了吴芮的读书处。

其实，春秋末的番，包括百越（以鄱阳为中心，东至浙西、西至广西、南至越南、北至长江南岸）一带，是个没有地方官管理的地方。当时有很多逃兵流落到番，杀人越货，弄得民不聊生。为了保护地方平安，吴芮 18 岁就组建了一支 1 万多人的武装，与流寇作战，清除为乱的兵匪。吴芮部队主要力量都是吴国流亡贵族的后代，个个都受到良好的教育，兵精将强。吴芮的母亲梅氏，是个女中豪杰，她教育吴芮要藏兵于民，军队既能打仗又能种田。吴芮按照母亲的指导，亦农亦兵，自给自足，把自己的军队分成若干个小部队，派出得力骨干，带着武装到周边各地发展，到处开荒屯垦。他的军队所到之处，秋毫无犯，深得百越百姓拥护。对被抓获的流寇，只要保证不袭扰百姓，吴芮便一律给予他们路费遣返；愿意留下的，把他们收编到自己的队伍中。吴芮的母亲，还亲自组织了一支女兵武装。这支女兵既能生产织布，护理病伤员，又能上阵打仗。后来这支女兵由吴芮的女儿带领，成为中国历史上第一支娘子军。

由于吴芮是逃亡王族后裔，对社会底层人民生活的疾苦比较了解，这就为他在后来扩张势力范围，反对强权和恶势力，要求军队“以战止战”，帮助人民安居乐业的过程中，起到了很大的推动作用。吴芮利用军队，培养出大批懂得各种生产技术的人才，每到一处就兴修水利，发展生产，帮助人们发展经济。

吴芮后来当上秦王朝的番（鄱阳）令，他不但带领民众筑城，而且组织民力疏通河道，开发航运，发展渔牧等农副业。与此同时，他又率领兵民向西北开辟通往湖口的驿路，向东南从铅山打通去福建的通道，发兵平定福建的匪乱，并从鄱阳湖平原调集粮食和种子到福建，帮助当地百姓度饥荒、发展生产。后来他又将军队经赣州进入广东，过韶关、衡阳、浏阳到长沙，打通了商路，保护商贾南下北上。

吴芮深得兵法，除做到兵精粮草足之外，还懂得力求民心稳定。兵发南越时，把敌方重重围住，却久围而不歼，派人在南越推广栽种“芮”稻，接济敌方粮草，获取敌方民心，迫使对方求和，达到“不战屈人之兵”的效果。至今，在越南、桂林、柳州等地还有吴芮庙。

据有些史书记载，吴芮从不建牢房，不花闲粮去养犯人。有人犯了不可饶恕的重罪就杀头，犯了可饶恕的轻罪，就在犯人身上留下印记：如少了手指头的，一定是小偷；喉结刺圈的，一定是强暴过良家妇女……他让这些罪不当死的犯人活着，只作为反面教材。此外，在军队屯垦休战时，他还鼓励士兵“倒插门”，做上门女婿。

秦朝以刑罚治理天下，焚书坑儒，“爱之欲其生，恶之欲其死”。为秦王朝效尽犬马之劳的功臣良将，没有一个得到善终，商鞅被车裂，白起被赐死，蒙恬被诛，李斯受戮，吕不韦自尽，韩非子被囚杀。同时，各级掌政者贪慕荣华，实行暴政，横征暴敛，滥用民力，轻视民生，野蛮开发，民怨载道。然而，独有吴芮，不随大流，仁爱施政，轻徭薄赋，注重恤民，深得民心，被百越人民尊为“番君”。

吴芮胸襟开阔，从不计较个人恩怨。驺摇是越王勾践的五世孙。吴芮在反秦时，驺摇率领瓯越子弟兵，要求参加吴芮的队伍，被授以都尉之职并成为吴芮的主将之一。后来，驺摇的队伍驰骋千里，转战关中，首入函谷关，为吴芮被项羽封衡山王，立下首功。

汉初帝业一确定，刘邦和吕后就用种种方法消灭异姓王。当轮到要灭吴芮时，萧何就对刘邦说，吴芮得人心，树大根深，要灭他，须倾全汉之兵再战六十年。刘邦也深有体会。刘邦和萧何到长沙视察，一路上吴芮只让军士列队行礼，而没有组织老百姓夹道迎送。刘邦大骂吴芮无礼。萧何赶紧说，长沙王视老百姓为爹娘，听说谁骂了吴芮，老百姓就不会让他走出长沙。吴芮的女婿黥布野心勃勃，不听他劝导，蓄意谋划造反。刘邦的族弟荆王刘贾，管辖淮河以东五十二座城邑，结果被黥布鸩杀。吴芮闻讯，派二子吴元领精兵保护刘贾的妻儿老小突出重围，并将女婿黥布处死。吴芮不想因此而重蹈夫差之辙。因此，《汉书》说：“高祖（刘邦）贤之，制诏御史：‘长沙王忠，其定著令。’”

北宋元丰进士，官至朝奉大夫，知漳州军事的会稽人华镇，路经鄱阳，特地到“番君庙”缅怀吴芮说：“秦吏方摇毒，君王独得名。国虽为地小，忠亦自天成。秘殿仪容悴，玄堂草木荣。兴亡何足道，青竹有嘉声。”

文翁宅，江西最早的公学

历代《鄱阳县志》都有这样的记载：在县东约75公里的凰岗地区，有处叫“文翁宅”的所在，“基址俱存，有井澄清，陇前栽桐树”。“文翁宅”是怎么回事？文翁又是何许人？为什么鄱阳有如此建筑？

文翁，姓文，名党，字翁仲，西汉景帝时舒县（今安徽舒城）人，教育家。

文翁年少好学，通晓《春秋》，担任郡县小官吏时被考察提拔，汉景帝后期，担任蜀地郡守。当时的蜀地，还是夷狄之境、化外之民的所在，意思是少数民族聚集，教化达不到、法律管不着的地方。为改变这种民风，形成类似于中原的儒雅之风，文翁从兴办教育入手，以改变当地面貌。于是他大力培养人才，并且就地选拔。为了提高教师质量，文翁送他们到京师去培训，“选郡县小吏开敏有材者张叔等十余人，亲自饬厉，遣诣京师，受业博士，或学律令”。几年后，这些蜀地青年学成归来，按等次委以重用，或用作政府官员（他们中有的成了郡守、刺史），或任用他们做教师。

文翁兴办教育，采取了一项惊天动地、亘古未有的举措：在成都修建学宫，创办中国第一所“公立学校”——郡县官学。他把条件差的青年学生招收为学宫弟子，免除他们的徭役，把学问高的学宫弟子用来增补郡县官员的空缺，学问稍次的担任孝悌力田（一种主管德行教化的官职）。文翁还经常选出一些学宫中的青少年，让他们在自己身边做事；每次到各县巡查时，更是从学宫的学生中选一些通晓经书、品行端正的一起去，让他们宣传教化的法令，在官府中出出入入。各县的官民见到了都以为很荣耀，抢着成为学宫弟子。有钱人甚至花钱，以求能成为学宫弟子。从此，蜀地的民风得到极大的教化，蜀地到京城求学的人很多，史书说“蜀地学于京师者比齐鲁焉（《汉书》）”，从那时起，四川文风大盛，“蜀地文风比于齐鲁（《辞源》）”。

文翁创办官学时，也曾面临一系列艰难问题：经费短缺，没有校舍；师资匮乏，生源不足；如何教育，教哪些内容；毕业如何安排，人民是否信任；等等。但是，文翁大胆改制，进行了一系列革新，寻找“束脩”（教育经费）。孔子是春秋

时代教育家,有三千弟子、七十二贤人,但仲尼先生在山东曲阜开办的是私立学校,学生家长付给老师的报酬叫“束脩”,即捆扎的一把干肉。文翁办的是第一所官方学校,朝廷不拨给特别经费,蜀郡也没有这项经费预算,这对当时的蜀郡财政来说,是一笔不小的开支。当时就有两种反对意见:一种是提出要重视军事斗争,暂时无暇顾及办学;另一种是无钱投入教育,等以后富裕再办也不晚。文翁力排众议,坚持优先发展教育,从蜀郡拨出十分有限的专款经费。此外,作为蜀郡太守,他只能从自身做起,特别注重廉洁奉公,“居以廉平,不至于严”。为了筹措培训第一批教师的学费,他“谨身帅先”,艰苦朴素,主动节省费用开支,“减省少府用度,买刀布蜀物”,用作培训教师的“束脩”。而作为地方上的学生,到京师求学是必然要交学费的。为此文翁紧缩自己的开支,严格自律,最后让专门的官员去交纳,即“赍(读作 jī,意指拿东西给人,送给,凭借、借助)计吏以遗博士”。后来,学校发展起来了,有了一定的规模。官民子弟争相入学时,文翁就采取新的办法,“富人至出钱以求之”,类似于现在的捐资办学,或类似于普通高中招收的计划外学生,学费要高于计划内学生。学校需要校舍,文翁因陋就简,因地制宜,在成都用当地最多的最常见的石头垒起石屋,名之曰“文翁精舍”。因为讲堂全用石头建筑,花费自然不大,故又简称“石室”,后人称作“文翁石室”,也有人称作“玉堂”“讲堂”。讲课的办法是“升堂入室”,只有“入室弟子”才有资格在室内列坐于师前,听他亲口传授。一般不够“入室”资格的学生,则在室外堂前听入室弟子转授,达到一定学业程度才能登堂,而后入室。教师要求严,要求学生刻苦读书;其次是重视演习式训练,“常选学官僮子,使在便坐受事”,即常选品学兼优的官舍僮子在自己身边做事,训练办事能力,相当于如今各类大学生的实习;还有就是十分注重安排实践教育,“每出行县,益从学官诸生明经饬行者与俱,使传教令”,意思是每次出行巡视县内各地,多从官舍中选派通明经术、行为庄重谨慎的弟子,随行左右,出入于内室,派他们传达自己的教化命令,这使许多学生得到了社会实践的机会。同时,他亲自任教于石室,起到了榜样的作用。

文翁深得孔子教育之精髓,以“有教无类”作为招生标准。他首先扩大招生范围,泽及成都四郊之外的县,“招下县子弟”。“下县”,颜师古注曰:“四郊之县,非郡所治也。”其次是扩大招生对象,“择优录取”,文翁石室不是为贵族子弟开设的，进入学校的多是一般老百姓的子弟，体现了“教育平等”，这就是孔子的教育理念。最后就是出台优惠政策，“为除更繇”，替他们免除赋税徭役，这样就资助了一些家境贫寒的学生，使他们得以完成学业。

文翁以儒家学说为教学的主要内容，传布浸润“德治”和“孝道”思想，以儒家“七经”，即《诗》《书》《礼》《易》《春秋》《孝经》《论语》为主体。在文翁、张宽等人的倡导下，提倡德孝的经典《孝经》，随孔子《五经》和《论语》传入蜀中，成为造就巴蜀士人、树立巴蜀民风的重要经典。五代时候，后蜀有个孟昶，曾用了八年时间，将文翁石室的教材“十三经”刻了几千块石头，让学生们摹拓。

文翁还规定，进入官学学习的弟子，毕业时工作分配由蜀郡统一管理。整个蜀地要想改变文化落后的状况，迫切需要大量的人才。文翁从石室毕业生中挑选优等的用来补充郡县政府小吏，次等的做郡县中掌教化的乡官，充分利用他们进行更进一步的教化，这无疑解决了学生的后顾之忧。官学毕业的弟子中也有杰出人才，传说司马相如毕业后，还在石室任过教，后游学京师。由于受文翁勇于开拓的精神感染、影响，司马相如在历史上曾冲破重重阻碍，征得汉武帝的同意，与唐蒙一起，带领巴蜀父老开辟了西南夷的道路。

文翁除了创办官学外，还兴修水利，大力发展农业生产，为民造福。他把都江堰灌溉系统远远地扩大，“穿湔江口，溉灌繁田千七百顷”，使蜀地农业生产发展起来，出现了“世平道治，民物阜康”的局面。

对于文翁的功绩，当时汉朝皇帝就予以了肯定，“孝景帝嘉之，令天下郡、国皆立文学”，到汉武帝时，命令全国的郡县都设立学官，于是有学官从文翁开始创立这种说法。鄱阳的“文翁宅”，就是当年推动官办教育的所在，可见鄱阳的公办教育，最早可追溯到西汉“文景时期”，这在江西也是为数不多的。

千秋河，得名于西汉的河流

鄱阳枧田街，在很长时间里一度称为千秋乡。在这个乡有两支水系，一支起于莲花山南麓的百福，一支源于枧田的黎湖，两支水系于枧田汇合，即称千秋河。

乡名千秋，河名千秋，是乡得名于河，抑或是河得名于乡？对于这个一直让人无法探其究竟且深藏未解的谜，终在21世纪初有了答案：2001年8月，有贵州黔西车姓一行二人，受本族人委托，千里迢迢来到鄱阳，寻找他们的始祖车千秋的安寝之地。据《车氏宗谱》记载，车千秋葬于鄱阳湖之左的鄱阳，子孙繁衍后迁于饶州（今鄱阳县鄱阳镇）。尽管至今尚未找到斯人的安寝之地，但毕竟为枧田旧名和那条河的得名带来了线索。

车千秋，本姓田，长陵（今陕西咸阳）人，他的祖先是春秋时齐国的田氏，后来田氏的一支迁居长陵县。车千秋担任护卫汉高祖陵寝的郎官，即奉祀汉高帝刘邦庙宇的护卫官。

车千秋所处的汉代，巫蛊术十分盛行。所谓巫蛊，就是人们制作木头人，在上面刻上冤家的姓名，然后再放到地下或者放在房子里，日夜诅咒。据说这样诅咒下去，就可以让对方遭殃，自己得福。这种巫蛊术，也传进了皇宫。那些怨恨皇帝、皇后和他人的美人、宫女，也纷纷埋藏木头人，偷偷地诅咒起来。汉武帝对这一套很迷信，有一天中午，他正躺在床上睡觉，忽然梦见几千个手持棍棒的木头人朝他打来，把他给吓醒了。他认为有人在诅咒他，便立即派一位叫江充的人去追查。江充是一个心狠手辣的家伙，他找了不少心腹，到处发掘木头人，并且用烧红了的铁器钳人、烙人，强迫人们招供。不管是谁，只要被江充扣上“诅咒皇帝”的罪名，就不能活命。没过多少日子，他就诛杀了好几万人。

江充与太子刘据有矛盾，为了陷害太子刘据，江充趁别人不注意，把事先准备好的木头人拿出来，大肆传播说：“在太子宫里挖掘出来的木头人最多，还发现了太子书写的帛书，上面写着诅咒皇上的话。我们应该马上奏明皇上，办他的死罪。”刘据见江充故意陷害自己，想立即亲自到甘泉宫去奏明皇上，希望能得到皇上的赦免。而江充害怕刘据向汉武帝揭穿自己的阴谋，赶紧派人拦住刘据的车马，说什么也不放他走。刘据被逼得走投无路，只好让一个心腹装扮成汉武帝派来的使者,把江充等人监押起来。刘据指着江充骂道:“你这个奸臣,现在还想挑拨我们父子的关系吗?”说完,刘据就借口江充谋反,命武士将他斩首示众。太子刘据为预防不测,急忙派人通报给卫皇后,调集军队来保卫皇宫。而这时,宦官苏文等人逃了出去,报告汉武帝说是太子刘据起兵造反。汉武帝信以为真,马上下了一道诏书,下令捉拿太子。事到临头,刘据只好打开武库,把京城里的囚犯武装起来,抵抗前来镇压“造反”的军队,并想调集胡人军团与北军,结果胡人军团被汉武帝调集,镇压太子叛乱。北军监护使者任安,受了太子的印后闭门不出。太子还向城里的文武百官宣布:“皇上在甘泉宫养病,有奸臣起来作乱。”这样一来,弄得城里的官民也不知道究竟是谁在造反,就更加混乱起来。双方在城里混战了四五天,死伤了好几万人,大街上到处都是尸体和血污。结果刘据被打败,只好赶紧带着他的两个儿子逃往南门,守门官田仁放太子逃出长安,最后跑到湖县(今河南灵宝西)的一个老百姓家里躲藏起来。不久新安(今河南渑池东)县令李寿知道了太子的下落,就带领人马来捉拿他。刘据无处逃跑,只好在门上拴了一条绳子上吊死了。他的两个儿子和那一家的主人,也被李寿手下的张富昌等人杀死了,连在宫中的卫皇后也自尽身亡。

当时,人们都对太子刘据的死愤愤不平,认为太子本意并没有将矛头对准自己父皇,是被逼反的,但满朝文武敢怒不敢言。这一冤案致使卫妃等多人丧命,搞得宫廷内外人人自危。这时,高寝郎田千秋见这样下去势必危及汉朝社稷,就冒死向汉武帝陈情。田千秋上书对武帝刘彻说:“子弄父兵,罪当笞;天子之子过误杀人,当何罪哉!臣尝梦见一白头翁教臣言。”意思是儿子调动父亲的军队,顶多是挨顿鞭子的小罪罢了;天子的儿子有了过错,误杀了人又算得了什么?这不是我说的,是我做了一个梦,梦中有位白头老翁教导我这样说的。

看完田千秋的奏折,刘彻觉得言之有理,特别令他万分震惊的是,田千秋提到了白头老人,以此再联想田千秋的职务,刘彻觉得这是他的祖上汉高帝显灵,托梦于田千秋,才使得田千秋有勇气站出来,替太子喊冤叫屈。汉武帝马上派人调查,才知道卫皇后和太子刘据从来没有埋过木头人,这一切都是江充搞的鬼。在这场祸乱中,他死了一个太子和两个孙子,既悲伤又后悔。过了一段时间,刘彻有所觉悟,意识到所谓的巫蛊案,是江充他们无中生有制造出来的事端,便下令杀了江充全家,宦官苏文被活活烧死,其他参与此事的大臣也都被处死,并在于湖建了座思子宫。事后,武帝“乃大感寤”,写下了历史上著名的《轮

台悔诏》,并吩咐马上召见田千秋本人。

汉武帝刘彻第一眼瞧见田千秋,就喜欢上他了,因为他“长八尺余,体貌甚丽”。刘彻对他说:“父子之间,人所难言也,公独明其不然。此高庙神灵使公教我,公当遂为吾辅佐。”便任命田千秋为大鸿胪。田千秋成了仅次于三公的九卿之一的中央级高官,从此田千秋的仕途扶摇直上。田千秋担任大鸿胪没几个月,公元前89年,刘彻又下了一道诏书:罢免丞相刘屈牦,任命田千秋为丞相,并封其为富民侯。短短几个月,田千秋居然从微不足道的高寝郎,一跃成为大汉丞相,这使当时及后世的史官极为震惊。《汉书》上说他“无他材能术学,又无伐阅功劳,特以一言寤意,旬月取宰相封侯,世未尝有也”。回顾西汉初期的丞相,无论是萧何、曹参,还是王陵、陈平、周亚夫等人,不是军功显赫,就是原本才智出众,与这些文臣武将相比,田千秋显然要逊色得多。匈奴单于曾以嘲笑的口吻,对西汉使者说:你们大汉任命丞相,那些有贤才的人不用,“妄一男子上书即得之矣”。这一“妄”字,着实气坏了刘彻,他于是下令,将照搬匈奴单于原话的无辜使者打入大牢,很久才将其放出来。

“田千秋”为什么改为“车千秋”?这是因为田千秋晚年时,皇帝见他年老体衰,对他给予特别礼遇,允许他在进宫上朝时,乘坐小车,所以人们便将他称为“车丞相”。而这位车丞相,也是中国封建王朝所有丞相中,唯一一个乘坐交通工具直达金殿去上朝的人。于是,这个蕴含着皇恩浩荡之意的“车”,便取代了“田”,成了另一姓氏。

汉武帝一生穷兵黩武,自元光二年(前133)至征和四年(前89),进行长期的对外战争,耗费了不少民财。因此他在临死前三年,表示对战争的忏悔,下诏说:今天的要务在于力农,封丞相田千秋为富民侯,用赵过为搜粟都尉。赵过“教民耕殖,其法三犁共一牛,一人将之,下种挽耧,皆取备焉”。这样,渴望休息的农民开始稳定下来,汉朝统治也就转危为安。

车千秋是汉昭帝元凤四年(前77)病故的,他受汉武帝遗诏辅佐昭帝,长达九年,死后当然不会受到轻怠,生前既封富民侯,死后仍封富民定侯。其时,北方得到休息的农民开始安定生活,唯南方仍处“荒服”,昭帝便敕葬富民侯于豫章郡之鄱阳。

应该说,车千秋被安葬于鄱阳,是西汉继秦之后对鄱阳的认可与对江西开发的重视,鄱阳从此开始走向新的历史舞台。

“中酒”雅号出此赋

在唐宋时期的诗词里，熟知文坛典故的文人每写鄱阳时，总爱用“中酒地”的昵称，为什么会出现这样的称谓？是贬还是褒？追究起来，它与晋朝文学家左思的《三都赋》有关。左思在他的《吴都赋》中说“鄱阳暴谑，中酒而作”，于是便落下“中酒地”这个话题。为弄清其中的含义，还是先说说左思与他的《三都赋》。

《三都赋》分别是《吴都赋》《魏都赋》《蜀都赋》，这是左思历时十年所作。作品问世后，一时被传为经典。

左思（约250—305），字太冲，著名文学家，西晋太康年间（280—289）齐国临淄（山东淄博）人。左思家传儒学，他父亲左熹，字彦雍，起初只是一个小吏，后任晋武帝朝殿中侍御史、太原相、弋阳太守等。左思不好交游，少年时曾学书法、鼓琴都不成，后来在父亲的激励下发愤勤学，用一年时间写成《齐都赋》，辞藻华丽。泰始八年（272）前后，因他妹妹左棻被选入宫，举家迁居洛阳，担任秘书郎。元康年间（291—299），左思参与当时文人集团“二十四友”之游，并为贾谧讲《汉书》。元康末年，贾谧被杀，左思退居宜春里，专心研究典籍。后来齐王召他为记室督，他以病相辞不就。太安二年（303），河间王司马颙部将张方纵暴洛阳，左思移居冀州，几年后病逝。

左思出身寒门，有很高的文学才华，但在当时的门阀制度下屡屡不得志，只好在诗中表述自己的抱负和对权贵的蔑视，歌颂隐士的清高。他所作的琴曲有《招隐》，被收入《神奇秘谱》中，并在解题中引录了他的两首同名诗。左思最出名的当数《三都赋》，一度在京城洛阳广为流传，人们啧啧称赞，竞相传抄，一下子使纸昂贵了几倍。原来一千文的纸，一下子涨到两千文、三千文，后来竟倾销一空；不少人只好到外地买纸，抄写这篇千古名赋。然而，左思写成的《三都赋》却是历经很多曲折，才得到了重视。如果没有伯乐识才，也许这篇《三都赋》便成为一堆废纸，不得流传。

左思小时候，身材矮小，貌不惊人，说话结巴，一副痴痴呆呆的样子。他父

亲就一直看不起他，常常对外人说后悔生了这个儿子。等到左思成年，左熹还对朋友们说："左思虽然成年了，可是他掌握的知识和道理，还不如我小时候呢。"左思不甘心受到这种鄙视，开始发愤学习。当他读过东汉班固写的《两都赋》和张衡写的《两京赋》后，虽然他很佩服文中的宏大气魄、华丽的文辞，写出了东京洛阳和西京长安的京城气派，可是也看出了其中虚而不实、大而无当的弊病。从此，他决心依据事实和历史的发展，写一篇《三都赋》，把三国时魏都邺城、蜀都成都、吴都南京写入赋中。

为写《三都赋》，使得笔笔有着落有根据，左思开始收集大量历史、地理、物产、风俗人情的资料。收集好后，他闭门谢客，开始苦写。他在一个书纸铺天盖地的屋子里，昼夜冥思苦想，常常好久才推敲出一个满意的句子。经过十年，这篇凝结着左思心血的《三都赋》终于写成。可是，当左思把自己的文章交给别人看时，他却受到了讥讽。《三都赋》在文学界品评时，那些文人们一见作者是个无名小卒，就根本不予细看，摇头摆手，把一篇《三都赋》说得一无是处。当时一位著名文学家陆机也曾起过写《三都赋》的念头，他听说名不见经传的左思写《三都赋》，心中很是不平地挖苦说："不知天高地厚的小子，竟想超过班固、张衡，太自不量力。"陆机还给弟弟陆云写信说："京城里有位狂妄的家伙写《三都赋》，我看他写成的东西只配给我用来盖酒坛子。"

左思不甘心自己的心血遭到埋没，找到了著名文学家张华。张华先是逐句阅读了《三都赋》，然后细问了左思的创作动机和经过，当他再回头阅读，体察句子中的含义和韵味时，不由得为文中的句子深深感动了。他越读越爱，到后来竟不忍释手了。他称赞道："文章非常好，那些世俗文人只重名气不重文章，他们的话是不值一提的。皇甫谧先生很有名气，而且为人正直，让我和他一起把你的文章推荐给世人。"

皇甫谧是学者、医学家、史学家，看过《三都赋》后也感慨万千，他对文章予以高度评价，并且欣然提笔写了序。他还请来著作郎张载，为《三都赋》中的《魏都赋》做注；请中书郎刘逵为《蜀都赋》和《吴都赋》做注。刘逵在说明中写道："世人常常重视古代人的东西，而轻视新事物、新成就，这就是《三都赋》开始不传于世人的原因。"在名人作序的推荐下，《三都赋》很快风靡京都，懂得文学的人无一不对它称赞不已。甚至以前讥笑左思的陆机听说后，也不得不细细阅读,点头称是,连声说“写得太好了,真想不到”,并断定自己若再写,决不会超过左思,于是停笔不写。

左思在《吴都赋》中,在叙述风情方面特别留下这几句:“里宴巷饮,飞觞举白。翘关扛鼎。拼射壶博。鄱阳暴谑,中酒而作。”

从此以后,中酒地成为一典,不少文人居然将鄱阳称作“中酒地”。对于不了解内情的人而言,“鄱阳暴谑,中酒而作”八个字似是在贬。就当时的实际情况看,左思应是第一个推介鄱阳的文人,无论“暴谑”也好,“中酒”也罢,都没有贬的意思。所谓“暴谑”,其实就是喜欢开玩笑,甚至开过头玩笑,如同有的地方结婚闹洞房。至于“中酒”,则是指酒喝得半酣的状态,即半醉半醒。为此,北宋梅尧臣有诗说:“中酒作暴谑,心亲语多剧。”这实际上是介绍鄱阳的一种淳朴的民风。因此,唐宋间的文人每写到鄱阳时,都为鄱阳人这种淳朴敦厚的风气而感慨,并以“中酒地”来称赞。

鄱阳入诗数它早

在历代《鄱阳县志·艺文志》中，首映眼帘的是西晋大文学家陆云的《赠鄱阳府君张仲膺》长诗：

神林何有，奇华妙实。皇朝如何，穷文极质。斌斌君子，升堂入室。太上有曜，子诞其辉。知机日难，子达其微。入辅帷幄，出御千里。滔滔江汉，南国之纪。

谒帝东堂，剖符南征。天子命我，车服以荣。何以润之，德被苍生。何以济之，威振群城。却愚以化，崇贤以仁。凤舒其翮，龙濯其鳞。忆彼荒薮，莫敢不宾。虽云旧邦，其命维新。

卞和南金，终始一色。显允君子，穷达一德。弘仁厉道，物究其极。古贤受爵，循墙虔恭。今哲居贵，履盈如冲。接新以化，爱旧以丰。隆此嘤鸣，惇彼谷风。

忠至宠加，孝至荣集。内崇南芬，外清名邑。炜炜棠棣，夐增其华。猗猗桑梓，厥耀孔多。被绣昼行，昔人攸美。阶云飞藻，孰与同粲。

人道伊何，难合易离。会如升峻，别如顺淇。嗟我怀人，曷云其来。贡言执手，涕既陨之。

玄黄挺秀，诞受至真。行该其高，德备其新。光莹之伟，隋卞同珍。腾都之骏，龙凤合尘。

皇皇明哲，应期继声。华映殊域，实镇天庭。入辅出辅，干干靡宁。夏发凉台，我雨我暑。冬违邦族，风霜是处。嗟彼独宿，谁与晤语。飘飖艰辛，非禹孰举。言念君子，怅惟心楚。

悠悠山川，骁骁征遐。陟升嶕峣，降涉洪波。言无不利，乘崄而嘉。人怀思虑，我保其和。

邂逅相遇，良愿乃从。不逢知己，谁济予躬。莫攀莫附，愧我高风。时过年迈，晻冉桑榆。晞光赖润，亦在斯须。假我夷涂，顿不忘驱。泛予津川，桴不失浮。无爱余辉，遂暗东嵎。

幽幽东嵎，恋彼西归。瞻仪情感，聆音心悲。之子于迈，夙夜京畿。王事多难，仲焉徘徊。

这篇480个字的四言长诗，是陆云在乡友张仲膺任职鄱阳时，临别之前的即兴之作。全诗不但以高山难以攀登与顺淇而下容易，比喻人生难合易离、易别难逢，同时也激发乡友去努力作为，报效国家和百姓，尤其是在这个赫赫有名的大郡中，更要做出成就。

张仲膺的生平无考，只知道他为苏州人。

陆云(262—303)，字士龙，吴郡吴县(今江苏苏州)人，西晋官员、文学家，东吴丞相陆逊之孙，大司马陆抗第五子。与其兄陆机合称“二陆”，曾任清河内史，故世称“陆清河”。

陆云六岁就能写文章，性格清正，很有才思文理。少年时与哥哥陆机齐名，虽然文章不如陆机，但持论超过陆机，人称“双陆”。

陆云年幼时，吴国尚书闵鸿见到他后，认为他是奇才，说：“这个小孩若不是龙驹，也当是凤雏。”年仅16岁时，陆云被推举为贤良。太康元年(280)，东吴被晋朝所灭，陆云与陆机隐退故里，十年闭门勤学。

太康十年(289)，陆机和陆云来到京城洛阳，初时由于谈吐有吴国乡音，受时人嘲弄。陆氏兄弟不气馁，造访太常张华，张华问陆云在哪里。陆机说：“他有喜欢笑的毛病，未敢相见。”一会儿陆云来了。张华非常注重仪容，又喜欢用丝帛缠胡须。陆云见后大笑，不能自已。在此之前，陆云曾穿着丧服上船，在水中看到自己的影子，便大笑落水，人们打捞才得以获救。陆云与荀隐素不相识，曾在张华处相会，张华说：“今天相遇，不要老生常谈。”陆云便抬起手说：“云间陆士龙。”荀隐说：“日下荀鸣鹤。”鸣鹤是荀隐的字号。陆云又说：“已开青云见白雉，为何不拉开你的弓，搭上你的箭？”荀隐说：“本以为云龙强壮，却原来是山鹿野麋。兽小弓强，因此发射得慢。”张华捧手大笑。刺史周浚召陆云为从事，并对人说：“陆士龙是当今的颜回。”

不久，陆云以公府掾的身份当太子舍人，出京补任浚仪(治今河南开封)县令。这个县居于都会要冲，实在难以治理。陆云到任后，严肃恭敬，下属不能欺骗他，市场没有两样价格。有个人被杀，主犯的罪名不成立，陆云拘留死者的妻子，却不审问，十多天后放出去，暗地里让人跟随其后，并对跟随的人说：“她离

开不出十里，如有男子等着跟她说话，便把他们捆缚来见。”而后果真如此。一审问这人就服罪，说：“我与这个女人私通，共同谋杀了她丈夫。听说这女的放出来了，我要跟她讲话，怕离县府近，让人发现，所以远远地等着她。”于是县民称颂他神明。郡守忌妒他的才能，多次谴责他，陆云便辞官。百姓追念他，绘出他的像，与县里的灶神相配享受祭祀。

陆云拜为吴王司马晏的郎中令。司马晏在西园大肆营建宅第居室，陆云上书说：“我私下见世祖武皇帝临朝，执政拱手缄默，训导世俗节俭，即位二十六年，没营建什么新的宫室台榭，多次发布诏书，告诫人们不要奢侈。国家的传统，务在遵奉执行，而世俗衰落，家家竞相放纵，渐成波浪，已成风气。虽有严厉的诏书屡次宣布，而奢侈的风俗却更普遍。每次看到诏书，百姓叹息。清河王从前建坟墓时，皇帝亲手写诏书，要追述先帝节俭的风教，恳切的情意，传到四海。清河王奉行诏命，毁掉已建成的墓宅，四海之内声望显著，众人欣欣然。我以为先帝的遗教，一天天衰微。现在，同国家一齐崇尚教化，追述前贤遗踪的人，的确在于殿下，首先要重视朴素，然后才可以训正四方。凡是崇饰浮丽的事，应当加以节制，然后才能对上满足天子的意愿，对下符合时人的愿望。为臣我才能平凡，承蒙提拔，也想竭力效忠以报答您对我的恩惠，因此不考虑冒犯忤逆，大胆地陈述我的想法。如果我的话有可采纳的，请您三思。”

当时司马晏信任部将，让李咸、冯南、吴定、徐泰等人复查各位官员的钱帛。陆云陈说道：“这些役卒小厮，并无清正公谨之名、忠于公职之称。大臣所关涉的事，尚不详细，而让李咸等人去督察，然后才相信大臣的清廉，这既不是开国用臣之义，又伤害了殿下你推诚旷达的雅量。即使李咸等人能够尽职，有益于国，甚至功利百倍，而对于多方辅助国家的美德而言，也不如大开相信士人之门更合适。何况所增加的只是苟且安定之利，而让小人用事，大道衰微，这是我感慨的原因。我任大臣之职，职责就是献可行之策，如果有一孔之见，岂敢不尽力规劝。我私下认为应发布命令，停止复察，众事一律交付治书，就能属下大治，人人竭尽臣节了。”

后来陆云入朝任尚书郎、侍御史、太子中舍人、中书侍郎，成都王司马颖上表让他当清河内史。

太安二年(303)，陆机死于“八王之乱”而被夷三族后，陆云也为之牵连入

狱。尽管司马颖的下属官员江统、蔡克、枣嵩等，许多人上疏请求不要株连陆云，但他最终还是遇害了，时年42岁。他身后无子，只有两个女儿。门生和旧官吏迎丧并将他安葬于清河（今属河北邢台），修墓立碑，四时祭祀。陆云所著的文章349篇，又撰写了《新书》10篇，都在世上流行。

在陆云的生平中，有件事一直让人们津津乐道，那就是教育周处的故事。

周处，字子隐，义兴阳羡（今江苏宜兴）人。父亲周鲂，吴国鄱阳太守。周处还没到20岁，就臂力过人，好骑马驱驰田猎，不拘小节，纵情肆欲，州里乡曲的人以他为祸患。周处自己也知道为人所厌恶，便十分感慨，有改过、砥砺自己的志向。他对父老说："现在时政和谐，年成丰收，何苦不快乐呢？"父老感叹道："三个祸害未除，哪有什么快乐呢？"周处问道："哪'三害'？"父老回答道："南山有白额猛虎，长桥下有蛟龙，加上你就是三害了。"周处说："像这样的祸患，我能除掉它们。"父老说："你如能除掉三害，那就是一郡的大幸，不只是除害而已。"周处便进入深山射死了猛兽，又跳到水中与蛟龙搏斗，蛟龙时沉时浮，游了几十里，而周处同它一道，经过三天三夜的搏斗。人们认为周处也死了，都彼此庆贺。周处果真杀死了蛟龙。回来后，他听说乡里互相庆贺，才知道别人特别厌恶自己，便到吴国寻找陆机、陆云。当时陆机不在，见到陆云，他以实情相告："我想修养操行而年纪已经大了，恐怕来不及。"陆云说："古代的人，看重朝闻道晚上就改变过失，你前途还可以，应担心志向不立，何必忧虑美名不彰。"于是周处便磨砺意志，发奋好学，既有文才又仁义刚烈，说话讲诚信，注意克制自己，终成为忠臣孝子。

此峰得名因郭璞

“仙迹何年别，烧丹鼎犹存。秋风吹不断，落日半关门。”这是明朝末年贡生、鄱阳人史乘古的《郭璞峰》诗。

郭璞峰在凰岗境内，当地人叫它钵钵尖，东接景德镇鱼山（20 世纪 70 年代前属鄱阳），南与乐平毗邻，有民谚说“钵钵尖、钵钵尖，揣把椅子怕上天”，因晋文学家、玄学家、书法家、官居著作郎与尚书郎的郭璞，曾隐居于此炼丹，后人便把这座山叫郭璞峰。至今，山上还遗留了郭璞当年炼丹用过的鼎炉等物具。

郭璞峰海拔 453.5 米，群山环抱，巉岩飞瀑，高山陡峭，平湖静卧，古木参天，青竹扶疏，山清水秀。千年罗汉松青翠挺拔，大片原始森林覆盖其间。这里历来是道、佛两家修仙礼佛的净土福地。众多的名胜古迹和自然景观，使郭璞峰充满着神秘色彩，如郭璞的炼丹炉、樊梨花的挫马迹、马蹄痕（溪涧水坑）、五虎（依山势走向排列的白虎、披鬃虎、铁兰虎、卧虎、船舱虎）闹洋山，以及“仙人残局”、吊葬墓、古代城堡等。

郭璞（276—324），字景纯，别称弘农，河东郡闻喜县（今山西省闻喜县）人。两晋时期著名文学家、训诂学家、风水学者，建平太守郭瑗的儿子。

郭璞学问渊博而有大才，喜好经书学术、阴阳术数、古文奇字及历法算学，但不善于语言表达。他的辞赋，自东晋建立以来首屈一指。有一个叫郭公的人，客居于河东（古代指山西西南部，位于秦晋大峡谷中，黄河段的乾坤湾、壶口瀑布及禹门口即古龙门），精通卜筮之术，郭璞跟从他学习卜筮。郭公授予他《青囊中书》九卷，由此他通晓五行、天文、卜筮之术，能禳除灾祸，通达冥冥的玄机，就是京房、管辂这样的人，也比不上他。

晋惠帝、怀帝的时候，河东地区首先出现了骚乱。郭璞卜了一卦，丢下书策长叹一声说：“老百姓将要陷于异族统治之下了，故乡之地将要受到匈奴的蹂躏。”于是暗中联络了亲戚朋友数十家，准备迁移到东南去避难。

王导非常器重郭璞，引他任自己的参军，曾经让他占卦。郭璞说：“你有被雷震的灾厄，可以起驾向西走数十里，找一棵柏树，截取和身子一般长的一段，放置到睡觉的地方，其灾祸可以消除。”王导照此办理。数日后果然发生了雷击，柏树被震得粉碎。

郭璞著有《江赋》，文辞华丽，为世人所称道。后来又著成《南郊赋》，元帝见了非常喜欢，任他为著作佐郎。当时阴阳错乱，而诉讼刑狱之事大兴，郭璞上疏劝谏。过后太阳上出现了黑气，郭璞又上疏陈事。不久，郭璞迁为尚书郎。数次上书，所言便公益民，对朝政多有匡益。明帝在东宫时，和温峤、庾亮关系密切，有布衣之交，郭璞也因才学而为明帝器重，和温峤、庾亮具有同等地位，受到舆论的赞美。然而郭璞性格率意不拘，不注意仪表，嗜酒好色，而且时常过度。著作郎干宝常常规劝他说：“这不是任性而行的事啊。”郭璞说：“我的寿命是有一定限量的，尽量享受还怕达不到定数，你怕酒色会给我带来祸患吗?”郭璞喜好卜筮，门阀贵族们多取笑他。他自己则认为才高位卑，就写了一篇《客傲》。永昌元年(322)，皇孙诞生，郭璞上疏再言时政，此疏奏上，被采纳，元帝随即采纳他的建议，大赦天下，改元永昌。

郭璞因母亲病故而去职，卜葬地于暨阳(今江苏江阴)，离水有百许步。人们都议论不该离水太近，郭璞却说：“当要变为陆地。”其后淤沙堆积起来，离墓几十里的地方都成了良田。

郭璞平素与桓彝友善，桓彝每次造访，有时正好郭璞在内室，便直接进去。郭璞对他说：“你来我这里，别的房间都可随意出入，但千万不要入厕中找我，不然主客都有灾难。”后来有一次桓彝醉酒时来找郭璞，正好郭璞在厕中，桓彝就悄悄地去偷看，见郭璞赤裸着身体，披散着头发，口衔宝剑正在设祭。郭璞一见桓彝大惊说：“我经常嘱咐你不要到这里来，你偏偏要来。不但害了我，你自己也难免其害。这也是天意，我怪谁呢?”郭璞最终死于王敦之祸，桓彝也死于苏峻之乱。

王敦将要叛乱，温峤、庾亮让郭璞占卜，郭璞回答说不能判定。温峤、庾亮又让他为他们占凶吉，郭璞说：“大吉。”郭璞走后，温峤和庾亮议论说：“郭璞说不明白，是他不敢明言，或许上天要夺王敦之魄。今天我们为国家办大事，郭璞说大吉，说明举事必定会成功。”于是他们劝帝讨伐王敦。当初，郭璞常说：“杀我的人是山宗。”到这时，果然有姓崇的在王敦面前说郭璞的坏话。王敦将要起兵，让郭璞占卜，郭璞回答：“不会成功。”王敦怀疑他曾劝告过温峤、庾亮，又听

他报凶卦,便对他说:“你再为我占一卦,看我寿命长短。”郭璞回答:“根据刚才的卦,你若是起兵,不久就有大祸,若是住在武昌,寿长不可限量。”王敦大怒道:“你的寿命你知道吗?”郭璞说:“我会死在今天中午。”王敦恼怒,把他抓起来,命人将他押到南冈处死。郭璞临赴刑,问行刑人往哪里去,行刑人回答:“在南冈头。”郭璞说:“一定是在两棵柏树之下。”走到那里,果然有两棵柏树。他又说:“树上应该有个喜鹊巢。”大家都找不到,郭璞叫人再仔细寻找,果然在树枝间找到了,被密集的树枝遮蔽着。当初,郭璞在中兴之初经过越城,途中遇一人,郭璞叫他的名字,将衣服送给他,那人不接受。郭璞说:“只管拿去,以后你自会明白。”那人接受后离去。到这时,果然是那个人行刑。郭璞时年四十九岁。

郭璞对鄱阳情有独钟,据明朝人冯梦龙在其著作《警世通言》中说:一次在河南家乡,接待了以治孽龙闻名的许旌阳许真君。许真君是为寻找一块风水好的修炼地,专程造访并邀请郭璞来江西的。当郭璞、许真君一行来到鄱阳时,郭璞不禁为这块富水的宝地所陶醉,他将鄱阳以傍湖相称,并说:“此傍湖富贵大地,不是先生所居。”真君奇怪,便问:“这里气乘风散,也就是开阔,怎么能够富贵?”郭璞回答:“吉凶富贵之地,天地所秘,神物所护,苟非其人,见而不见。”也就是俗话说的,“福地留与福人来”。郭璞于是题诗一首:“行尽江南数百州,惟有傍湖出石牛。雁鹅夜夜鸣更鼓,鱼鳖朝朝拜冕旒。离龙隐隐居乾位,巽水滔滔入艮流。后代福人来遇此,富贵绵绵八百秋。”

这虽然是小说里的故事,但自郭璞之后,近两千年过去了,鄱阳一直印证着郭璞诗中的描述。直到今天,候鸟们仍把它视作歇息的乐园。鄱阳之水带来的富庶,和后来这里所发生的很多事件,无不印证着这位一千多年前的占卜家预言的准确。

历史上的郭璞官职并不高,却有着一定的影响,因为中国古代对人的评价,第一是看气节品行,再是看文章。因此,后人对郭璞很推崇,南北朝梁朝的文学评论家钟嵘,对郭璞的诗是这样评价的:“宪章潘岳,文体相辉,彪炳可玩。始变永嘉平淡之体,故称中兴第一。《翰林》以为诗首。但《游仙》之作,辞多慷慨,乖远玄宗。其云‘奈何虎豹姿’;又云‘戢翼栖榛梗’,乃是坎壈咏怀,非列仙之趣也。”钟嵘将郭璞的诗与潘岳的诗并称,并称誉为东晋“中兴第一”,可见对他的评价之高。现今的《辞海》或《辞源》上，到处可见郭璞的注释。

郭璞花 18 年的时间研究和注解《尔雅》，以当时通行的方言解释了古老的动、植物名称，并为它注音、作图，使《尔雅》成为历代研究本草的重要参考书。而郭璞开创的动、植物图示分类法，也为唐代以后的所有大型本草著作所沿用。

在学术渊源上，郭璞除家传易学外，还承袭了道教的术数学理论，是两晋时代最著名的方术士，传说擅长诸多奇异的方术。

郭璞是中国风水学鼻祖，其所著《葬经》，亦称《葬书》，对风水及其重要性做了论述，是中国风水文化之宗。

郭璞一生的诗文著作多达百卷以上，数十万言，《晋书·郭璞传》称其“词赋为中兴之冠”。其中以《游仙诗》为主要代表，现仅存 14 首。他是中国游仙诗体的鼻祖。

“三帖”墨宝献之书

在我国现存的历代书法名家法帖中，王献之有三幅遗存墨宝是以鄱阳冠名的，人们称它为“鄱阳三帖”。

鄱阳三帖，实际上是王献之与他家族人的来往书简，文学意义不大，但书法价值很高，这些帖笔势奔放，灵姿秀出，是王献之中期的书法佳作。

王献之（344—386），字子敬，晋代大书法家王羲之的第七个儿子。

王献之从小就有名气，还在五六岁的时候，他父亲王羲之有意考他的握笔。一次，在他全然不知道的情况下，王羲之悄悄来到王献之身后，突然抽拔他正在练习书法时的毛笔，没想到王献之笔握如胶，纹丝不动。王羲之对此非常欣赏，称赞王献之说：“这小儿将来会有大名。”王献之十五六岁时，字写得不仅有模有样，书法见解也很精到，还经常评论自己父亲的字。一次他对王羲之说：“古人的章草，不能够达到宏逸的境界，有别于其他书体，主要是图省事追究它的奥妙，以致看似草书的纵横之间，又不像藁、行那样，结果与要求的法度悬殊，希望您也能改体。”王羲之起初笑而不答，以后果然注意了这些事，渐渐地书法有成，神能独超，天姿特秀，流便简易，出笔惊奇，峻险高深，成为著名的书法大家。应该说王羲之这些成就的取得，和王献之不能没有关系。

王氏的书法是有家学渊源的。王献之是书法大家，其成就无疑受父亲王羲之的影响。而王羲之的书法，却是鄱阳内史王廙给予的指导，王廙实际上是王羲之在书法上的启蒙老师。

王廙（生卒年不详），字世将，书法家王羲之的叔父，丞相王导的堂弟。王廙是个文武双全、六艺精通的人。他从小能背书文，并且理解文章的意义，同时又擅长书画、音乐、射御、博弈及其他杂技。晋元帝司马睿过江之前，他当过大傅椽、参军。司马睿称帝后，他先是以司马之职守庐江、鄱阳二郡。晋简文帝司马昱咸安二年（372），王廙被任命为鄱阳内史。王廙的书法，历代书法家也给予了肯定和称赞。唐开元时的书法家张怀瓘，在他《书议》《书估》《书断》等书法论文中指出：王廙的书法，归为“名迹俱显”。王廙在鄱阳任内史期间，继虞溥大力兴学，很有影响，政声很高，与周鲂、颜真卿、马植并列为鄱阳九贤，并在“九贤祠”受到祭祀。

王氏宗族不但是东晋的书法世家，也是豪门望族。

西晋末年，晋怀帝司马炽、晋愍帝司马邺，先后被前汉刘聪抓走。皇室贵族司马睿，在地方最大的豪族王导、王敦兄弟的拥护下当上了皇帝，他就是东晋元帝。元帝司马睿虽然是皇室贵族，却是司马懿的曾孙，琅琊王司马觐的儿子。司马睿在 15 岁时便袭爵为琅琊王，并在惠帝末年当上平东将军，监徐州诸军事，镇下邳（今江苏邳东县），后转任安东将军、都督扬州诸军事的官职。但元帝的父祖在政治上缺少资本，没有立过大功业，也没有重要地位，到晋惠帝司马衷时，在皇室中已经是远支。正是这些原因，他也就没有参加西晋晚期诸侯王争夺中央政权的斗争。司马睿能当上皇帝，主要借助的是王氏宗族势力。王氏宗族理所当然地成了全国首屈一指的豪门望族。作为这个宗族的成员，王廙、王羲之、王献之的社会地位和个人才干，都容易格外受到世人注目。

后来，王氏宗族与朝廷间发生了一件事。拥有很大兵权的王敦，借清除晋室周围不轨者为理由，演变到与朝廷对抗。当时司马睿考虑到王廙与王敦的兄弟关系，便派王廙去荆州做说服王敦的工作，不想做工作的王廙没有说服王敦，反被王敦留了下来，直到晋明帝司马昭将王敦铲除，王廙才得以脱身。虽然晋王室对王廙并不像对王敦那样，还是给予了应有的区别，但这时候王导已经病故，王氏家族也开始衰落。

“鄱阳三帖”就是在这种背景下，王献之写给家中的书柬。帖中所说的“鄱阳”“散骑”是指王廙的官职。

然而，鄱阳三帖是王氏家族开始没落时的书柬，所以语词也比较低调，王献之的“鄱阳三帖”全文是这样的：

《不谓帖》，又称《鄱阳帖》（拓本。6 行，47 字。行草书。入刻《淳化阁帖》）：不谓鄱阳一门，艰故至此。追寻悲惋，益不自胜，奈何奈何。政坐视其灭尽，使人悲熟。赖子高在此，不尔，无可成。献之。（《鄱阳帖》）

鄱阳书停诸舍，便有月未具，散骑书知情至，草草未发遣，奉去月问，承妇等复不能差，深忧虑耳。（《鄱阳帖》）

鄱阳归乡，承修东转有理，吾贤毕欲事，必俟胜欢慰于怀耶。吾终权宜，至承今年饥馑，仰唯年支都乏绝，不谓乖又至于此耶。吾脚尚未差，极忧也。（《鄱阳归乡帖》）

“鄱阳三帖”虽然不是王献之书法中的极品，但也是精品。他的字，历代都很推崇。唐代书法家张怀瓘论王献之的书法说，子敬“尤善草隶，幼学于父，次习于张。后改变制度，别创其法，率尔私心，冥合天矩。观其逸志，莫之与京。至于行草，兴合如孤峰回绝，迥出天外，其峭峰不可量也。尔其雄武神纵，灵姿秀出，臧武仲之智，卞庄子之勇，或大鹏抟风，长鲸喷浪，悬崖坠石，惊电遗光。察其所由，则意逸乎笔，未见其止，盖欲夺龙蛇之飞动，掩钟（鲸）张（芝）之神气，惜其阳秋尚富，纵逸不羁”。这段话对王献之书法给予了高度评价。后人说王献之的书法，隶、行、草、章草、飞白五体俱入神，八分入能。

后人在总结中国书法发展时指出：中国的书法艺术，在东晋出现了两位杰出的大家，一位是书圣王羲之，另一位是他的儿子王献之。他们以鼎革汉魏以来的旧体为己任，从王羲之开始，到王献之告终。王献之敏悟通变，在父亲的基础上推陈出新，以流美恣逸的书风影响后世，为“魏晋风韵”增添了不可或缺的一笔，从而赢得了与王羲之并列的艺术地位和声望。王献之的书法艺术，承继父风而发展创新，独树一帜。唐张怀瓘在其《书议》中说：“子敬年十五六时，尝白其父云：‘古之章草，未能宏逸。今穷伪略之理，极草纵之致，不若藁、行之间，于往法固殊，大人宜改体；且法既不定，事贵变通，然古法亦局而执。’”从这段话可以看出：王献之对古体章草不满，认为它不够潇洒、舒展（未能宏逸），而且有些局促、胶着（局而执），并且劝他父亲不应该再用旧体教他，应改变体式。王献之不仅提出改革方案，从书迹看，他也确实实践了自己的理论，创出自己的“破体”——行草体。所谓“破体”（又称“大令体”），就是打破楷书、行书、草书的界限，以行书为主，偏于楷的为“行楷”，偏于草的为“行草”。这种书体，既有楷书的工稳，又有草书的流畅，书写者可以有自己的偏好，亦可发挥自己的特长，给书写者留有极大的驰骋艺术才能的天地。王献之性格比他父亲更加放达豪爽，反映到书法上就更加开张超逸，于是创出“破体”新书体，使行书体系在“二王”手中充实完善起来。王献之在书法上的另一大贡献，是创立了“一笔书”，使草书成为书法艺术中最富表现力的书体。

王献之虽然官做到了中书令，但始终没有上任。这个职务一直由他的族弟王珉代行使，所以当时的人称王献之为大令，王珉为小令。

此外，东晋末年，王廙的第三个儿子王耆之，字修载，历任中书郎、给事中，也曾经当过鄱阳太守。看来琅琊王氏家族，还真与鄱阳缘分不浅。

鄡阳本是鄱阳地

在历代的《饶州府志》或《鄱阳县志》“古迹条”中，都能看到这样的记载：“鄡阳县，在城西北一百二十里，汉初置县，宋永初废。今为都昌县地。”

既然“今为都昌县地”，为什么又列为鄱阳古迹？原来，这就是历史，是曾经存在的客观事实。

鄡阳，最早见于班固撰写的《汉书·地理志》，其记说：“豫章郡，户六万七千四百六十二，口三十五万一千九百六十五。县十八，一十六曰鄡阳。”北宋的乐史在《太平寰宇记》中说，废鄡阳县在鄱阳县西北120里。明清时代的地方志书如《江西通志》《南康府志》《鄱阳县志》都对鄡阳古县做了记载。清同治年间(1862—1874)纂修的《都昌县志》更明确地指出：“古鄡阳城在周溪司前湖中望中山，至今城址犹存。”并注说，“考《汉书·地理志》，徐水出徐汉，以至鄡阳人湖汉。朱子谓湖汉即彭蠡，按徐汉即今余干县，四望山前为饶河口，则俗传四望山城即古鄡阳不诬矣。”

进入21世纪后，通过考察，在都昌县周溪乡的泗山发现了鄡阳古城的遗址。四望山位于鄱阳湖北岸，是一东西长约2公里，南北宽约1公里的狭长地。古城遗址坐落在四大屋场村以南60米的湖洲上，面积约1平方公里。城址最南端是城头山，平坦的山顶上有土城垣残迹，东北长约28米，南端长约15米，高为4米，顶宽3米。在城头山北侧的高地上，对角几何花纹砖、卷云纹瓦当、万岁瓦当、绳纹筒瓦、各种器形的陶片俯拾皆是，其中还有篆体刻写的“永元七年三月十四日”的纪年砖。在城址西和北端邻近的山丘及沿湖高地上，布列有大量的砖室汉墓，许多墓室已遭破坏。泗山群众拾到不少随葬器物，如西汉的“五铢”铜钱、王莽的“货泉”钱、四乳蟠螭纹铜镜等。这些确凿的器物证明，至少从汉代起，这里就是一块人烟茂密的土地。

那么，鄡阳作何义解？古人也曾考证过。清代金溪人王谟在《江西考古录》中说，鄡阳县“疑即古枭阳国，加邑作鄡。改为县矣”。然而，《山海经》中的《海内南经》说得很清楚：“枭阳国在北朐之西，其为人，人面长唇，黑身有毛反踵。

见人笑亦笑。"北朐之西为今广西、贵州一带，距都昌数千里之遥，哪能扯得上呢？王谟也觉察到了这一点，于是又引《海内经》中郭璞的注释，说在南康郡深山中有枭阳，谓赣巨人，"以南康为即鄡阳国"。但南康郡是晋太康三年(282)于雩都设置的，完全不同于北宋太平兴国年间(976—984)设置的辖治都昌的南康军。雩都与都昌一在赣南，一在赣北，相隔近千里，王谟只好说："然在洪荒之世，合为近地。"这样的牵合，显然是不合道理的。

其实，鄡阳之名是因人事而立的。鄡，音同枭。枭为古极刑名，即杀人斩其首而悬于木上。据《史记》《汉书》《资治通鉴》等史书记载，吴芮女婿、淮南王黥布就是在这里被杀的。黥布，秦末人。陈胜在大泽乡起义后，他在番阳聚兵数千，跟随项羽攻秦，被封为九江王，后又叛楚归汉。刘邦立其为淮南王，辖九江、庐江、衡山、豫章四郡。汉高祖十一年(前196)，韩信、彭越接连被诛。黥布心恐，遂举兵反。刘邦带兵亲征，黥布与百余人败走江南，刘邦命令别将，即秦汉时代军中别部之统领官，也就是配合主力军作战的部队将领，对黥布进行追剿。吴芮之子长沙成王吴臣，在黥布兵败、汉将穷追的情况下，假意要和黥布亡走东越。黥布信以为真，结果被杀于鄱阳兹乡民田舍。兹乡，《史记·索隐》注释为"鄱阳，鄡县之乡"。颜师古在《汉书注》中说："兹乡，鄡阳县之乡也。"现在鄡阳古城遗址附近的村民仍传说这里有"英王坟"。可见，黥布被杀于鄡阳当确有其事。黥布被杀时，还未立鄡阳县，这块土地归鄱阳县管辖。所以《史记·黥布列传》记为"番阳人杀布兹乡民田舍"。《史记·高祖本记》记为"追得斩布鄱阳"。只是汉将于高祖十二年追灭黥布后，从鄱阳(为主)和彭泽(部分)两县划出土地，另置一县以志其事，名为鄡阳。这就是鄡阳古县设立的经过和名称由来。

至于"沉了鄡阳，起了都昌"，这是现代人编撰的民谚。据史籍记载，南朝宋永初二年(421)，因彭蠡湖盆地发生多次沉降运动，湖水南侵，鄡阳县地大部分沉入湖中，鄡阳县撤销，境域入彭泽县，隶江州。其时，都昌并未立县。唐高祖武德五年(622)，"安抚使李大亮谓土地之饶，井户之阜，道途之遥远，水陆之阻碍，遂割鄱阳西雁子桥之南地置此县"(北宋乐史《太平寰宇记》)，因地有都村，南接南昌，西望建昌，故名。宋开宝八年(975)，隶江东路建康军饶州。太平兴国七年(982)，隶江东路饶州。而鄡阳，"汉改鄱阳县，置鄡阳县，高帝五年属淮南国"(《十道志》)；"建安中，孙权分豫章，立鄱阳郡，治鄱阳县，又分立广昌县，分鄡阳同属鄱阳郡"(《宋书·州郡志》)。由此可见,鄡阳之废与都昌之置不仅相隔两百余年,而且在历史上也没有多大关联。

2000 多年前的鄡阳县域,大部分在现在的鄱阳湖区和都昌县境。其西界为罂子口至松门山一线的西鄱阳湖东岸,北与彭泽(其治所在今湖口县江桥乡)相连,东与鄱阳、南与余干接壤,东西距离约 60 公里,南北长约 70 公里。由于地处都阳盆地中心,地势平坦,古徐水蜿蜒南来,向西折入彭蠡,既便车马驰骋,又利舟船航行,为汉代南通南粤、东通闽与浙的交通要道;此处气候温暖,土质肥沃,物产丰富,且与汉代著名的黄金产地——黄金采毗邻。这样的环境,为经济发展提供了优越的条件。在鄡阳遗址的调查中,发现城址东侧有一手工业作坊区。据说,早年每当大风雨过后,这里地表就会露出小金条和金颗粒。建国前几年的冬季,常有数百人到此淘金。从淘获的金子看,有的两头尖,如鼠粪大小;有的绿豆大,中有孔;有的成丝条状。有人还获得金簪和金戒指。这显然是手工业工人制作金器时的残屑和遗留下的成品,群众也呼此处为"打金街"。在城址东北 0.5 公里处,1968 年修水利时,掘出篓装的 10000 余枚五铢钱和一套 12 个由大到小的青铜盆,当为商贾豪门窖藏。这些出土文物再次说明,这块土地在古代曾有过一段经济相当繁荣的时期。但是,到南朝刘宋初年,民康物阜的鄡阳县却销声匿迹了。

一冈望夫传千年

在古县渡镇古南中部的高程村前,有座主峰海拔 73.5 米的山冈,旧称望夫冈,今叫望夫台。说起这个并不起眼的山峦,它在我国古代不但有一定的名气,而且有着非同一般的传说,又正是这个传说,使它有了“望夫”之名。

那还是一千多年前的东晋,有部集民间传说、神话为一体的书,名曰《搜神记》,其卷十一中有“望夫冈”的故事,全文如下:“鄱阳西有望夫冈。昔县人陈明与梅氏为婚,未成,而妖魅诈迎妇去。明诣卜者,决云:‘行西北五十里求之。’明如言,见一大穴,深邃无底。以绳悬入,遂得其妇。令妇先出,而明所将邻人秦文,遂不取明。其妇乃自誓执志,登此冈首而望其夫,因以名焉。”有人会怀疑,文中指的是鄱阳西,似与这个望夫冈不符。其实,两晋时鄱阳的县域很大,包括德兴、浮梁,古县渡当然属鄱阳西了。

《搜神记》是部志怪小说,在中国小说史上有着极其深远的影响,被称作“中国志怪小说的鼻祖”。所谓志怪小说,正如鲁迅先生所说:“六朝人之志怪,却大抵一如今日之记新闻,在当时并非有意做小说。”它记录了一大批古代的神话传说和奇闻逸事,内容生动丰富,情节曲折离奇,艺术价值很高,有谶纬神学、神仙变幻、精灵物怪、妖祥卜梦,还有人神、人鬼的恋爱等,其中保留了相当一部分西汉传下来的。历史神话传说和魏晋时期的民间故事优美动人,深受人们喜爱。

《搜神记》的作者是东晋的史学家干宝。

干宝(? —336),字令升,新蔡(今河南省新蔡县)人,后迁居海宁盐官灵泉乡(今属浙江),东晋文学家、史学家。干宝出身于官宦之家,他祖父干统是三国时期东吴官员,官至奋武将军,封都亭侯;父亲干莹也是东吴官员,官至丹阳县丞。干宝自小博览群书,晋元帝时凭借才气受到朝廷的征召授职,担任佐著作郎的史官职务,奉命领修国史。后经王导提拔为司徒右长史,升任散骑常侍。建兴三年(315),干宝因参与平定杜弢之乱有功,朝廷赏赐给他关内侯的爵位。干宝除精通史学,还好易学,这为他后来撰写《搜神记》奠定了基础。干宝的著述颇丰，除《搜神记》外，还有《周易注》《五气变化论》《论妖怪》《论山徙》《司徒仪》《周官礼注》《晋纪》《干子》《春秋序论》《百志诗》等。

在干宝《搜神记》一书中，与鄱阳相关的，除"望夫冈"之外，卷十二还有一篇短文："鄱阳赵寿有犬蛊，时陈岑诣寿，忽有大黄犬六七群出吠岑，后余相伯归，与寿妇食，吐血几死。乃屑桔梗以饮之而愈。蛊有怪物，若鬼，其妖形变化杂类殊种：或为狗豕，或为虫蛇。其人不自知其形状，行之于百姓，所中皆死。"蛊是一种人工培养的毒虫，专门用以害人。

照说，事情至此已经非常圆满，可是它并没有自此止步。这两篇与鄱阳相关的故事，后一篇很少看到，而前一篇"望夫冈"，在盛唐时居然一字不差地出现在另一本叫《初学记》的书上。

《初学记》是唐人撰修的一部类书。唐代四大类书，即《艺文类聚》《初学记》《北堂书钞》和《白孔六帖》。《艺文类聚》，欧阳询奉敕编撰。所引古籍1431种，其中今存者仅十分之一，故保存了不少隋代以前的佚书遗文、零章断句。全书分为天、岁时、地、卅、郡、山、水、符命、帝王、后妃等48部类，其凡例按"事居于前、文列于后"，"事"指摘取经、史、子、集等类书籍中有关的资料，"文"则指摘引相关诗文。《初学记》，徐坚等著。唐初骈文仍盛行，文章多讲究辞藻堆砌，于是唐玄宗命徐坚等人编撰《初学记》，以供习作诗文时方便引用典故诗文。全书共分天、岁时、地、卅郡、帝王、中宫、储宫、帝戚等23部类，下细分子目。每款目先为叙事（引古籍中相关记述），次为事对（于对偶词句下注明出处），再次为征引诗文。《北堂书钞》，隋末唐初人虞世南在隋任秘书郎时所撰，北堂即当时秘书省之后堂，故名《北堂书钞》。全书共分为帝王、后妃、政术、刑法、封爵、设官、礼仪、艺文、乐、武功、衣冠等19部，部下分类，每类摘引唐以前古籍中可供吟诗作文之用的典故、词语及诗文摘句。《白孔六帖》，白居易撰，孔传续撰。此书系由唐白居易《白氏六帖事类集》与宋孔传《六帖新书》两书合成，共一百卷。书中将唐以前之经籍史传及杂书中的成语故事、典故、词语及名篇佳句等，分门别类地片段抄录汇集，可供作诗文时查检辞藻之用。全书以天、地、日、月、星辰、雨等分卷分细目，子目达一千三百余个。

类书是中国古代工具书的一种，它辑录若干古籍中有关事物的记载，将其

依类或按韵编排,以备检索文章辞藻、掌故事实。

这是唐玄宗为方便他的儿子学诗作文时引用典故和检查事类,而命集贤院学士徐坚、张说等编辑的一部以知识为重点的类书,既有丰富的知识,又便于临文检查。编这本书的目的,主要是为皇子们初学诗文的需要,所以取名《初学记》。《初学记》共分二十四部,三百一十三个子目,每个子目先分"叙事",再"事对",再是"赋""诗""颂""赞""箴""铭""论""书""祭文"等各体诗文,内容丰富,包罗万象,大体同于其时盛行的《昭明文选》的分类,所引也多整段整篇。叙事部分谈及唐代制度,有时可补两《唐书》志的疏略。诗文部分多有初唐君臣的唱和诗和诏册制敕,唱和诗虽语多空泛,也不无史料可取,诏册制敕中不少是任职、封号的文书,可以得知某人履历。从岁时、居处、器物、服馔、果木等部的类目和内容,可以窥见其时社会生活,知悉名物品种。而且此书与其他类书不同的是,其他类书只把材料按类摘抄,条与条之间几乎没有联系,仅仅是资料的汇编。而此书则经过精心编撰,把类事连贯起来,成为一篇文章,其体例更近似现代的百科全书,知识性非常高,故被视为评价较高的一部类书。

主撰者徐坚(659—729),字元固,湖州(今浙江)人,举进士。据《旧唐书》记载:徐坚生于官宦世家,祖父徐孝德是隋唐两朝大臣,终官至果州刺史。父亲徐齐聃曾担任兰台舍人,徐坚 14 岁时,父亲被贬官流放至钦州去世,从此由祖母金城郡君姜氏抚养长大。徐坚幼承庭训,博览群书,年幼时就智力过人,唐沛王李贤召见面试后,十分赞赏他的才华。及壮举进士及第,任汾州参军,迁万年(今陕西)县主簿。圣历(698—700)中为东都留守判官,专主表奏,王方庆称徐坚为"掌纶诰之选"。杨再思说徐坚"此凤阁舍人样"。徐坚历官太子左庶子、秘书监、左散骑常侍、崇文馆学士、集贤院学士。与徐彦伯、刘知几、张说同修《三教珠英》,书成,迁司封员外郎。中宗时,为给事中。睿宗朝,自刑部侍郎拜散骑常侍。开元中,改丽正书院为集贤院,以徐坚为学士,张说知院事。徐坚多识典故,前后修撰格式、氏族及国史等,凡七入书府,又讨集前代文词故实,为《初学记》。徐坚与父齐聃俱以词学著闻。长姑为太宗充容,次姑为高宗婕妤,并有文藻。集三十卷,今存诗九首。议者以为"方之汉世班氏"。

明明是有根有据的"望夫冈",不知从什么时候起变成了"望夫台",居然将

陈友谅扯了进去：元朝末，朱元璋与陈友谅率水军会战于鄱阳湖，陈友谅率大军来此山安营扎寨。每当陈友谅出去征战，打了胜仗举旗回营时，其妻便在营中塔台瞭阵，为夫君凯旋出门迎贺。妻子如此了然神知，令陈友谅非常惊讶。然而有一次，陈友谅又打了胜仗，却故意拖旗回营，使在瞭阵的妻子误以为夫君惨败而回。妻子在情急之下，摔下楼台死于非命。陈友谅见状悲痛欲绝，悔恨不已。因此，后人将此山称为"望夫台"。这种狗尾续貂，不但牵强附会，而且在鄱阳到处泛滥。今正本清源，望纠错改正，让其更有历史价值。

古代胜迹柳公楼

在鄱阳旧城西偏北，也就是今黄泥岭酒厂宿舍一带，曾有一座享誉南朝和隋唐的名楼——柳公楼。楼建于南北朝齐朝，由鄱阳内史柳恽主建，所以楼以主建者的姓为名。据《江西通志》记载，此楼"凭眺显豁，实望归楼"。唐代宗大历中期(772 前后)，第五琦任职鄱阳时，改名为"望江楼"。唐德宗贞元十九年(803)，李吉甫任职鄱阳后，复改为"柳公楼"。

从现存的魏晋南北朝的相关建筑资料中可以看出，"柳公楼"的建筑映现了当时的时代风尚和格局。它的建筑艺术，使汉代比较质朴的建筑风格变得更为成熟、圆淳。建筑装饰也在继承前代的基础上，脱离了汉代的格调，开创一代新风，增添了更多生动的雕刻，如花草、鸟兽、人物等纹饰。因为在这一时期，庭院式住宅种类众多，楼阁式民居也很普遍，既有方形、长方形，也有一字型、曲尺型、三合式、四合式、日字型等。在构造及风格上有了很大的突破，由古拙、端庄、严肃、以直线为主，逐渐走向流畅、豪放、遒劲、活泼，多用曲线，而且完全符合当时时兴的"山顶有楼，远近皆见，跨水为阁，流水成景"，融山水园林为一体的妙极自然意境。

此外，由于材质的更新，木结构技术的提高，"柳公楼"的建造也突破了当时局限。进入南北朝以后，建筑结构逐渐由以土墙和土墩台为主要承重部分的土木混合结构向全木结构发展。在楼阁式建筑相当普遍、平面多为方形的建筑格式下，柳公楼采用较为"前沿"的建筑技术，不仅外观气势恢宏，内部同样精巧：一栋额上施一斗三升拱，拱端有卷杀，柱头补间铺作人字拱，其中人字拱的形象，由生硬平直发展为优美的曲脚人字拱；屋顶正脊与鸥尾衔接成柔和的曲线，出檐深远，给人以庄重而柔丽的浑然一体的感觉。如此楼阁，加上二方连续展示的花纹以卷草、缠枝等为基调，既十分高雅，又倍显华美。配套设施又无不精致，栏杆为直棂和勾片栏杆兼用，柱础覆盆高，莲瓣狭长；台基有砖铺散水和须弥座；门窗多用版门和直棂窗，天花常用人字坡，或是覆斗形天花。在风和日丽或秋高气爽的日子，群贤毕至，少长咸集，赋诗、书画、饮酒、品琴，将文学、书法、文人画、音乐融入观水览山之中。丝竹管弦,一觞一咏,畅叙幽情,如此楼阁,能不引人入胜,载入史册?

柳恽是南齐时在鄱阳任代理内史之职的。字文畅,宋泰始元年(465)生,梁天监十六年(517)卒。祖籍河东解州(今山西运城),南朝梁著名诗人、音乐家、棋手。

柳恽任职鄱阳的时期,是中国历史上一个民族文化融合的时代。当时,专制王权衰退,士族势力扩张,特权世袭,出现了门阀政治。汉族和少数民族、少数民族和少数民族、汉族和汉族之间的矛盾冲突,愈演愈烈。在这个时期,因政治不稳定、战争破坏严重、长期处于分裂状态,社会生产的发展比较缓慢。尤其是长期处在激烈的社会动荡中,各族统治地位像浮萍一样,没有一个稳固的状态,也许今天是皇帝,明天就会沦为阶下囚。

公元501年,南朝齐陷入内乱,雍州刺史萧衍发兵攻入建康(今江苏南京),夺取了帝位,改国号为梁。柳恽"候谒石头(今南京)",主动投诚,封为冠军将军、征东府司马。当时齐东昏侯还未投降,士兵还在苦战。柳恽陈书请求攻下石头时,先收图籍,宽大为怀,抚恤百姓。萧衍点头同意,让柳恽西上荆州(今湖北江陵县)迎接齐和帝萧宝融,并任命他为相国右司马,柳恽才开始效忠萧梁王朝。

南朝皇族主要因为军权逐渐由寒门或庶族掌握,所以能够篡夺皇位。但这个时期民族大融合,北方多战乱,经济重心南移带去先进的生产技术和劳作经验,可以说催生了南方的经济萌芽并迅速发展,尤其是小农经济等,因此初期经济逐渐恢复,军力强盛。江南的农业开发,从江东扩展到整个长江流域,进而波及岭南和闽江流域。土地大量开垦,耕作技术进步,农田水利兴修较多,农作物品种增多,单位面积产量提高,洞庭、鄱阳湖流域成了重要的产粮区。与此同时,由于文化交流范围扩大,外来建筑涌入中国,形成中国建筑史上一个极其重要的吸收时期。当时社会虽然非常混乱,但文运隆盛,西域文化趁五胡十六国之乱,流入中国,尤以佛教为盛,且普遍流布。中国文化以周汉文化为基础,与新来的印度、西域等文化相融合。当时的建筑界汇集多方面的式样手法,产生了崭新的形式。

柳恽是齐梁时有成就的诗人之一,他年轻时以擅长赋诗闻名,晚年在吴兴

任官也作了许多诗篇。他的大半生是在宫廷和贵族周围度过的,他任鄱阳内史时,认为"当时四海晏清,八荒率职……",骨子里的文人,有着文人雅士厌烦战争、玄谈玩世、寄情山水、风雅自居的情怀,于是萌生了盖楼以示时盛的念头,便在郡衙竖起这栋恢宏的建筑。虽然迄今为止,并没有看到有关"柳公楼"的详细资料,但从《江西通志》"凭眺显豁,实望归楼"推定,这楼无论是规模还是气势,都在江右一带屈指可数。

事实上,南北对峙和南朝内部的各种势力冲突,促成了南朝四代的享乐和尚文之风。诗文相赏和技艺切磋,是以文交游的正务。史载,柳恽诗"亭皋本叶下,陇首秋云飞",就是题写于斋壁而得到人嗟赏的。有着这种经历的柳恽,当得到封疆使命后,主政一方时,萌生建楼之念并将它完成,在当时是顺理成章的事。面对这样一座建筑,此楼能不扬声江右、留名千古吗?于是柳公楼从齐至唐,历时三四百年也就必然。

胭脂桥畔显明寺

在鄱阳镇上宦岭往西约150米处，有条叫土井的巷弄与其交汇处，原先有座规模不大，联结上宦岭与西门路的小桥，叫胭脂桥。胭脂桥不大，但历史悠久，距今有1600年左右。

南朝梁天监元年(502)，梁文帝萧顺之的第九个儿子萧恢，被他哥哥封为鄱阳王。那时，这一带大兴土木，成为梁鄱阳忠烈王府的所在。因为是王府，女眷很多，每天梳洗后的红色胭脂水便从桥下流过，时间一长，这座并不恢宏的小桥就有了如此雅名。

再说这萧恢，字弘达，他是梁武帝萧衍的异母弟弟。这人年幼时非常聪明，7岁通晓《孝经》《论语》的文义，长大后更是一表人才，“美容质，善谈笑，爱文酒，有士大夫风”，性格开朗，喜欢谈笑，爱喝文酒，涉猎史籍，轻财好施，很有士大夫风范。不仅如此，还在齐朝时，萧恢便官至北中郎外兵参军、前军主簿。梁朝后封鄱阳王、侍中、前将军，领石头戍军事。后累迁南徐州刺史、郢州刺史、荆州刺史、益州刺史等职。普通七年(526)九月，卒于荆州刺史任所，时年51岁。梁武帝诏赠他为侍中、司徒，谥曰忠烈。

梁朝是南北朝时期的第三个朝代，由雍州刺史萧衍取代南齐称帝，定都建康(今南京)，国号梁。因为萧衍封地在古梁郡，故定国号为梁。自西晋永嘉之乱以后，汉族政权偏安江南，在与北方少数民族政权的军事斗争中，一直处在被动的态势。但在经济文化上，汉族政权却强于北方政权。南朝自孙吴开始在江南建立政权以来，经济文化最盛的时期是梁朝。这与萧衍本人的文化素质是分不开的，萧衍的文化水准在南朝皇帝中可以说是成就最高的。

在中国历史上，南北朝是一个分裂的朝代，分为南朝和北朝。南朝依次是刘宋、萧齐、萧梁、南陈；北朝是北魏、东魏、西魏、北齐、北周。南朝作为汉族政权和东晋的延续，当时各朝的皇族主要是士族或次级士族，因为在东晋末期之后，军职大多由士族或次级士族担任。在169年时间里，南方虽然朝代不断更替，皇帝轮流坐庄，但在执政者的努力下，出现了南朝宋文帝的元嘉之治与齐武帝的永明之治等治世，国力富盛，皇帝受到声誉好的主流士族拥护。然而，士族

只想保有本身政治地位，并非全然支持皇室，皇帝也扶持寒门担任军职或次要官职，以平衡政治势力。加上皇室内部也因为争夺皇位的斗争，时常发生宗室血腥事件。随着北朝的兴起，使得南弱北强，疆域渐渐南移。到南朝梁时，梁武帝改革和北魏六镇之乱使南朝国力逐渐追上北朝。

萧衍当皇帝以来，在国内实行一种温和的政策，以发展经济为重点，在发展经济的同时，也重视文化的发展。当时，与萧梁政权对峙的北魏，自从孝文帝元宏死后，一反元宏的汉化政策，加上贵族的贪污腐败，北魏的国力急转直下。在萧衍建立梁朝的同时，北魏内部开始了长达几十年的内乱和农民起义，直至北魏分裂。这期间，北魏一直没有实力和精力进攻萧梁，使萧梁可以趁着军事压力的减弱，大力发展国内的经济和文化。

萧衍对文化的重视，也使得举国上下充满了文化气息，文化氛围十分浓厚。上至皇帝，下至王公贵族，都以儒雅为荣，都在努力提高自己的文化素质。所以，萧梁一朝在统治时间不算太长的五十五年里，却涌现了一大批有重大成就的文学家和诗人。比如《昭明文选》的作者萧统、《宋书》的作者沈约、《南齐书》的作者萧子显、《文心雕龙》的作者刘勰、《诗品》的作者钟嵘，以及文学名士如江淹、到溉、到洽、丘迟、吴均、庾信、刘昭、刘峻、陶弘景，还有后来成为皇帝的萧衍的两个儿子——简文帝萧纲和梁元帝萧绎。此外，还有许多在历史上不太知名的文学名人。总之，萧梁一朝的文学之盛，在中国历史上可能只有盛唐和北宋可与之相比肩。

梁武帝即位后的第二年，宣布放弃道教信仰，改宗佛教。他认为老子之教是邪法，他皈依佛教是弃迷知返，归依正觉。当时，萧梁的统治已经稳固，国力开始呈上升势头，在这种特殊的历史背景下，萧衍已经渐渐变得好大喜功，喜谀恨谏起来，最后竟发展成为一个极为虔诚的佛教徒，开始迷信佛教起来。因为他是皇帝，一国之首，不仅他一个人喜欢佛教，还在统治区域内极力营造佛教气氛，鼓动周围的王公贵族也信佛。萧衍在宫中重云殿的重阁上，写了《舍事道法诏》，有两万多道俗参加了这一仪式。从此，他以佛教为国教，积极扶持佛教的发展，使梁代佛教在南朝达到了鼎盛，把梁朝当成他佛化治国的乐土。史载，梁武帝大造佛寺、佛像，建爱敬、智度、新林、法王、仙窟、光宅、解脱、开善等寺院。

梁武帝除了以建寺的方式护持佛教以外，还通过各种方式向寺院布施。他向寺院捐资非常慷慨，经常一次就捐资千万以上。他还先后四次在同泰寺出家。每次出家，都由朝廷出重金向寺院布施将他赎回。通过这种方式，梁武帝为寺院又捐助了大量资金，为护持佛教做出了很大的贡献。这种通过建寺、布施等方式，支持佛教事业发展的举措，使得梁代的佛教事业空前兴盛。

普通元年(520)，梁武帝在宫中筑坛，欲禀受菩萨戒，朝廷大臣们一致推荐德高望重的惠约禅师，因此武帝下诏道："道资人弘，理无虚授，事藉躬亲，民信乃立。惠约禅师，德高人世，道被幽冥，四月八日，延师于等觉殿受菩萨戒。"当佛事行羯磨忏法时，甘露天降，有两只孔雀降阶，驯伏不去，武帝大悦，复设无遮大会。从此，他就被称为"菩萨皇帝"。

作为一代帝王，梁武帝不仅自己信奉佛教，而且还根据佛教典籍，逐步完善佛教戒规。他自信佛以后，道念日坚，曾作一篇《净业赋》在佛前宣读，发愿内净其心，外净其行，作为帝王的他已经在带头按照佛教戒条的要求吃素修行了。梁武帝不仅主张素食，而且还进一步提出了禁酒的主张。他颁布《断酒肉文》，并下令全国僧侣必须遵照执行，凡有违犯者，依佛教有关戒条治罪。他不仅让僧侣遵照执行，而且他自己也断除酒肉。此后，梁武帝不着革履，不食酒肉，身体力行，虔诚拜佛，"日一蔬膳，过中不餐"，并且"永断辛膻"，日唯一食，食止菜蔬。他还诵经讲学，撰写文章。南梁天监十一年(512)，梁武帝下诏，禁在祭祀中宰杀牲畜，改用面点、果蔬祭祀。

皇帝如此，作为皇族的萧恢，无疑也是虔诚的佛教徒。虽然他在外地做官，但封地在鄱阳，所以家眷仍在胭脂桥一带居住。雄厚的经济实力和一定的政治地位，使得他们的居住条件优越，家业都很大。士大夫标榜旷达风流，园林多崇尚自然野致，一座民居实际上是一处庄园，庄园内有多幢楼院，有大片土地，有林木和水池。且胭脂桥近水，萧王府前便是下士湖，否则就不需要建桥。

天监年间(502—519)，萧恢的母亲费太妃突患眼疾，双目失明，于是还请高人治病。当时有位叫慧龙的道人，应请替费太妃治疗眼疾，就在慧龙为太妃治病之时，忽见空中出现圣僧，同时给他母亲下针。在神道的通力治疗下，太妃的眼睛很快复明。

自魏晋以来，贵族舍宅为寺之风盛行，萧恢本来就是孝子，为报治母眼疾之恩，他慨然捐出部分王府作为寺庙，以报答圣僧治好母亲眼病的恩德。这寺就是现存的永福寺。当时，原宅第改动不大，以前厅为佛殿，后堂为讲堂，原有的廊庑环绕，并将它取名为"显明寺"，从此这座寺院便成了鄱阳一处重要的佛教活动场所。

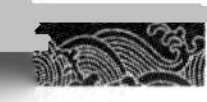

荐福寺古佛法弘

自梁朝以来,佛教在鄱阳日显盛隆,寺庙甚多,仅鄱阳镇地区就有三观九寺十八庙之说,而最有影响的则是佛教的九寺,无论是起始时间、庙宇规模还是善男信女的弥众,都是其他宗教信仰无法与之相比的。据史料记载,仅南北朝梁朝时,鄱阳就建有佛寺8所。除永福寺外,南北朝创建的寺庙还有荐福寺、华严寺、龙光寺、宝胜寺、罗山寺、真觉寺、罗湖寺、西台寺、桐源寺等。这些佛教寺庙多半分布在县城周边的乡镇,其中荐福寺当是声名远播的法场。

荐福寺在东湖东岸、支家咀东南的荐福山,即现在的鄱阳一中西南。旧时,曾是鄱阳最具规模的宗教禅林之一,滨湖有颜鲁公亭、荐福寺、唐戴叔伦读书处等胜迹。

据旧县志记载,早在宋朝,荐福寺便显出了它的气势:大雄宝殿前有千佛阁,后有莫莫堂。到了明朝,寺庙的规模进一步扩大:大雄宝殿5间,高24米宽30米,中有3尊佛像,旁列18罗汉;佛殿前法堂5间,高约9米;又有广如殿、从视殿,中为四天王分立,前有千佛阁;法堂之东为弥陀阁,法堂之西为观音阁;观音阁前有清隐山房,阁后有承寿阁,斋庖僧舍列观音阁左右;另有毗卢阁3间。朱元璋、陈友谅鄱阳湖大战期间,荐福寺毁于兵灾。明永乐十二年(1414)鼎建,规制极大,历28年告成。成化和嘉靖年间,曾两次继修鲁公亭。万历四十年(1612)又一次重修。至清朝,寺虽为岁月所摧,但仍为善男信女所重,从乾隆三十一年(1766)至同治七年(1868)的一百多年间,先后大规模修建9次。乾隆三十一年(1766),重修千佛阁、弥勒殿;乾隆三十七年(1772),重修千佛阁、三官堂;乾隆四十七年(1782)重修大雄宝殿、千佛阁、观音堂;乾隆五十五年(1790),重修莫莫堂、观音堂。嘉庆元年(1796)重修莫莫堂、千佛阁;嘉庆十年(1805),重修天王殿;嘉庆十四年(1809),重修千佛阁、天后宫;嘉庆十七年(1812),重修千佛阁、空中阁。遗憾的是咸丰三年(1853)太平军侵鄱,使宝刹遭到毁坏。同治七年(1868),大殿再次重修。直到1943年,经过修葺后的荐福寺,还保持了一定的旧貌。

荐福寺创建的时间有多种说法，一说是在南北朝，一说是唐初，再一说是唐明皇开元年间(713—741)。从历史背景看，此寺应建于南北朝，为什么？理由有以下几个：

一是南朝时期，佛教在得到皇帝的信奉和保护下成为当时的显教，加上朝廷的优惠政策，寺庙遍地开花，无形中僧侣成了地主。因为寺院可以官避赋役，“竭财以赴僧，破产以趋佛”，于是“逃役之流，仆隶之类”，相与入道。

二是从经济层面看，六朝时虽然战乱不断，社会动荡，但江南地区政局相对稳定。地处长江彭蠡腹地的鄱阳，农业、商业和手工业都得到一定程度的发展。加上自秦汉起巫鬼崇拜的加重，给道、佛在江西的弥漫传播和寺庙、道观的广建推波助澜。

三是鄱阳地区富庶，多成为皇帝国戚、功臣名将的封地，先是有梁鄱阳王萧恢，接着又有陈鄱阳王陈伯山，他们都是虔诚的佛教徒。

四是因为欧阳询，他在鄱阳留有著名的翰墨至宝——荐福寺碑。欧阳询年轻时曾在鄱阳寓居，他有自传体的法帖说“年二十余到鄱阳”，按照推算，应该是陈末隋初。当时他因父亲在陈朝犯谋反罪受到株连，以致无依无靠，孤苦伶仃，幸亏尚书令江总将他收养，他才长大成人。不久，他来到鄱阳寄宿荐福寺，其所书《鄱阳铭心经》两种，是23种传世法帖之一。

再从荐福寺的得名看，所谓荐福者，与佛教“盂兰盆经”的传播密切相关。“盂兰盆经”里，关于佛教与孝道之间的关系显示了孝事与佛事的相结合。盂兰盆就是报恩、供养、布施，佛陀之大弟子目连，因不忍母亲堕饿鬼道受倒悬之苦，问法于佛，佛示于七月十五日众僧自恣日，用百味饭食五果等供养十方佛僧，即可令其母脱离苦难。孝子报恩的思想，很符合中国人的人伦观。在有关荐福寺的传说中，就有“景祐四年(1037)，范公仲淹出守鄱阳，闻师道德，请居荐福，开阐宗风”的记载。

北宋时，荐福寺正殿叫“莫莫堂”。至于“莫莫堂”的来历，有一则这样的传说，范仲淹任职饶州知州时，长安有一位大师对他说，你所治的郡中，有个烧火的和尚，他是当今的古佛啊，你可要对他以礼相待。范仲淹抵鄱后，开始注意起寺庙的和尚。一次到荐福寺，范仲淹果然见到一位烧火的推橹者长相奇异，于是将他请到主持住的方丈中，顶礼膜拜，请教佛法。没想到烧火僧以手频频相

摇,嘴里不停地“莫莫”连声。等到范仲淹返衙,烧火僧趺顿坐化,于是正殿便以“莫莫堂”称之。

《饶州府志·仙释》说:宋时“承古禅师住饶州荐福,操行高洁,禀性虚明,参大光敬玄禅师。乃曰‘只是个草里汉’,遂参福严雅和尚。又曰‘只是个脱洒衲僧’。由是终日默然,深究先德洪规。一日览云门语,忽然发悟。自此韬藏,不求名闻。栖止云居弘觉禅师塔所。四方学者奔凑,因称古塔主也”。承古禅师即古塔主(970—1045),是北宋时的著名高僧。据《禅林僧宝传》所载:“西州人,传失其氏,少为书生,博学有声。及壮,以乡选至礼部,议论不合,有司怒裂其冠。从山水中来,客潭州丫山,见敬玄禅师,断发从之游;已而又谒南岳雅禅师。雅,洞山之子,知见甚高,容以入室。后游庐山,经欧峰,爱宏觉塔院闲寂,求居之,清规凛然,过者肃恭,时丛林号古塔主。”承古禅师的这次鄱阳之行,是在景祐四年(1037),他受范仲淹之邀,在荐福寺开堂,这一年,承古禅师 67 岁,并郑重地宣布自己嗣法云门文偃。

荐福寺不但是鄱阳重要的佛教活动重地,也一度是鄱阳的碑林所在。这里不但有欧阳询的墨宝,也有颜真卿手迹。鄱阳东湖十景,荐福寺占了两景:荐福茶烟、颜亭荷雨。后者典于唐朝两位大书法家欧阳修与颜真卿。清道光九年(1829),饶州知府广宣以收藏的颜真卿真迹“三表”施舍入寺,命刻于壁。道光十四年(1834),还发生了一件与荐福寺修葺相关的事:荐福寺莫莫堂僧人胜山,于道光四年(1824)经府守同意,着手募集资金并破土动工重建颜范二贤祠。历经十年之久,工程告竣。当时恰好是鄱阳人周彦致仕的第二年,乡耆拟请他写记,周彦不但写了,而且献出了黄庭坚《寄题荣州祖元大师此君轩》诗手书真迹,后人镌成碑刻,这幅碑帖至今仍立在鄱阳一中校园内。

当年的荐福寺环境优美、清雅绝伦。杨柳习习,石竹碧绿,蔷薇吐黄,桐花飘香。周边,芳草萋萋。宽阔的放生池碧波荡漾,湖面上荷花争艳,还未满房的莲蓬,散发浓郁的清香。不时,野鹤翔飞,休憩在寺边。法堂上香烟缭绕,木鱼声声,僧人们参禅悟道,礼佛诵经不绝于耳。名寺胜景,吸引着天下的文人墨客:游玩、会友、赏花、吟诗、品茗、留宿。“送客攀花后,寻僧坐竹时。明朝莫回望,青草马行迟。”这是唐大历十才子之一的耿湋,在饶州游荐福寺的诗作——《荐福寺送元伟》。《万首唐人绝句校注集评》特地注明“荐福寺,唐睿宗文明元年立大献佛寺，武后天授元年改为荐福寺，中宗景龙中起塔，高十五层。寺在江西鄱阳县”。这段注释，定能弥补《县志》之阙如。唐德宗时，又有著名诗人戴叔伦来饶州访刺史马戴，马戴为他在荐福寺旁建了一幢寓所。戴叔伦曾作《题荐福寺衡岳暕师房》，有句云“僧腊阶前树，禅心江上山”，十个字中八个名词，诗意跳宕。后又有颜范二贤祠建在寺西。明朝陈策有《荐福寺》诗：“隅东屼嵫山，梵刹青云起。松篁十里阴，风涛落湖水。”在感叹荐福碑的诗中，写得最好的，当数蒋士铨的诗：“古刹萧然冷劫灰，残碑何处偃苍苔？不关天地非奇困，能动风雷亦异才。佛子堂空香雨散，英雄坟老野花开。白杨摧尽无封鬣，寒食凭谁展墓台。”

道教福地仙坛观

“灵台拱上百神清，碧岛红霞相映明。曲径犹无青草合，乱峰时有白云生。亭亭翠纛高山矗；隐隐狂雷落石轰。待得九霄鸾鹤驭，玉书应改地仙名。”这是北宋政治家、文学家、饶州知州范仲淹对仙坛观的咏诗。从范文正这首诗里，我们多少能感觉到北宋时期仙坛观的规模和影响，以及道教文化在鄱阳的昌盛情况。

仙坛观，在鄱阳镇磨石刀的东北，它一度是道教的重要福地，建观历史悠久。据旧《鄱阳县志》记载，仙坛观建于隋开皇二年（582），由道士曹志虚创建。

原先，观的东南方是道汊湖。在修筑桂道圩堤之前，到桂湖必须经过仙坛观。然而，在《县志》及相关的记载里，人们提到的多是马蹄山，而不是仙坛观。其实，仙坛观和马蹄山是一回事，是我国道教的重要福地和遗址之一。

道教是我国唯一的土生土长的传统宗教，它产生在东汉末年。当时，汉室统治危机日益严重，整个社会迷信泛滥，社会的动荡和生活的无助，使贵族和民众对现实失去了信心，精神世界的终极关怀便渐渐膨胀起来。这时，道教适时地虚构了一个美好的超现实世界，告诉人们通过道德和身心的修炼可以成神成仙，在超现实的世界里享福，永远摆脱现实社会中存在的种种困难。这种引导人们追求幸福美好的生活，最后只能在超现实的彼岸世界中实现的观念，博得了大多数人的青睐。东汉顺帝永和六年（141），沛国丰（今江苏西北丰县）人张陵，自称老子亲自传授给他“太上三天正德经”“正一照威妙经”，说老子命他为天师。张陵亲自订立了教规，用符水咒法为老百姓治病。他四处传道，辗转二十四个名山福地，广收信徒，势力很快地扩展开。眼看着信徒日益增多，他又规定凡入道的必须交五斗米，这就是历史上有名的“五斗米道”，道徒以《老子》为经典的教义开始定形。张陵死后，他儿子张衡继承了父业，张衡又传给儿子张鲁。后来，他的子孙来到贵溪的龙虎山定居，从此，这里便成为道教的传教基地。

张天师落户龙虎山后，鄱阳有个叫王遥的，在建安十二年（207）来到仙坛观修炼。王遥经过 85 年光阴修炼成仙，终于修成正果，在西晋惠帝元康二年(292)，在朗朗晴日下升了天，飞升的地方就在马蹄山。于是又过去了 290 年，有曹姓道士在马蹄山建起了仙坛，祀奉真人王遥的遗像，敕名为中元观。唐玄宗天宝二年(743)，改名罗浮观。北宋徽宗重和元年(1118)，改名延祥观。明朝洪武三年(1370)，经饶州知府叶砥申请，敕名为仙坛观。因为马蹄山得名早于仙坛观，所以《县志》和其他的相关典籍中，多为马蹄山而非仙坛观。

仙坛观不但是鄱阳道教较早的庙宇之一，也是规模和名气较大的道教活动场所。旧县志引道书说，此观为五十二福地(《江西考古录》作七十二福地，而《名山洞天福地记》说是第四十九福地)。那么，在什么条件下才能称得上福地？洞天福地之说起于晋代。在道教的政治秩序中，“一为神人，二为真人，三为仙人，四为道人，五为圣人，六为贤人”。他们的分工是“神人主天，真人主地，仙人主风雨，道人主教化成仙”。马蹄山是真人王遥升天的地方，它处在道教第二序的位置，所以称作福地。

如果从仙坛观坐落的地理位置看，这一带也非同一般。道汊湖在观的东南，5000 多亩水面，湖光山色相映成趣，很是秀丽。曾经，这座著名道观拥有过十大景观，具体为：一、马蹄山势：马蹄山又叫马迹山，不高，海拔 40 多米。然而，马蹄山诚如中国传统文化观所体现的，“山不在高，有仙则名”，既然是真人王遥升天时留下的马迹，这山取名“马迹山”就理所当然，第一景无疑不离“马迹”二字。二、道汊湖光：道汊湖在观的左方，也就是东南方。道汊湖是四十里街南部山脉溪流的集水湖，即使在枯水期，水深也有 14 米多，因为常年不干，四季清碧，与山相衬，更显出了仙境般的幽静和优雅。三、延祥观宇：仙坛观创建于隋朝，受到历代朝廷的敕封，这里是延续吉祥，祈祷风调雨顺、太平安宁的活动场所，是观毁之前本县祝禧的最好去处。四、朝斗灵坛：在仙坛主观后面，曾有一座高出十丈许的灵坛，面积较观大一倍，传说此处是王真人作法念咒的地方。五、药炉苔藓：药炉在山的西边，高约一丈，树木茂盛，青翠葱茏，为真人炼丹药的所在。六、丹井清泉：丹井在山岭，右边接飞仙亭，原有井屋遮盖，后坍塌。本来这里清泉汩汩，井水长流，然而在南宋宁宗开禧三年(1207)，大府卿赵师铎浚井，得到一把玉尺，为讨好皇上，他把玉尺进献给了皇帝。据说此玉尺离井之后，清泉也逐渐断流，井水慢慢枯竭。七、方池珠漾：池在斗坛西边，方形，

有山泉翻涌，如开水沸腾，明珠散落。传说，山泉通星宿海，王真人每要书符炼丹，都须取池里的水，故人们称之为“仙坛”，并在后来作为了观名。八、驾虹渡马：虹是桥名，卷拱如虹，在山的东面。传说王遥是在这里起驾从虹桥上骑着马升天的。九、马蹄波浴：马蹄山与道汊湖之间有座飞仙亭，此亭也是王遥跃马升天留下的遗迹。十、柏源降虎：从马蹄山往东南一里左右，是块较开阔的平坦之地。早年这里有很多柏树，传说王真人在这里收服过老虎。

仙坛观毁在民国时期，观宇年久失修无人管理，渐渐地观坍坛毁，成了废墟。

宝胜桥与宝胜寺

宝胜桥和宝胜寺，原是不搭界的两处古迹，宝胜桥在鄱阳镇北关，宝胜寺有两座，一在今饶埠镇寺背吴家，一在游城槐黄间（今淮王坦）。因为名字相同又都显名，便作为一篇说。

宝胜桥之所以出名，一是因为地处要塞，就在离朝天门也就是北门不远的地方；二是因为在鄱阳城里城外方圆一带，唯有宝胜桥上建有桥阁。

北关关口之所以有桥，是因为东湖有道湖汊，伸到了学门口后面的芝山脚下，这条汊就是连接芝山东麓大片集雨面积的泄水道。上了年纪的人都知道，古代朝天门向北有条旱路，是当年鄱阳通往京城的通衢。何谓朝天？京城在北，天子在北，进京科考，接官迎爵朝拜天子，这里是主要的出入口，可见此门的重要。处在这种关键地段的桥梁，居然建有桥阁，其风景风光就显得更不一般了。

宝胜桥的具体位置，在现在的三中（原芝阳师范）大门北端，也就是百来米左右远的地方。别看宝胜桥没有城里那几座桥名气大，如果要算它的历史，至少有一千多年。据旧《县志》记载：它的得名和唐朝时一位僧人有关。唐时，有位法号叫宝胜的僧人，一度在这座桥上住过，所以桥名宝胜，来由即此。元朝泰定年间（1324—1328），有本县人王西玉，捐资在桥上建起了楼阁。从鄱阳有关桥的记载中，在桥上建楼阁的，宝胜桥不是唯一，却也不多见。可惜桥阁建成不久，总管韩伯高就将桥阁材料挪到府衙前，改作承宣楼了。

明嘉靖年间（1522—1566），有官至侍郎姓胡的本县人，曾在桥上建新的桥阁。明朝姓胡的侍郎有两个，一个是明宪宗成化二十年（1484）甲辰科进士胡韶，一个是胡韶的父亲胡嘉禾。

胡韶，字大声，太祖胡振祖，父亲胡嘉禾，为绩溪明经胡家后裔，后迁婺源，再迁鄱阳。胡韶从小就很聪明，他父亲在湖北蕲水县任县令，带他去那里读书。他经史子集无不涉猎，知识积累更多，毕业于太学，县尹考试中，他的文章得第一。入仕后，授工部都水主事，改刑部郎中，为浙江不少受冤枉的人进行过平反，有审判录传世。后出为严州知州，提出六县税赋以银绢两收。严州婚俗大

操大办，以致贫穷家的男青年娶不起亲，他颁布严令禁止买卖婚姻。各郡有疑难案件难以裁决时，上面会委派他去审理。后迁湖广右布政使，再升福建左布政使，调北京任顺天府尹（顺天府，明清时设于京师北京之府属建制。掌管京畿的刑名钱谷，并司迎春、进春、祭先农之神，奉天子耕猎、监临乡试、供应考试用具等事。在古代，府衙除知府外，尚设府尹一人、府丞一人、治中一人、通判六人、推官一人、儒学教授一人、训导一人以及统历、照磨、检校等官。顺天府所辖有宛平、大兴两县），擢刑部右侍郎。明世宗嘉靖元年（1522），胡韶致仕，回到了鄱阳。无官一身轻的胡韶，每天与故旧好友以吟诗喝酒相娱。不过，他虽说不问政事，却没有忘记政事。明嘉靖乙酉（1525）版《鄱阳县志》，就是他致仕后，以四年时间纂修成稿的。为此，郡守为他特地竖了一座牌坊。胡韶在 81 岁高寿时辞世，他死后，地方官请朝廷追赠他为尚书，他父亲则为刑部右侍郎。

旧时宝胜桥的西面，挨桥阁有几家商铺，卖香烛、粮油、杂货什么的。据民国稿本的《鄱阳县志》记载，自宝胜桥至洪家巷一带，当时的陆运最为发达，市场也比较古老。

坐落在饶埠镇的宝胜桥，建于梁天监四年（505），由芦田应氏创建，是鄱阳较早一批的佛教禅林之一。而游城乡新坂村的宝胜寺，据同治版《鄱阳县志》载，“宝胜寺，唐开元七年（719）创”，算来已有 1300 多个年头了。如果依据民间版本，宝胜寺的创建至少比这早 100 多年。这一带的传言说：“先有宝胜寺，后有李唐朝。”这话也未必不可信，南北朝的梁朝是我国佛教的鼎盛期之一，那时在此建寺，不一定是子虚乌有的事。其实，据清朝修纂的《江西通志》记载，鄱阳的宝胜寺有两座，一座建于梁天监四年，一座建于唐开元七年。天监四年的在文北乡，开元七年的在和北乡，可见民间传说还真的有一定的依据。

为什么这里只谈游城的宝胜寺呢？因为这座寺道佛不分。从庙宇名称的界定和创建时间看，宝胜寺无疑是佛教活动场所。寺为释家活动点，观为道家福地，庙为神祇供处。称寺，当与佛家有关联，何况有有心人留存如此观音谕文：“普渡群生本誓言，立来此愿已多年。奈何男女太迷性，千呼万唤不上船；足踏红莲遍八荒，欲消浩劫此心忙。焚香秉烛拜迎切，作谕吟诗训导详；屡食蟠桃心未快，勤撑宝筏意难忘。诸生如识红尘苦，早上慈航才算良。”可见，此寺是佛教的护法所在。然而，其后的发展，又让人扑朔迷离。寺中供奉居然罕见释迦牟尼如来诸佛，取而代之的是道教人物。至元末，又有民间神彭公祖师入驻。如此奇特的变迁，显现了中国宗教信仰的特色，神为民拥，神为民用，有求当应，显圣显灵。于是一座庙宇历经和尚、尼姑、道士的经营与管理，古老的宝胜寺，故事也就多多。

比如所奉神明，里面有彭祖。这个彭祖有两说，一是祀长寿彭祖，即《大戴礼记·虞戴德篇》及《汉书·古今表》所说的："彭祖功勋卓著，与仲虺并举，知老彭为商贤臣也，至商太戊王时逝世，终年八百零二岁。"二是元末农民起义领袖、袁州（今宜春）人彭莹玉，他是南派红巾军开山始祖，又名彭翼、彭国玉、彭明，号称彭祖、彭和尚，为元末红巾军徐寿辉部将领。他出身于农家，少年时在袁州南泉山慈化寺出家为僧，人称彭和尚，后来改信弥勒教，四方行走，因能为人免费治病传教，"法术"高强而为民间所敬佩，"袁民翕然，事之如神"。他以白莲教的名义组织农民，"宣传弥勒佛下生，当为世主"等。顺帝至元四年(1338)与其门徒周子旺在袁州率众五千余人起事，背心皆书"佛"字，以为有"佛"字，刀兵不能伤；扶周子旺称周王，立年号，后起义失败，子旺死，彭莹玉逃至淮西，淮民都争着保护他，虽然官府严捕，但就是抓不了他。此后，彭莹玉在淮西一带继续秘密传教近十年，"劝人念弥勒佛号，遇夜燃火炬名香，会偈礼拜"，广受信徒，遍及江淮地区，被弥勒教徒尊称为彭祖，在民间威望甚高。正是后一个彭祖，使宝胜寺在朱明王朝时遭到了浩劫，以致变成淮藩顺昌王寿妃张氏的墓葬地。有亲睹者说：1958 年 5 月，宝胜寺生产队为砌牛棚，在凤楼山东南角挖到了明故顺昌王寿妃张氏墓。墓中一副棺椁，黄铜包角，柏树质地，长六尺九寸，高三尺六寸。朱红色，踝头每根直径一尺五寸。两侧绘双龙抢宝图，中间有题字。当天中午，撬开棺木，就见张氏眼睛稍张，似微笑般躺在棺材里，宛如活人。红褂红裤，绫子被心盖肚，上绣龙凤；手白皙，指甲长，拿白色折纸扇，扇面为水墨画兰草；三寸足，盘发，木梳头相挽；棺材内撒满竹纸质地的手剪白鹤。中午吃过饭，得到消息的邻村社员都赶过来看，除锡碗、锡筷子，其他尽化成水。人们便推倒棺材倒掉水，事后又将棺木改做了两架风车。

如此看来，宝胜寺之命运多舛，实因名声太响："凤楼山，槐黄间，宝胜寺，金粟堂"，风水宝地啊，谁都争着占据，就连菩萨也看中了。推此及彼，全是"金粟"惹的祸。

率更寓鄱留墨宝

古刹荐福寺,除了是座规模宏大的佛法场所之外,更有远播古今的欧阳询所书“荐福碑”。

荐福碑又名打穷碑,事见宋朝和尚惠洪的《冷斋夜话》卷二:“范文正公(案:范仲淹)镇鄱阳,有书生献诗甚工,文正礼之。书生自言:‘天下之至寒饿者,无在某右。’时盛习欧阳率更(案:唐欧阳询,以尝官率更令得号)字,荐福寺碑墨本直千钱。文正为具纸墨,打千本,使售于京师。纸墨已具,一夕,雷击碎其碑。故时人为之语曰:‘有客打碑来荐福,无人骑鹤上扬州。’东坡作《穷措大诗》曰:‘一夕雷轰荐福碑。’”宋曾慥《类说》卷四八所记大略同。后人以“打穷碑”,比喻文士时运不佳。清朝戏曲家李渔《怜香伴·议迁》:“打穷碑雷声息轰,送滕王风帆自通。”元朝著名诗人萨都剌《送莫秀才归番阳》诗云:“番阳秋水落,白下买船还。打碑过荐福,携酒看芝山。”荐福打碑,于是成了背运的代名词。而这位作《冷斋夜话》的和尚惠洪,初名德洪,入佛门后开始易名惠洪,字觉范,筠州(高安)人,起初是名县衙小吏。黄山谷(黄庭坚)喜欢他聪慧,教他读书,成了释家人。政和元年(1111),惠洪因受张天觉罢相牵连,浪迹海外数年,后来被推为名僧。

欧阳询(557—641),字信本,出生于衡州(今衡阳),祖籍潭州临湘(今湖南长沙),楷书四大家(欧阳询、颜真卿、柳公权、赵孟頫)之一。隋时官至太常博士,唐时封为太子率更令,也称“欧阳率更”。他与同代另三位(虞世南、褚遂良、薛稷)并称初唐四大家。因他儿子欧阳通也善书法,人们称他为“大欧”。

欧阳询祖父欧阳頠,南朝时历任使持节、都督衡州诸军事、安南将军、征南大将军等要职。欧阳询的父亲欧阳纥,20 岁随父从军,骁勇善战,后来子承父业,任都督交、广等十九州诸军事,广州刺史等职。陈宣帝太建元年(569),皇帝因猜疑他怀有二心,拜他为左卫将军。欧阳纥于是据广州起兵反叛,第二年春兵败被擒,举家上下仅欧阳询一人因逃匿而豁免,其余悉数被杀,那时欧阳询年仅 13 岁。两个月后,皇太后驾崩,朝廷大赦天下,欧阳询因此免死逃过一劫,并被父亲生前好友江总收养，跟随养父20多年。

江总(519—594)，字总持，文学家。祖籍济阳考城(今河南兰考)。出身高门，年幼就很聪敏，有文才。18岁时为宣惠武陵王府法曹参军，迁尚书殿中郎。侯景之乱后避难会稽，流寓岭南，至陈文帝天嘉四年(563)才被征召回建康，任中书侍郎。陈后主时官至尚书令，人们便称他为"江令"。江总7岁而孤，由外祖父母、舅家所抚养。他看见孤苦伶仃的欧阳询，无依无靠，年纪又小，念及与欧阳询的父亲欧阳纥是旧识，且自己也有这样的经历，便收养了欧阳询，关怀体恤如同己出。

欧阳询相貌长得比较丑陋，是个罗锅，人却聪明绝顶，读书一目十行，而且过目不忘，因此博古通今，学富五车。欧阳询年长之后，当上了隋朝太常博士。这时候的唐高祖李渊还是个普通官吏，他对欧阳询的才学很是仰慕，把他作为自己的座上宾。后来李渊当上皇帝，对欧阳询倍加重用。高祖武德五年(622)，欧阳询应诏与人主持编撰《艺文类聚》，历七年书成，欧阳询撰序言。全书凡100卷，分48部。此书征引古籍达1400余种，这些古籍后来大多散佚，《艺术类聚》保存诸书许多重要内容。唐太宗李世民登基后，也同样敬重他。

欧阳询是个很诙谐的人，喜欢与同僚开玩笑。有年九月初九，太宗皇帝设下猜谜的谜面，要大臣们猜。宋公萧瑀是个最不善于猜谜的人，皇帝赐给他的谜语没有一个能猜得中。欧阳询写诗嘲笑他说："急风吹缓箭，弱手驭强弓。欲高翻复下，应西还更东。十回俱著地，两手并擎空，借问谁为此，乃应是宋公。"不过，别人嘲弄他，他也坦然。一次早朝，大臣长孙无忌当着太宗李世民的面嘲笑欧阳询说："耸膊成山字，埋肩畏出头，谁言麟阁上，画此一猕猴。"欧阳询淡淡一笑，随即回答："索头连背暖，漫裆畏肚寒。只缘心浑浑，所以面团团。"这种自嘲自谐把太宗也逗得发笑。但是太宗很快意识到，欧阳询毕竟是父亲李渊尊重的人，便说"询自嘲，不怕太后知道吧"。因为长孙无忌是自己的舅父，李世民只好以母亲来阻止长孙无忌的行为。

欧阳询在鄱阳寓居过一段时间，这从他书写的帖事中可以证实："年二十余至鄱阳，喜其地沃土平，众士往往凑聚。"(《欧阳率更帖》)洪迈曾在他的《容斋随笔》一书中，以欧阳询的《欧阳率更帖》为首篇，谈及欧阳率更的追忆。当时，欧阳询在鄱阳有很多朋友，并经常聚集在一起，其中两位姓张的文士才华很高，

常发宏论；有殷、薛二位朋友很有豪杰气概。此外，还有戴姓、萧姓的处士和中郎，以及彭姓诸君等，大家在一起非常融洽自然。可惜后来欧阳询寻找这些人的踪迹时，他们多已作古，以致使他感到非常痛心。可见欧阳询对寓居鄱阳的这段日子，是非常眷恋和难忘的。当时，鄱阳东湖东北岸有座名刹荐福寺，欧阳询在此写下著名的《荐福寺碑》。颜真卿贬谪鄱阳为饶州刺史时，出自对书法前辈的敬仰和对字碑的保护，特地建亭覆盖其上，后人称这座亭子为“鲁公亭”。

欧阳询的书法，早在隋朝就已声名鹊起，远扬海外。唐高祖李渊说：“没想到欧阳询的名声竟大到连远方的夷狄都知道。他们看到欧阳询的笔迹，一定以为他是位形貌魁梧的人物吧。”但欧阳询自己却并不满足于已经取得的成就，依然读碑临帖，精益求精。欧阳询不仅是一代书法大家，而且是一位书法理论家，他在长期的书法实践中，总结出练书习字的八法。欧阳询所撰的《传授诀》《用笔论》《八诀》《三十六法》等都是他自己学书的经验总结，比较具体地总结了书法用笔、结体、章法等书法形式的技巧和美学要求，是中国书法理论的珍贵遗产。欧阳询在他的《传授诀》中指出，学书法用笔必须圆正，气力纵重横轻，凝神轻虑，同时要审视字势，做到四面停匀，八边具备，短长合度，粗细折中。每要运笔，必须心里有底，疏密倚正，缓则骨痴，既不可运笔过瘦，瘦则形枯；又不可运笔过肥，肥会质浊。

欧阳询的相关碑帖有《九成宫醴泉铭》《虞恭公碑》《皇甫诞碑》《化度寺塔铭》《黄帝阴符经》《荐福寺碑》《张翰思鲈帖》《梦奠帖》《卜商帖》《正草千字文》《行书千字文》《薄冷帖》《丘师墓志》等。

山因灵芝东南秀

芝山，初名北罔，又名土素山，位于鄱阳县城西北，海拔 73.4 米，面积 30 多公顷。芝山的得名，与唐龙朔元年(661)担任饶州刺史的薛振有关。据历代县志记载，薛刺史在这里发现三茎灵芝，从此才有了如此雅名。

灵芝在现代不是稀罕物，如果就其历史或文化的观点而言，它是中华文化中极特殊、珍贵的资产。据北魏郦道元《水经注》所说，灵芝是天帝之幼女瑶姬夭折后，封于巫山的精魄所化。在《白蛇传》里，白娘娘赴仙山盗取灵芝草让许仙起死回生的故事，使灵芝成为仙草或还魂草。秦汉以后，灵芝逐渐被神化。从文化意义上看，灵芝是吉祥之物，历史中灵芝的出现，常被用于歌颂圣君贤王的德政，如“王者德至则芝实茂”“王者仁慈则芝草生”“王者有义行则生紫芝”“王者德先地序则芝草生”等，使灵芝与传说中的祥兽麒麟、灵禽凤凰一样，成为反映圣王德政的“瑞草”。汉武帝时曾因为庆贺“甘泉宫内产芝，九茎连叶”而大赦天下并作《芝房之歌》，成为历史上以灵芝记瑞之始。历代皇帝将进献灵芝作为当时加官晋爵的另一种途径，大吏者天子赐书以宠嘉之，小吏和老百姓赐金帛赏之，由此可见灵芝的特殊地位。

为什么一千多年前薛振能在芝山发现灵芝，而此前和此后，鄱阳都没有出现过灵芝的记载或传说？从环境学看，一千多年前的芝山，古木参天，茂密的植被，多样化的树木，极适宜奇珍异草的生长。从风水学看，芝山也确实不凡。按照风水学的观点，山不仅可以藏风聚气，而且本身就是气的表征。古人认为生气行于地中，不能直接看到，而其旺盛处表现为山和山脉，所以传统的风水学中，分别称山和山脉为龙和龙脉。龙即生气或生气所在，龙行气行，龙止气止。土为气之母，山高则气厚，龙长则气长；气为水之母，龙行则水随，水界则龙止。龙与生气密不可分。龙止气散，则为吉地。山还是一种依靠，一种庇护，并且象征着崇高。

鄱阳多水，山怕粗恶，水爱潜澄，纵横交织，方有眷恋之情。汇泽如湖，看其左右前后，如见水三横四直，弯曲交流犹如织帛，龙气旺则人丁兴旺；次取水聚，

水聚则财巨；三取砂秀，砂秀则官高文秀；四取局圆，局圆则富贵悠远。芝山东西绵亘数十里，是鄱江北岸离县城最近的第一高山，登上山顶极目远眺，古城风光尽收眼底，使人有“江水细如绳，故城小于掌”的感觉。县城处于低山丘陵环抱，四周环山，三面临水，构成一幅“山为翠浪涌，水作玉虹流”的美丽风光。大凡富甲之乡，大都为山环水抱，弯曲有情。三面江光环抱的鄱阳城郭，四围山势锁烟霞。县城的选址布局，融山、水、城于一体，堪称传统风水格局的典范，具有浓厚的传统文化和美学色彩。境内，锦峰绣岭，山清水秀，江阔岭深，野旷天低，江清月明，千峰叠翠，万壑分流，如此风水宝地，出现灵芝便在意料之中。

那么，薛振是何许人物？其实这个人也是个大有来历的人。

薛振的祖父薛道衡，官至隋朝内史侍郎，是隋朝大儒、诗人，因为奏对不符合皇帝旨意，父亲被隋炀帝逼迫自缢而死。薛振的父亲薛收（591—629），字伯褒，隋河东汾阴（今山西万荣）人，唐朝官吏，秦王府十八学士之一，与族兄薛德音、侄子薛元敬并称为“河东三凤”。他们在辅佐秦王李世民创建唐王朝事业中做出了突出的贡献，受到李世民的厚爱和史学家的肯定。薛收从小在浓厚的文化氛围中受到感染和熏陶，四五岁就开始识字、读书。以后，薛收又过继给道衡的从弟薛孺，薛儒也是进士出身，学识渊博，教子有方。道衡兄弟的为人处事，为薛收树立了良好的榜样。以后，薛收又投师大教育家、思想家王通，学业大进，12 岁就能熟文，成为饱学之士。薛收对隋炀帝杀死他父亲道衡不满，洁志不仕，后经秦王府记室薛收的同学房玄龄介绍，进入秦王府，受到李世民的召见。他们两人谈及经略，尽合心意，被任命为秦王府主簿兼陕东道大行台金部侍郎。

薛振早年丧父，九岁袭爵汾阴男，长大以后，好学善于作文章。太宗非常器重他，叫他娶巢刺王的女儿和静县主为妻，多次升迁授任为太子舍人，参与修撰《晋书》。高宗即位，薛振升任给事中，这年 26 岁。薛振多次上书陈述君臣政体和时政得失，高宗都赞许并采纳。不久，薛振转任中书舍人，加弘文馆学士，兼修国史。薛振官至中书侍郎、同中书门下三品，后升任中书令，成为宰相，兼任太子左庶子。他是在唐高宗李治龙朔年间（661—663）担任饶州刺史的。

据《隋唐嘉话》记载，薛振曾经自述其平生有三大憾事。

一没有进士及第，二没参与修国史，三未能娶五姓女。

进士及第就是古人的文凭。薛振 9 岁继承了父亲的爵位，然后理所当然地步入仕途，最后成为朝廷重臣。在隋唐之前，这条做官的路子非常正统，但自隋开科取士以来，举荐逐渐被科举替代，凭借真才实学步入仕途成了正途，进士及第成了做官的敲门砖。薛振官至宰相，为政的本领自然不低，然而终究以没有取得文凭为憾。看来古代文凭的获得要比现在难得多，科场弊案是历朝历代查得最严、处理得最重的，所以舞弊的成本相当高，弄不好就得掉脑袋。中书令级别相当于现在的国家总理，这样的级别，现在混个博士甚至博导也属于若烹小鲜的小事。

唐太宗很注重国史研究，他把“以史为鉴可以知兴替”这几个字落到了实处，花费了大量的人力和物力修史，现存二十五史中竟然有六部是他下令编纂的。负责修国史的自然是些学问、地位双高的人物，所以能够编修国史自然是极高的荣誉。薛振其实参与过编修《晋书》的工作，不过那时他职位比较低，可能分到的任务不多，也没有署名权(《晋书》是房玄龄等人合著的)，而他又是个自负有才华的人，所以没有尽兴，故引为憾事。

薛振的夫人是个郡主——唐太宗的侄女，可是在他的心目中，与皇帝攀亲居然比不上与五姓结亲尊贵，让人觉得不可思议。原来隋唐以前，当官靠的是推荐，既然是人就不可避免地存有私心，所以一人得道鸡犬升天的事情经常发生，如是几代经营便形成了一些士族，如东晋的王氏，曾经形成“王马共治”的局面。中国的士族没有欧洲贵族的那些特权，但凭借选官制度，上品无寒门成了一个时代的标志。唐初有五姓七族的说法，陇西李、荥阳郑、清河崔、范阳卢和太原王加上博陵崔、赵郡李，他们历经百年沉淀，成为没有爵位的贵族，连皇帝都不放在眼里。李唐自称出自陇西李，但陇西李并不认这门亲戚，所以皇帝在他们眼里顶多算个暴发户，而李唐新贵们也争相与这些望族攀亲，气得唐太宗弄了本《氏族志》来打击豪门。因此，薛振虽然娶了皇族的人，却以未能娶五姓家的女人为憾。

萧家有后曰颖士

1994年,江西省出版史志编辑部编辑的《江西古今书目》收录唐朝以来的史部著作目录中,有《梁萧史谱》20卷、《唐宰相甲族》1卷,作者都注明为唐·鄱阳·萧颖士。此外,据《江西通志》记载,戴叔纶到鄱阳来,是为了"师事萧颖士"。而旧《鄱阳县志·散记》中又录萧颖士逸事于志后。那么,萧颖士是何许人,他到底与鄱阳有什么关系?

萧颖士(717—768),字茂挺,鄱阳人,郡望南兰陵(今江苏常州),唐朝文人、名士。萧颖士为南朝梁宗室——鄱阳忠烈王萧恢的后裔,古时候习惯以三代为籍,虽然有史籍记载他的郡望是南兰陵,但实际上他是百分之百的鄱阳籍,他自己在著述中承认为鄱阳籍,是因为他是萧恢的后代。但郡室显赫,同样也会引以为籍,这应是常有的事。

萧颖士是个著名的学者,高才博学,著有《萧茂挺集》,门人共谥"文元先生"。萧颖士工于书法,擅长古籀文体,时人说他"殷、颜、柳、陆,李、萧、邵、赵,以能全其交也"。他还善于古文辞,语言朴实,作的诗多清凄之言。萧颖士富藏书,唐玄宗时家居洛阳,已有书数千卷。安禄山谋反后,他把藏书转移到石洞坚壁,独身走山南。可惜他的文章多已散佚,只存有《萧梁史话》《游梁新集》及文集10余卷,明人辑录有《萧茂挺文集》1卷,《全唐诗》收有他的诗20首,《全唐文》收录他的文集2卷。

萧颖士出身于官宦之家,有条件受到良好的教育。史载,他自幼天资聪明,可说是聪警绝伦,加上勤奋好学,读书一览即诵,7岁时便能熟背经书,时人皆称奇。10岁时,所作的文章已小有名气,时人皆传诵,补太学生。19岁即玄宗开元二十三年(735)举进士,对策第一。曾任桂州(今湖南桂阳、蓝山、嘉禾、临武一带)参军,天宝元年(742)任秘书正字,不久被罢免,于是客居濮阳(今河南)担任教授,后又召为集贤校理。天宝八年(749),调广陵府参军事,没多久因丁母忧去官。此后便在吴越一带,流动传播学术达10年之久。萧颖士大概就是在这期间又一度寓居鄱阳。天宝初年,补秘书正字,受到裴耀卿、张钧、韦述等

当时的名士所器重，名气很大。

萧颖士自恃有才华，生性傲慢，常常自携一壶酒，到胜迹郊野去饱览大好河山。有一次他被派到民间搜括遗书，结果久未复命，被劾免官，于是留客河南濮阳担任教授。在此期间，他以推引后进为己任，教诲弟子坚持道德与文章，认为“学也者，所务乎宪章典法，膏腴德义而已”，反对“征辨说，摭文字”。后召为集贤校理，不肯依附宰相李林甫而受其排斥，后来在任广陵参军事时，作《伐樱桃树赋》激怒李林甫被免官。

萧颖士一生致力于散文创作，并与李华齐名，世称“萧李”。李华(715—766)，字遐叔，赵郡赞皇(今河北赞皇县)人，唐代大臣、文学家，李华的文章“大抵以五经为泉源”，“非夫子之旨不书”，主张“尊经”“载道”。其传世名篇有《吊古战场文》。李华有诗名，原有的文集已散佚，后人辑有《李遐叔文集》四卷。萧颖士和李华同时举进士，两人私交甚好。李华举进士时作《含元殿赋》，万余言，萧颖士非常赞赏这篇赋。

倭国派遣使臣来朝，愿聘请萧(颖士)夫子为师，因中书舍人张渐等反对而止。安史之乱时，萧颖士曾为山南节度使源洧掌书记，曾谏言坚守南阳。宰相崔圆让他做扬州功曹参军，仅一日便挂冠而去。

萧颖士在文坛上为人称道，还因为他“乐闻人善，以推引后进为己任”。他为人心胸宽广，慧眼识人，李阳、皇甫冉、李幼卿、陆渭等几十人，在他的精心栽培和提携下，在文学上做出了突出的成绩，终于成为著名的文士。此外，萧颖士的识见不仅表现在“知人”，而且表现在明察时势方面。萧颖士“聪警绝伦”，善于分析天下之形势，这也是时人推崇和爱戴萧颖士的重要原因。

开元、天宝之际，朝廷政治日趋腐败，社会矛盾十分尖锐，中央集权削弱，藩镇割据势力相继而起。天宝十四年(755)冬，安禄山以诛杨国忠为名，在范阳(今北京市)起兵叛乱，这就是历史上著名的“安史之乱”。“安史之乱”前，萧颖士通过社会种种迹象，看出大乱将至，把自己的预见悄悄告诉了朋友，便托病辞职去漫游中岳。不久，“安史之乱”就爆发了。乱中，他正在山南节度使麾下任职。当山南节度使源洧要放弃南阳退守江陵时，萧颖士力主坚守。他指出，南阳是咽喉之地，不可一日不守。此意见得到了采纳，于是保住了南阳战备要地，对后来南粮北调中原、平定“安史之乱”起了重要的作用。他与大诗人李白为同

时代的人。“安史之乱”发生后，永王李璘乘乱起兵与唐肃宗李显争夺皇位。永王李璘“请”萧颖士、李白、孔巢父等名士参与起事。李璘的用心被萧颖士识破，他和孔巢父乘机逃脱，没有参与起事。而李白却参加永王的队伍，后遭受流放夜郎之祸。萧颖士根据历史经验，给宰相崔圆上书说，在应付中原之乱的同时，要派大将重兵镇守江淮，以防内乱。后来，事情果然不出他的所料，江淮守将乘机起兵反唐，给唐王朝带来新的危机。

在萧颖士由山南东迁的时候，有贾邕、刘舟、长孙铸、房白、元晟、刘太冲、姚发、郑愕、殷少野、邬载等知名文人同时赋诗饯行，这些人都把他称作“萧夫子”，可见萧颖士当时在文坛上的地位。

提及唐代的古文运动，后人只注意韩愈、柳宗元。其实在他们之前，萧颖士便是一个推动者。萧颖士、李华、颜真卿、元结等人是陈子昂之后、韩愈之前提倡古文的杰出代表，他们主张“尊经”“载道”，以改变当时的衰靡之风，共倡古义，开韩、柳古文运动的先河。他们都可以看作是唐代古文运动的先驱，在中国古代散文发展过程中，起到了承前启后的重要桥梁作用。

西汉以来，骈文逐渐成为文坛上的统治形式，直到唐朝中叶，在韩愈、柳宗元的努力倡导下的古文运动，才一扫骈文积习，使中国古代散文发展到一个新的高度。古文运动并不是突如其来的，为了迎接它的到来，有许许多多的人曾做过不懈的努力，萧颖士就是最重要的先驱之一。萧颖士深感南朝以来，士族文人以骈辞俪句来掩盖他们生活内容的空虚，这样就严重束缚了散文的发展。所以他在自己的文章中，极力推崇先秦、两汉学者的治学态度，公开宣称：“平生属文，格不近俗，凡所拟议，必希古文；魏晋以还，未尝留意。又况区区咫尺之判，曷足牵丈夫壮志哉。”为实现文体复古，萧颖士对当时流行的骈文做了批判。他在《送刘太真诗序》中说：“文也者，非云尚形似，牵比类，以局夫俪偶。放于奇靡，其于言也，必浅而乖矣！所务乎激扬雅训，彰宣事实而已。”这里所说的“尚形似，牵此类”等，便是骈文的主要特点。他认为，如果死守这套东西，势必影响文意的表达，造成言“浅而乖”的后果。他提出对“文”的要求，“激扬雅训，彰宣事实”这一点，又正是那些一味追求形式和技巧的骈文做不到的。

萧颖士教诲弟子注意道德和文章两方面的修养，为学应“务乎宪章典法，膏腴德义”，反对“征辨说，摭文字”的浮夸学风；为文应“务乎激扬雅训，彰宣事

实”,反对“尚形似,牵比类”的骈俪文风。因此,他推崇先秦两汉的文学家屈原、宋玉、贾谊、司马相如,而于当代则推崇陈子昂“文体最正”。自云:“平生属文,格不近俗,凡所拟议,必希古文。魏晋以来,未尝留意。”“经术之外,略不婴心。”他的文章虽未完全摆脱骈文旧格,大致还是符合其文学主张的。其诗也多为古体,仿《诗经》四言,并作小序。

萧颖士一生仕途多舛,晚年弃官,客死汝南,谥曰文元先生。他不仅是一位颇负盛名的散文作家,也是一位诗人。著述颇丰,有《游梁新集》3 卷、文集 10 集以及大量诗歌。文集至明代已佚,诗歌传世也极少。今存《萧茂挺文集》1 卷,系后人根据《文苑英华》《唐文萃》等书辑成。《全唐诗》中保留了萧颖士 20 多首诗作,里面有和朋友酬赠送别应答的诗篇,如《御答韦司业重访五首》《送张军下第归江东》《答邹象先》等。

鲁公翰墨颂明远

大凡爱好书法的人都知道，唐代大书法家颜真卿留下了许多珍贵的墨宝，其中有《与蔡明远帖》，它不仅是翰墨中的珍品，也是他来鄱阳任职时，和鄱阳人结下友好情缘的见证。

颜真卿(709—784)，字清臣，京兆长安(今陕西)人，南北朝时北齐黄门侍郎颜之推的五世孙。颜真卿从小用功读书，文章词句很优美，尤其以书法闻名于世。唐玄宗开元二十二年(734)，25岁的颜真卿便中了进士，任职制科，调醴泉(今陕西中部)尉。不久，迁监察御史充河西陇右军。当时，五原(今属内蒙古包头)地区干旱，浮土近尺，秧苗枯萎，人畜饮水十分困难。就在这个时期，当地又发生了一件冤案，被冤枉的人多次上诉，都因为诬告者用钱买通官员，以致冤案久久不决。说来也巧，颜真卿到了五原，通过明察暗访，很快纠正了冤案。冤案一纠，天上乌云骤集，狂风四起，雷电交加，大雨滂沱。五原百姓无不拍手称奇，都认为这是颜御史公正不阿的结果，是颜真卿不畏权贵所为，不被金钱所惑，以至感动了上苍，才带来这样一场及时雨，于是人们便把这场雨称作“御史雨”。

乾元元年(758)，颜真卿因“军国之事知无不言”的率直性格，为宰相所忌恼，调他出京任冯翊太守，转任蒲州刺史，封丹阳县子。接着受御史唐旻诬劾，从山西贬到鄱阳为饶州刺史。当时饶州州署有位校尉蔡明远(据鄱阳《蔡氏宗谱》记载，蔡明远为饶埠凤源蔡家人)，是鄱阳本地籍的小吏。这个蔡明远非常敬重颜真卿的为人，说来也是投缘，一来二往，颜真卿也不以官职论贵贱，两人便成了一对非常要好的朋友。

颜真卿离开鄱阳后，是去江苏担任职务的。当时江苏广大地区接连发生了大水，灾情严重，农业凋零，不少地区连续几年颗粒无收，那个地区的米价比开元、天宝时几乎高了几十倍。然而，统治者却不顾人民的死活，不但不平抑粮价，而且公开与人民抢购粮食，农民没有活路，只好揭竿而起。颜真卿到江苏任职，一方面面对的是社会治安，另一方面又要面对饥馑灾荒，这样便发生了颜真卿绝粮于江淮之间的事。

鄱阳自古是鱼米之乡，得知颜真卿绝粮的消息，校尉蔡明远非常着急。他

变卖家产筹集资金,倾囊中所有购买了一大批大米。又竭尽全力调集船只,日夜兼程将粮食运到了南京,为颜真卿解除了困粮之厄。接着蔡明远又留了下来,紧跟左右,成为颜真卿的亲信和朋友。对此,颜真卿非常感动,于是写下著名的《与蔡明远帖》,帖文是这样写的:

蔡明远,鄱阳人。真卿昔刺饶州,即尝趋事。及来江右,无改厥勤,靖言此心有足嘉者一。昨缘受替归北,中止金陵,阖门百口,几至糊口。明远与夏镇,不远数千里,冒涉江湖,连舸而来,不愆晷刻,竟达命于秦淮之上。又随我于邗沟之东,追攀不疲,以至邵伯南埭,始终之际,良有可称。今既已事,方旋指期斯复,江路悠缅,风涛浩然,行李之间,深宜尚慎。

短短百余言,深深患难情,蔡明远及《与蔡明远帖》,成了鄱阳人的千古佳话。

颜真卿《与蔡明远帖》拓本。行书,信札。35.6cm×16.5cm。凡22行,计138字。书于乾元二年(759)。浙江省博物馆藏南宋留元刚《忠义堂帖》本。又收入宋《绛帖》。此帖著录首见北宋欧阳修《集古录》,记述蔡明远对颜真卿一片冰心,追攀不疲,大有心劳。因此,颜真卿致书词恳情切,感激之情溢于书外。

《与蔡明远帖》曾归罗振玉,罗氏有影印本,颜真卿书。和上"三稿"创作心境不一样,此是在较恬静的心境中,作一般内容的赠送文字。因此作品笔韵流荡之律动,气势转换之迅缓都与前"三稿"不同。此帖有一种疏淡的意境,脱俗的气韵,锋多敛含,律动缓缓,黄庭坚尤为敬服,曾云:"笔意纵横,无一点尘埃气,可使徐浩服膺,沈传师北面。"此帖行文情深意切,读之颇为怅然。明朝的王澍,不但善于书法,而且精于鉴别,他在其裒合成编的临摹古帖题跋《竹云题跋》中说:"此鲁公作人坚刚如铁,乃于朋友之间万分委至,故知千古真君子未有不近人情者也。"又说,"此帖拟即《与蔡明远帖》后。"

颜真卿书法精妙,擅长行、楷。初学褚遂良,后师从张旭,得其笔法。其正楷端庄雄伟,行书气势遒劲,创"颜体"楷书,对后世影响很大。与赵孟頫、柳公权、欧阳询并称为"楷书四大家"。主要作品《多宝塔碑》《劝学诗》《颜勤礼碑》《祭侄文稿》等。主要成就:参与平定安史之乱;创颜体书,与柳公权并称"颜柳",被称为"颜筋柳骨";善作诗文,有《韵海镜源》《礼乐集》《吴兴集》《庐陵集》《临川集》,均佚。宋人辑有《颜鲁公集》。

颜真卿在《颜真卿集》中所撰的作品，大多是实用性文字，言辞率真慷慨，意直气壮，生动感人，对唐代古文运动有促进作用。为后世所称颂的《论百官论事疏》《与郭仆射书》等，宏词沉郁，忠节之言，如见其人，充分体现了颜真卿的忠烈刚直。

颜真卿同萧颖士一样，虽然不是一个文体复古的倡导者，但在文学上的一些主张，与李华、萧颖士等人有不少相近的地方。颜真卿主张文质兼备，既反对浮靡淫丽，又不赞成质朴无华，这从《与蔡明远帖》中也可以看出一二。

颜真卿是唐代中期杰出的政治家，他秉性正直，笃实纯厚，不阿于权贵，不曲意媚上，刚正有气节，以义烈闻名于世，最终以死明志。一生光明磊落，忠直不阿，他的品行深得古代士人的敬仰，鄱阳人对他一向敬重，以后的历朝都建有“九贤祠”（宋以前的鄱阳九贤，指的是东吴周鲂，两晋虞溥、王廙，南朝梁陆襄，隋柳庄，梁文谦，唐张廷珪、颜真卿、李复，后增加了李吉甫、马植）、“颜范二贤祠”，对他进行祭祀以表旌他的忠烈。全国不少地方也建有颜鲁公祠庙，以怀念这位忠君报国的忠臣。鄱阳人洪迈，在他的《容斋随笔》中说：“颜鲁公忠义大节，照映今古，岂唯唐朝人士罕见比伦，自汉以来，殆可屈指也。”他还在这本书里，记述了古人颂赞颜鲁公诗的一段记载：“予家藏《云林绘监》册，有颜鲁公画像，徐师川题诗曰：公生开元间，壮及天宝乱。捐躯范阳胡，竟死蔡州叛。其贤似魏征，天下非正观。四帝数十年，一身逢百难。少时读书史，此事心已断。老来鬓发衰，慨叹功名晚。嗟哉忠义途，捷去不可缓。初为当年悲，只令后世叹。一朝绝霖雨，南亩常亢旱。小夫计虽得，斯民尽涂炭。长歌叹君节，千载勇夫懦。”此外，还有王十朋《祠颜范二公》诗，也称得上脍炙人口：“鄱江善政九贤人，文正文忠更绝伦。桃李旧邦千里爱，丹青遗像两朝臣。不同赤土祠刘阮，端胜睢阳庙远巡。安得神仙返魂药，九原唤起净边尘。”

清朝鄱阳史家计大受在其《史林测义》中说：“真卿仕历元、肃、代、德四朝，虽至影迫桑榆，不少懈其报国之心。故尝以正色公言，见恶于元载、杨炎、卢杞诸奸，诬劾败斥，至于七、八。义不顾身，所志必达，而终为杞陷。李希烈反，诏遣宣慰，公卿失色，拜命即行。在希烈所，斥朱滔等使之诱，以宰相责李元平之不能致命。掘坎欲坑，积薪欲焚，多端迫协而毫无怵于心。凡二十阅月，卒缢杀之于蔡州。呜呼！自平原倡义，至此乃有以毕公之志矣！……夫如真卿者，所谓从容就义，难也。”

大历才子"鄱阳情"

大历五年(770),京兆长陵(今陕西咸阳西北)人第五琦,来鄱阳担任饶州刺史。第五琦到任不久,大历十才子之一的耿湋也来到鄱阳。耿湋字洪源,河东(今山东)人,代宗宝应元年(762)进士,官至左拾遗。或许因为两人同为北方人的缘故,且耿湋有大历十才子的名气,两人在鄱阳相见,很是投缘。经过安史之乱的第五琦和耿湋,难免在相见时谈及黄河岸边的战乱情况。但是他们脚下的这片土地,却是那样富饶,那样平静。当他们在郡城制高点——木家山(现江西鄱阳中学)的刺史官衙的西楼,俯望饶鄱这片广袤大地的升平景象时,耿湋抑制不住诗人的激情,写下《奉和第五相公登鄱阳郡城西楼》的五言乐府诗:"茂德为邦久,丰貂旧相尊。发生传雨露,均养助乾坤。晓肆登楼目,春销恋阙魂。女墙分吏事,远道启津门。湓浦潮声尽,钟陵暮色繁。夕阳移梦土,芳草接湘源。封内群氓复,兵间百赋存。童牛耕废亩,壕木绕新村。野步渔声溢,荒祠鼓舞喧。高斋成五字,远岫发孤猿。一顾成英达,多荣及子孙。家贫仍受赐,身老未酬恩。属和瑶华曲,堪将系组纶。"

唐代中期的鄱阳,不愧是平民百姓的一方乐土,流离失所的逃难者蜂拥而至,不受战争影响,依法缴纳税赋的太平景象,让耿湋既惊异又欣喜。还有脚下肥沃松软的土地,连稚嫩的水牛在耕耘时,也不感到吃力。闲暇中的迎神舞唱,增添了一些和平的气氛。不时传来的高亢渔歌、猿猴的长啸,使你真正感受到这里和京都有着截然不同的区别。凤翔(今陕西)的荒凉景象,至今让他无法忘记,依然历历在目。于是两位北方大汉把酒论盏,畅饮不已,以至这种美好印象,使耿湋在返回北方的途中,途经都昌夜泊时,还有说不尽的余兴:"倦客乘归舟,春溪杳将暮。群林结暝色,孤泊有佳趣。夜山转长江,赤月吐深树。飒飒松上吹,泛泛花间露。险石俯潭涡,跳湍碍沿溯。岂唯垂堂戒,兼以临深惧。稍出回雁峰,明登斩蛟柱。连云向重山,杳未见钟路。"(《发南康夜泊灨石中》)鄱阳的美好印象,使耿湋居然忘记了自己在唐人感到敬惧的鄱阳湖中。

卢纶是唐代寓居鄱阳时间较长的诗人之一。他读书很早,因为兵荒马乱,

所以从黄河边逃到了鄱阳。在鄱阳的卢纶，由于经历过战争的颠沛流离，更深地感受到这片土地的和平安宁。他在一首长诗中说："禀命孤且贱，少为病所婴。八岁始读书，四方遂有兵。童心幸不羁，此去负平生。是月胡入洛，明年天陨星。夜行登灞陵，惝恍靡所征。云海一翻荡，鱼龙俱不宁。因浮襄江流，远寄鄱阳城。鄱阳富学徒，诮我戆无营。谕以诗礼义，勖随宾荐名……"

本来，卢伦满以为凭着自己的才华，能够在鄱阳争得一席之地，进而达到及第目的，不想鄱阳人才济济，使他只能以宾客的身份进身。很快通过与当地文士的互相往来，他真正认识到，这块土地不愧是文章节义之邦。这里有古朴的淳风良习，这里不但适宜文人生存，更有鄱阳人吉中孚这样的挚友，有在乐平做县令的苗发，加上鄱阳县官李益是妹妹的丈夫，李益的哥哥李端是文友，耿湋是诗朋……尤其是"渔村绕水田，澹浦隔晴烟"的生活环境，使他始终没有丧失求仕上进的意志。

大历十才子的"鄱阳情"，主要还表现在他与十才子之一吉中孚的交往上。

"才子神骨清，虚竦眉眼明。貌应同卫玠，鬓且异潘生。初戴莓苔帻，来过丞相宅。满堂归道师，众口宗诗伯。须臾里巷传，天子亦知贤。出诏升高士，驰声在少年。自为才哲爱，日与侯王会。匡主一言中，荣亲千里外……"这是李瑞写的《送吉中孚拜官归楚州》诗。

李端(737—784)，字正已，大历五年(770)进士，曾任秘书省校书郎、杭州司马。晚年辞官隐居湖南衡山，自号衡岳幽人。此外，李端还写有"闻有华阳客，儒裳谒紫微。旧山连药卖，孤鹤带云归。柳市名犹在，桃源梦已稀。还乡见鸥鸟，应愧背船飞"(《闻吉道士还俗因而有赠》)，"途穷别则怨，何必天涯去。共作出门人，不见归乡路。殷勤执杯酒，怅望送亲故。月色入闲轩，风声落高树。云霄望且远，齿发行应暮。九日泣黄花，三秋悲白露。君行过洛阳，莫向青山度"(《冬夜与故友聚送吉校书》)。从诗中可以看到，李端与吉中孚的交情很不一般。

除卢纶、李端之外，还有一位是司空曙。司空曙在《送吉校书东归》中说："少年芸阁吏，罢直暂归休。独与亲知别，行逢江海秋。听猿看楚岫，随雁到吴州。处处园林好，何人待子猷。"

司空曙(约766年前后在世)，字文初，卢纶的表兄，广平府(今河北永年县)

人。曾登科进士，累官左拾遗，终水部郎中。家贫，性耿介，曾流寓长沙，迁谪江右。

或许是文友加亲朋的关系，十才子圈子中，这些人走得比较近。他们的友谊，可从卢纶《纶与吉侍郎中孚、司空郎中曙、苗员外发、崔补阙峒、耿拾遗湋、李校书端风尘追游向三十载，数公皆负当时盛称，荣耀未几，俱沉下泉，畅博士当感怀前踪，有五十韵见寄，辄有所酬，以申悲旧，兼寄夏侯侍御审、侯仓曹钊》的长诗中可见：

……相逢十月交，众卉飘已零。感旧谅戚戚，问孤恳茕茕。侍郎文章宗，杰出淮楚灵。掌赋若吹籁，司言如建瓴。郎中善余庆，雅韵与琴清。郁郁松带雪，萧萧鸿入冥。员外真贵儒，弱冠被华缨。月香飘桂实，乳溜滴琼英。补阙思冲融，巾拂艺亦精。彩蝶戏芳圃，瑞云凝翠屏。拾遗兴难侔，逸调旷无程。九酝贮弥洁，五花寒转馨。校书才智雄，举世一娉婷。赌墅鬼神变，属词鸾凤惊。差肩曳长裾，总辔奉和铃。共赋瑶台雪，同观金谷筝。倚天方比剑，沈井忽如瓶。神昧不可问，天高莫尔听。君持玉盘珠，泻我怀袖盈。读罢涕交颐，愿言跻百龄。

澹浦晴烟留卢纶

卢纶(739—799),字允言,河中蒲州(今山西永济)人,唐代诗人,大历十才子之一,也是唐代寓居鄱阳时间较长的诗人。唐玄宗天宝末年(756)举进士,遇乱不第,唐代宗朝又应举,屡试不第。大历六年(771)经宰相元载举荐,授阌乡尉,后由宰相王缙荐为集贤学士,秘书省校书郎,升监察御史;出为陕州户曹、河南密县令。之后元载、王缙获罪,卢纶受到牵连。唐德宗朝复为昭应县令,贞元元年(785)入浑瑊幕府为判官。

少年时代的卢纶,由于家境并不好,世道不宁,父亲可能去世较早,本人又多病,生活并不美好,有好些时间是在舅舅家度过的。他在《纶与吉侍郎中孚司空郎中曙苗员外发崔补阙峒》诗中自称:"禀命孤且贱,少为病所婴。八岁始读书,四方遂有兵。"他还在《赴池州拜觐舅氏留上考功郎中舅》诗中说:"孤贱易蹉跎,其如酷似何。衰荣同族少,生长外家多。别国桑榆在,沾衣血泪和。应怜失行雁,霜霰寄烟波。"

卢纶年轻时的举试之途很不顺利,他在《落第后归终南别业》中说:"久为名所误,春尽始归山。落羽羞言命,逢人强破颜。"从这些诗中可以看到,卢纶在天宝末年(756)落第后,曾经在终南山居住读书,又几次应举,但均未能及第。后来他"奉亲避地于鄱阳",投奔舅父韦渠牟。后来妹夫李益又在鄱阳任县官,于是卢纶一住便有了些年头。

卢纶的舅舅韦渠牟(749—801),诗人,京兆万年(今陕西西安)人,出身于官宦人家,他的六代祖韦范,曾任北魏西阳(今安徽亳州涡阳县东南部)太守,后周封郿城(今陕西眉县)公。韦渠牟从小就很聪明,拜师李白学习古乐府。长大后他当了几年道士,自号遗名子,又为僧,法名尘外。贞元二年(786)为韩滉使府从事。贞元八年(792),入为四门博士。历秘书郎、右补阙、左谏议大夫、太府卿,官终太常卿。与皎然、颜真卿友善。著有《韦渠牟诗集》《贞元新集开元后礼》,均佚。《全唐诗》存他的诗221首、联句一首,《全唐文》存其文一篇。

李益(约750—约830),字君虞,唐代诗人,祖籍凉州姑臧(今甘肃武威市凉州区),后迁河南郑州。大历四年(769)进士,初任郑县尉,久不得升迁,建中四年(783)登书判拔萃科。因仕途失意弃官在燕赵一带漫游。他以边塞诗作名世,擅长绝句,尤其工于七绝。李益进士及第之后,于大历六年(771)参加制科考试,授官郑县(今陕西华县)主簿。三年满秩后,从大历九年(774)至大历十二年(777),李益西游凤翔,到凤翔节度使李抱玉幕府任职,参与了大历九年郭子仪、李抱玉、马璘、朱泚分统诸道兵八万的防秋军事行动。建中四年(783),在长安再次参加制科考试,登第。贞元十二年(796)到元和元年(806),李益到幽州刘济幕府。后历任都官郎中、中书舍人、河南尹、秘书少监、太子右庶子、右散骑常侍,太和初(827),以礼部尚书致仕。

大历初(766),卢纶又由鄱阳赴长安,应举进士不入第,以致举试之途彻底失败。

卢纶虽屡试不第,人生与仕途都极不顺利,但在诗坛却名声渐盛,而且交游广泛,是一位活跃的社交家,并最终借此步入仕途。大历年间(766—779),他在长安,在鄱阳,与吉中孚、司空曙、苗发、崔峒、李瑞等交游唱酬,被称为"大历十才子"。卢纶堪称十才子之首,受到宰相元载、王缙的赏识与推荐,由诗坛步入仕途。元载将卢纶的诗献给皇上,卢纶被补阌乡尉,后来又因王缙的礼聘,为集贤学士、监察御史,这中间又曾任河南巩县(今河南巩义市)令。元载、王缙获罪时,卢纶受到牵连,因此还被拘禁过。德宗继位后,卢纶又被任为昭应(今陕西临潼)县令。朱泚之乱发生后,咸宁王浑瑊出镇河中(今山西永济),召卢纶为元帅府判官。军营生活使卢纶的诗风变得粗犷豪放,他所写的军旅边塞诗,极有生气,为大历十才子其他诗人所难及。他因诗受到德宗重视,超拜户部郎中。正当他在官场将要青云直上的时候,生命却终结了。

卢纶一生不得意,只是因为权贵的推荐才做了很短时期的官,可以说是得益于社交。卢纶所交往的人物,不乏权贵大僚,除宰相元载、王缙外,任过实职的宰相还有常衮、李勉、齐映、陆赞、贾耽、裴均、令狐楚、浑瑊,马燧、韦皋两位虽然没有任过宰相,但也是大权在握的人物,也都当过封疆大吏、重要朝官。

卢纶的诗以五七言近体为主,多唱和赠答之作。但他在从军生活中所写的诗,如《塞下曲》等,风格雄浑,情调慷慨,历来为人传诵。他年轻时因避乱寓居各地,对现实有所接触,有些诗篇也反映了战乱后人民生活的贫困和社会经济

的萧条,如《村南逢病叟》。其他如前期所作七律《晚次鄂州》,写南行避安史之乱的旅途夜泊心情和体验,真实生动,感慨深长。七言歌行《腊日观咸宁王部曲娑勒擒豹歌》描绘壮士与猛兽搏斗,写得惊心动魄,虎虎有生气。

在大历十才子中,卢纶的诗歌风格与钱起等人比,多了一些雄浑之气,尤其是长篇歌行,颇有气势,因此名气较大。尽管如此,但卢纶依然没有丧失求仕上进的意志和诗人的豁达胸怀,尤其处在鄱阳这个山水成画的古邦,创作激情如同城南的江流,奔腾不息。"愁听千家流水声,相思独向月中行。侵阶暗草秋霜重,遍郭寒山夜月明。连年客舍唯多病,数亩田园又废耕。更送乘轺归上国,应怜贡禹未成名。"(《冬夜赠别友人》)"楚乡云水内,春日众山开。淮浪参差起,江帆次第来。独归初失桂,共醉忽停杯。汉诏年年有,何愁掩上才。"(《送魏广下第归扬州》)"雷响风仍急,人归鸟亦还。乱云方至水,骤雨已喧山。田鼠依林上,池鱼戏草间。因兹屏埃雾,一咏一开颜。"(《酬苗员外仲夏归郊居遇雨见寄》)

连年战争,使江南人民负担过于沉重,安史之乱仍给卢纶带来惶惑。唐帝国从极盛的峰巅猛地跌落,在他心上和诗中也留下了不同程度的忧戚,何况老和贫越来越逼迫自己。"相识少相知,与君俱已衰。笙镛新宅第,岐路古山陂。学者功难就,为儒事本迟。惟当与渔者,终老遂其私。"(《留别耿湋侯钊冯著》)"岁来人头白,秋来树叶黄。搔头向黄叶,与尔共悲伤。"(《与李益伤秋》)"苦心三十载,白首遇艰难。旧地成孤客,全家赖钓竿。貌衰缘药尽,起晚为山寒。老病今如此,无人更问看。"(《卧病书怀》)

上面这些在鄱阳成就的诗,有不少是极富感染力的,他善于捕捉生活中的突出点,使一些平常的感触,完成于自己的艺术表现之中,而且极富人情味,引发人们的共鸣与同情。

唐德宗贞元中后期,卢纶的舅舅韦渠牟不断在皇帝面前表荐外甥卢纶的才华,德宗于是召见了他。然而,这时的卢纶老而多病,以致在检校户部郎中的职官上不久,便长辞人世。卢纶的诗在《全唐诗》中编为5卷,共330余首,其中有十分之一是在鄱阳所作。

才气捍尊程长文

《金瓶梅》被称作中国第一部具有近代意味的现实主义文学巨著，作者兰陵笑笑生，居然以一首唐诗《铜雀台怨》作为《金瓶梅》的总纲："繁华去后行人绝，萧筝不响歌喉咽。雄剑无威光彩沉，宝琴零落金星灭。玉阶寂寞坠秋露，月照当年歌舞处。当时歌舞人不回，化为今日西陵灰。"而写这首诗的作者，不是别人，就是唐朝的鄱阳才女程长文。

程长文，唐代女诗人，生卒年不详。《唐才子传》列举了26名才色双美的女诗人，其中就有鄱阳的程长文和鄱阳媳妇张夫人，即大历十才子之一的吉中孚妻子。

程长文的详细情况，后人所知甚少。她的生平事迹在古人的笔记小说里，也找不到一丝痕迹。不过，她留下了三首诗，特别是其中的一首《狱中书情上使君》，才让我们了解到她的身世和生存情况。诗是这样写的：

> 妾家本住鄱阳曲，一片贞心比孤竹。当年二八盛容仪，红笺草隶恰如飞。尽日闲窗刺绣坐，有时极浦采莲归。谁道居贫守都邑，幽闺寂寞无人识。海燕朝归衾枕寒，山花夜落阶墀湿。强暴之男何所为，手持白刃向帘帏。一命任从刀下死，千金岂受暗中欺。我心匪石情难转，志夺秋霜意不移。血溅罗衣终不恨，疮黏锦袖亦何辞。县僚曾未知情绪，即便教人絷囹圄。朱唇滴沥独衔冤，玉箸阑干叹非所。十月寒更堪思人，一闻击柝一伤神。高髻不梳云已散，蛾眉罢扫月仍新。三尺严章难可越，百年心事向谁说。但看洗雪出圜扉，始信白圭无玷缺。

从诗中看来，程长文不仅才华出众，而且有天人之姿，因独居清寒之所，无端遭受歹人侵犯，以致蒙受牢狱之冤。有一天，一个歹徒手持钢刀，偷偷潜入程长文的闺中，妄加强暴。程长文宁死不从，被这厮砍伤多处，但在她的拼死反抗下，这个歹人毕竟没有得逞，结果恶人先告状，这家伙反将程长文送进了大牢。在狱中，程长文悲愤难抑，写了这首《狱中书情上使君》长诗，托狱卒转交给长

官。正是这首诗让后人知道程长文的一些稍具体的情况:容光照人,草隶俱精,文采飞扬。当时家中的生活还比较宽裕,然而因为丈夫追求功名,使家境发生变化,才发生了后来的事:丈夫离她之后,居然一别十年,音讯杳无,再也没有回来,是死是活,一概不知,或许是死了,也许是有了新人而抛弃了她。总之,程长文始终没有他的消息,没有他的下落,于是独自“居贫守鄱邑”。岂想祸从天降,遭遇歹徒,她坚贞不屈,力拒强暴。为什么一个弱女子有如此勇气?说出来也很简单:因为我的心不是石头,不可能被人轻易转动;我的心不是草席,不可能被人随意卷起;我的仪容庄重,举止高雅,不可以调戏,所以才有凛然不可侵犯的高洁之志,予以正当的抗拒。

程长文的这首诗是不是打动了官长,将她昭雪出狱,史书和任何资料中查不出记载,但“人在家中坐,祸从天上降”的一场牢狱之灾,使后来的人看到,古代贫家女子生存不易。

有后人评议,程长文的《狱中书情上使君》,以第一人称口吻叙述了一段与暴徒殊死抗争、衔冤入狱的经历,可作为一篇小传来读。全诗有适当的环境渲染,“海燕朝归衾枕寒,山花夜落阶墀湿”;有惊险的场面描写,“血溅罗衣终不恨,疮黏锦袖亦何辞”;有凄楚的心理独白,“三尺严章难可越,百年心事向谁说。但看洗雪出圜扉,始信白圭无玷缺”。叙事简洁,抒情强烈,包含对邪恶的憎恨和对正义必定伸张的向往。在文学评论家眼中,程长文的《狱中书情上使君》是继蔡琰《悲愤诗》之后,又一首由女诗人抒写自身经历的感人长诗。

从相关史料记载,程长文的诗在唐代便有一定影响。当时,韦庄便在他的《又玄集》中,选录了程长文的《狱中书情上使君》诗。其后的韦縠又在《才调集》选录她的三首诗,除前一首外,另有《春闺怨》和《铜雀台怨》。作为同一朝代的“二韦”,对她的诗都如此看好,可见程长文的名气已经不一般了。

从古至今,大凡有辛酸血泪史或者曲折人生经历的才女,写出的诗歌才会打动人。所以一般所谓的名媛诗词,都比不上青楼女诗人,而程长文是个特例。她虽然家境贫寒,却才质高华,容貌娴雅。她的诗才丝毫不弱于李冶、薛涛,甚至较鱼玄机也能胜过。“绮陌香飘柳如线,时光瞬息如流电。良人何处事功名,十载相思不相见。”这是程长文为怀念远去的夫君而写的《春闺怨》。从诗中看,像这种题材,本来并不算新鲜独特。然而,从程长文的这首诗读来,却是相当出色。诗中起句先用“柳如线”,暗喻剪不断、理还乱的相思之情,虽然此开头还是比较平淡柔媚,然而第二句开始就笔锋陡转,犹如疾风山雨奔来,诗中形容时光过得如“瞬息”“流电”一般快,显得格外触目惊心。轻轻一转眼,十年就没有了,她的青春时光就这样在等待中度过。此外,这首诗比较少见地押了仄声韵,读起来更显得低抑悲愤,如怨如叹,确实非同一般。

程长文的《铜雀台怨》写得也是相当气势不凡。兰陵笑笑生把程长文的《铜雀台怨》直接用作《金瓶梅》的开篇诗,是颇具慧眼的,而且只将诗中的“君王”二字,改为“豪华”而已。明代禅修大家钟惺,在《名媛诗归》中曾评道:“如此写事不必情伤,便已凄然泪下。”程长文身为一女子,诗句却如此清丽飘洒,神韵飞逸,像“雄剑无威光彩沈,宝琴零落金星灭”之类的句子,就算是放在李太白的诗集中也并不逊色。令人感叹的是,历史留给这女子的资料太少了,以致给我们留下更多遗憾。

滞官鄱阳顾逋翁

“荣辱不关身,谁为疏与亲。有山堪结屋,无地可容尘。白发偏添寿,黄花不笑贫。一樽朝暮醉,陶令果何人。”(《闲居自述》)唐德宗贞元年间(785—805),一位郁郁不得志的诗人徘徊在饶河岸边,吟诵着自己的诗句,悲叹着坎坷的命运,他就是已上任近三年的饶州司户参军顾况。

顾况(727—815),字逋翁,海盐(今浙江海宁)人,肃宗至德二年(757)登进士第,建中二年(781)至贞元二年(786),韩滉为润州刺史、镇海平节度使时,曾召他为幕府判官。韩滉是位精明强干、节俭朴素、深得百姓拥戴的官员。他知人善用,对顾况很是欣赏。翌年,他为李泌所引荐,得以入朝担任著作佐郎。唐德宗贞元五年(789),李泌去世,他也于此年三四月间贬饶州司户参军。

顾况后来与当时的权贵柳浑、李泌相交甚厚。柳浑起任为辅佐大臣,顾况进京当上了校书征。李泌当上了宰相,顾况在原职上稍稍有了升迁,仅升为著作郎。对此,顾况悒悒不乐,流露不满。宰相李泌病故。因升迁过慢而有情绪的顾况,借好友病故的机会写了首《海鸥咏》:“万里飞来为客鸟,曾蒙丹凤借枝柯。一朝凤去梧桐死,满目鸱鸢奈尔何。”诗的最后一句激怒了权贵,“傲毁朝列”,“不能慕顺,为众所排”。于是文名显赫的著作郎被贬,来到鄱阳,一待就是24年。

顾况曾经是朝野相重的文士,名高望显,他的诗文因常常有惊人之句,一般人无法写出而受人推崇,被人称之为顾著作。

顾著作为人像他自己写的文句,诙谐调谑,耸人听闻,有点恃才傲物的味道。当时年纪还没有及冠的白居易,为了实现自己的济世志向,孑然一身到长安应举。白居易知道,顾况名望很大,名士都推举他作为诗文宗主。凡作诗文,都送给他定个高下。诗文由他看一遍就算不错了,能让他再看一遍,无疑是上等。无名之辈的平庸之作,他不屑一顾。当时的文人将顾况家的大门比作“铁门关”“金钥匙”。当时还是无名小辈的白居易考虑再三,决定硬起头皮拜访这位顾著作,便带上一卷诗求见。顾况一看来者,虽瘦削羸弱,但眉宇间有股凛然正气,谦恭而不卑琐,拘礼而不迂腐。顾况看了看白居易的文稿,上写着“太原

白居易诗稿”7 个字，便笑着对白居易戏谑说：“方今长安米价昂贵，‘居’不大‘易’啊。”白居易听了神色不改，既不解释，也不申辩。顾况好奇，便打开行卷瞅看，看第一首，觉得手眼不凡，不同常人。再看第二首，更觉得平淡中醇味生津，沁人心脾。当读到《赋得古原草送别》一诗时，情不自禁地吟哦起来“离离原上草，一岁一枯荣……”顾况吟咏再三，欣喜万分地赞赏说：“此诗得陶（渊明）、韦（应物）之气，吐李（白）、杜（甫）之锋，真佳作也。作得如此绝妙好辞，即如长安，居又何难！”由于顾况给这位年轻诗人的称誉，16 岁写出“野火烧不尽，春风吹又生”诗句的白居易，很快名字与诗句一起不胫而走，传遍都城长安。

像顾况这样一位自负的文士，贬在鄱阳当上个并不很重要的法曹，而且一当便是“终生”，其心态可想而知。“心清百丈泉，目送孤飞鸿。数年鄱阳掾，抱责栖微躬。首阳及汨罗，无乃褊其衷。杨朱并阮籍，未免哀途穷。”（《从江西至彭蠡入浙西淮南界道中寄齐相公》）“道路五千里，门阑三十年，当时携手人，今日无半全。”（《寄上兵部韩侍郎、奉呈李户部、卢刑部、杜三侍郎》）“好鸟依佳树，飞雨洒高城。况与二三子，列坐分两楹。文雅一何盛，林塘含馀清。府君未归朝，游子不待晴。白云帝城远，沧江枫叶鸣。却略欲一言，零泪和酒倾。寸心久摧折，别离重骨惊。安得凌风翰，肃肃宾天京。”（《酬本部韦左司》）

从这些诗中，不难看出顾况在鄱阳的生活和心境。尽管这样，这位在鄱阳生活了较长时间的小官吏，对鄱阳还是非常热爱的：“蹇步惭寸进，饰装随转篷。朝行楚水阴，夕宿吴洲东。吴洲复白云，楚水飘丹枫。晚霞烧回潮，千里光曈曈。”（《从江西至彭蠡入浙西淮南界道中寄齐相公》）“鄱阳中酒地，楚老独醒年。芳桂君应折，沈灰我不然。洛桥浮逆水，关树接非烟。唯有残生梦，犹能到日边。”（《送韦秀才赴举》）“悠悠南国思，夜向江南泊。楚客断肠时，月明枫子落。”（《忆鄱阳旧游》）

即使是惆怅和愤懑，顾况仍然被鄱阳的山水所陶醉，这样的诗作在顾况的诗集中多有表现，我们不妨随手拈来几首：“江清白鸟斜，荡桨罥苹花。听唱菱歌晚，回塘月照沙。”（《江上》）“采莲溪上女，舟小怯摇风。惊起鸳鸯宿，水云撩乱红。”（《溪上》）“南方荣桂枝，凌冬舍温裘。猿吟郡斋中，龙静檀栾流。薜鹿莫徭洞，网鱼卢亭洲。心安处处安，处处思遐陬。”（《酬漳州张九使君》）

顾况不但是位出色的诗人，而且还是位著名的画家，善画山水，当时不少名画家和他都有交往。他在《范山人画山水歌》中总结了山水的画法：“山峥嵘，水

泓澄,漫漫汗汗一笔耕,一草一木栖神明。忽如空中有物,物中有声。复如远道望乡客,梦绕山川身不行。”

顾况在鄱阳走过了生命最能发挥光与热,却无法显示自己治世之才的阶段。于是这位恃才傲物的文人,调整了心态,明白了人生,度过了惆怅:“日长鼓腹爱吾庐,洗竹浇花兴有余。骚客空传成相赋,晋人已负绝交书。贫居谪所谁推毂,仕向侯门耻曳裾。今日思来总皆罔,汗青功业又何如。”(《闲居怀旧》)

顾况是在唐宪宗元和中期(813)离开鄱阳的,当时,齐照任鄱阳郡守,他的《从江西至彭蠡入浙西淮南界道中寄齐相公》是这个时候的诗作。从顾况的行实看,他的一生是坎坷的,虽然他生性诙谐,但掩盖不了命运带给他的悲哀和忧怨。对于顾况,他的弟子,后来官至工部尚书的皇甫松做了这样的概括:“以文入仕,其为人类其词章。尝从韩晋公于江南为判官,骤成其磊落大绩。入佐著作,不能慕顺,为众所排,为江南郡丞累岁。”这简单的48个字,应是对顾况的高度概括。

顾况幼年受佛教影响于他叔父七觉和尚,登第前于儒学外,出入释老二氏,且多交友于东南的名诗人、诗僧,最后选择了出世,入茅山,即位于江苏句容与金坛交界的一座道教名山为道士,这也是命运迫使他无可奈何所走的路。当时,他的挚友韦厚卿有诗相送说:“圣代为迁客,虚皇作近臣。法尊称大洞,学浅忝初真。鸾凤文章丽,烟霞翰墨新。羡君寻句曲,白鹄是三神。”(《送顾况归茅山》)遁世的顾况看似散逸,面对的仍是“人生倏忽间,安用才士为”的命运。

顾况在诗歌创作上,强调诗歌的思想内容,注重教化。他虽然写了不少闲淡的山水诗,同时又关心当时的社会生活,他的四言新乐府《囝》与杜甫的《自京赴奉先县咏怀五百字》有着异曲同工之妙,都是揭露当时社会现实的佳作。他的诗句“愁见莺啼柳絮飞,上阳宫女断肠时。君恩不禁东流水,叶上题诗寄与谁?”(《叶上题诗从苑中流出》)被后人归纳为一句著名的成语“红叶传情”。这是他亲身经历的一段佳话逸事:天宝年间的一个秋天,身在洛阳的顾况,拾得从皇家宫女所居上阳宫水道的一片红叶,上有宫女题写的哀怨诗句“一入深宫里,年年不见春,聊题一片叶,寄与有情人”,于是萌生爱意,也赋诗一首于红叶之上,并将这片红叶从上水池传进宫内,竟然真的和那位哀怨的宫女取得联系。此后二人常借红叶传送爱恋的心声。不久发生安史之乱(755),顾况趁战乱找到与他传诗的宫女,逃出上阳宫,结为连理,白头到老。

鄱洛不易白乐天

“明月满深浦，愁人卧孤舟。烦冤寝不得，夏夜长于秋。苦乏衣食资，远为江海游。光阴坐迟暮，乡国行阻修。身病向鄱阳，家贫寄徐州。前事与后事，岂堪心并忧。忧来起长望，但见江水流。云树霭苍苍，烟波澹悠悠。故园迷处所，一念堪白头。”这是唐代大诗人白居易，从昌江顺流而下入鄱江后的吟唱。这事发生在贞元十年(794)，白居易的父亲白季庚在襄阳(今湖北)官舍病故，年纪尚轻的白居易无力安葬父亲，只得将灵柩暂寄襄阳，然后护送家人回到符离(今安徽宿县北)。父亲白季庚死后，全家的经济状况更加窘迫，除了生活问题，还有更重要的事需要考虑，那就是白居易自身的出路。这时候，对他能够给予帮助的只有长兄白幼文。为了生活，为了出路，白居易于是带着病，只身南下到达浮梁。

贞元十五年(799)春，白居易的长兄白幼文，“吏于浮梁”，担任浮梁县主簿。“分微禄以归养，命予负米而还乡。出郊野兮愁予，夫何道路之茫茫！茫茫兮二千五百里，自鄱阳而归洛阳。”(《伤远行赋》)返程时途经鄱阳，于是有了一首《将之饶州 · 江浦夜泊》。

白居易第一次单独出远门，忐忑紧张，不堪回首：“……惟昼夜与寝食之心，曷其弭忘？投山馆以寓宿，夜绵绵而未央。独展转而不寐，候东方之晨光。虽则驱征车而遵归路，犹自流乡泪之浪浪。”(《伤远行赋》)

白居易(772—846)，字乐天，号香山居士，又号醉吟先生，远祖是秦朝名将白起，祖籍太谷(今山西太谷)。到他曾祖父时，迁居陕西渭南的下邽(今陕西渭南市临渭区)。然而，白居易却降生在河南新郑，他的家庭属“世敦儒业”的中小官僚，只是他出生之后不久，故乡便发生了战争。藩镇李正己，割据河南十余州，战火烧得民不聊生。

白居易2岁时，任巩县令的祖父卒于长安，紧接着他的祖母又病故。白居易的父亲白季庚，于德宗建中二年(781)先由宋州(今河南商丘市睢阳区)司户参军，授彭城(今江苏徐州)县县令。一年后，因与刺史李洧坚守徐州有功，白季

庚升任徐州别驾。为躲避徐州战乱，白季庚把家眷送往宿州符离安居，这时他十一二岁，从此在那里度过了童年时光。

其实，白居易的浮梁之行收获颇丰。在大哥白幼文的精心安排下，白居易完成了宣州（今安徽宣城）的乡贡考试。第二年，宣州太守崔衍把他和另一个秀才侯权一道“贡”往长安，参加进士考试，实现了进士及第的目标。所以，在白居易的人生旅程中，长兄白幼文是除父亲白季庚之外，亲属中对他帮助最大的人：“孝友慈惠，和易谦恭，发自修身，施于为政，行成门内，信及朋僚，廉干露于官方，温重形于酒德。”（《祭浮梁大兄文》）

贞元十五年（799），白居易回洛阳没几个月，秋初时分又赶回浮梁。“扁舟厌泊烟波上，轻策闲寻浦屿间。虎踏青泥稠似印，风吹白浪大于山。且愁江郡何时到，敢望京都几岁还。今日料君朝退后，迎寒新酎暖开颜。”（《舟行阻风，寄李十一舍人》）这次的鄱阳湖之行，使他有了新的体会。

白居易自浮梁历鄱阳之行后，官运开始亨通。唐宪宗元和元年（806），白居易罢校书郎，同年四月试才识兼茂明于体用科，及第，授盩厔县（今西安周至县）尉。翌年，任进士考官、集贤校理，授翰林学士。元和三年（808）任左拾遗，并迎娶杨虞卿从妹为妻。元和五年（810）改任京兆府户部参军，第二年他母亲陈氏去世，离职丁忧，归下邽。元和九年（814）回长安，授太子左赞善大夫。

白居易任左拾遗时，认为自己受到喜好文学的皇帝赏识提拔，希望以尽言官之职责报答知遇之恩，因此频繁上书言事，并写大量的反映社会现实的诗歌，希望以此补察时政，乃至当面指出皇帝的错误。白居易上书言事多获接纳，然而他言事的直接，曾令唐宪宗感到不快。宪宗曾向李绛抱怨：“白居易小子，是朕拔擢致名位，而无礼于朕，朕实难奈。”李绛认为这是白居易的一片忠心，因此劝谏宪宗广开言路。元和十年（815）宰相武元衡遇刺身亡，白居易上表主张严缉凶手，被认为是越职言事。其后白居易又被诽谤：母亲看花而坠井去世，白居易却著有“赏花”及“新井”诗，有害名教，遂以此为理由贬为江州（今江西九江）司马。

白居易后来是由江州司马迁忠州刺史的。自忠州召还长安后，除尚书司门员外郎，改授主客郎中，知制诰。穆宗长庆元年（821）转中书舍人，长庆二年（822）除杭州刺史，长庆四年（824）杭州任满除太子右庶子，分司东都；敬宗宝

历元年(825)除苏州刺史,文宗太和元年(827)征为秘书监,太和二年(828)转刑部侍郎,不久罢刑部侍郎,以太子宾客分司东都;太和四年(830)后,累官河南尹(今河南洛阳)、太子宾客分司,同州刺史,太子少傅分司。武宗会昌二年(842)以刑部尚书致仕。

白居易聪颖过人,五六岁便学作诗,9岁熟记诗文。他读书十分刻苦,读得口都生出了疮,手都磨出了茧,年纪轻轻的,头发全都白了。晚年白居易的生活,大多是处“闲适”状态,体现自己“穷则独善其身”的人生哲学。武宗会昌六年(846)白居易在洛阳去世,享年75岁,赠尚书右仆射,谥号“文”,葬于洛阳香山。白居易去世后,唐宣宗李忱写诗悼念他说:“缀玉联珠六十年,谁教冥路作诗仙?浮云不系名居易,造化无为字乐天。童子解吟《长恨》曲,胡儿能唱《琵琶》篇。文章已满行人耳,一度思卿一怆然。”《琵琶行》与《长恨歌》是白居易写得最成功的作品。

白居易是中唐时期影响极大的诗人,他的诗歌主张和诗歌创作以通俗性、写实性突出,在中国诗史上占有重要的地位。在《与元九书》中,他明确说:“仆志在兼济,行在独善。奉而始终之则为道,言而发明之则为诗。谓之‘讽谕诗’,兼济之志也;谓之‘闲适诗’,独善之义也。”他著有《白氏长庆集》,共有71卷。他不仅留下近三千首诗,还提出一整套诗歌理论。

此外,白居易有篇《故饶州刺史吴府君神道碑铭》的散文,从这篇散文中知道,这位任过饶州刺史的吴丹,与他是同年,都是唐德宗贞元十六年(800)庚辰科陈权榜进士,吴丹名列第二,同榜的还有戴叔伦。巧合的是,吴丹曾任职饶州,戴叔伦也在鄱阳寓居过。

吴丹(生卒年不详),字真存。籍贯不祥,以进士第入官,历正字、协律郎、大理评事、监察殿中侍御史、太子舍人、水部库部员外郎、都官驾部郎中、谏议大夫、大理少卿、饶州刺史,职历义成军节度推官、浙西道节度判官、潼关防御判官、镇州宣慰副使(一作司)、匦函使,阶至中大夫,勋至上柱国。读书数千卷,著文数万言。宝历元年(825),病故于饶州任上。有《性习相近远赋》和《玉水记方流》诗传世。

湖堤疏树叔伦宅

唐肃宗至德元年(756)岁暮,为避兵乱,才20多岁的戴叔伦,随亲族搭商船逃难来到鄱阳,并在这块陌生的地方居住下来。《鄱阳县志》记载,鄱阳城东东湖荐福山,有戴叔伦故宅。

戴叔伦(约732—789),字幼公(一作次公),润州金坛(今江苏金坛)人。唐代诗人,曾任新城令、东阳令、抚州刺史、容管经略使,晚年上表自请为道士。

戴叔伦出身于一个隐士家庭,祖父戴修誉,父亲戴昚用,都是终生隐居不仕的读书人。戴叔伦从小博闻强记,聪慧过人,年少时拜著名的学者萧颖士为师,萧颖士是梁鄱阳王萧恢的后裔,戴叔伦"诸子百家过目不忘",是萧门弟子中出类拔萃的学生。戴叔伦在人生地疏的异乡,家计窘迫,于是开始探寻仕途,不久果然进士及第。

大历元年(766),吏部尚书兼盐铁转运使刘晏,对戴叔伦很欣赏,便向朝廷上表,推荐戴叔伦为九品秘书正字,并召入自己的幕府中。那时,刘晏负责的是湖南一带的盐铁转运,盐铁转运的差事,主要是负责国家盐务与钱粮的运输,戴叔伦是他的得力助手。一次,戴叔伦押解钱粮路过四川云安(今属重庆市云阳),正逢叛臣杨子琳谋反。他劫持了戴叔伦,并威吓戴叔伦说:"把钱交出来,我就免你一死。"戴叔伦说"身可杀,财不可夺",杨子琳没什么办法,就把他放了。戴叔伦因此而升为八品的监察御史,50岁时升为七品的东阳县令。任县令期间,因政绩卓著,加授从六品的大理司直。约52岁时,提升为正六品的侍御史。翌年,代任四品的抚州刺史,同年转正,加授金紫服,封谯县开国男爵位。此后,又任广西容州刺史,加御史中丞,最后官至容管(今广西地区)经略使。在任期内,戴叔伦政绩卓著,是个出色的地方官吏。贞元五年(789),他上表辞官归隐,在返乡途中客死清远峡(今四川成都北)。

戴叔伦是唐德宗兴元元年(784)在抚州任职的。到任后,他写了首题为《抚州对事后送外甥宋垓归饶州觐侍呈上姊夫》的五言乐府,对来鄱阳的经过略做了描述:"淮汴初丧乱,蒋山烽火起。与君随亲族,奔进辞故里。京口附商客,海

门正狂风。忧心不敢住，夜发惊浪中。云开方见日，潮尽炉峰出。石壁转棠阴，鄱阳寄茅室。淹留三十年，分种越人田。骨肉无半在，乡园犹未旋。尔家习文艺，旁究天人际。父子自相传，优游聊卒岁。学成不求达，道胜那厌贫。时入闾巷醉，好是羲皇人。顷因物役牵，偶逐簪组辈。谤书喧朝市，抚己惭浅昧。世业大小礼，近通颜谢诗。念渠还领会，非敢独为师。”从这首诗中可以看出，戴叔伦之避难于鄱，是与姊丈一家同来的。旧县志中有投马戴之说，这纯属子虚乌有。查历史痕迹，马戴(799—869)在戴叔伦死后10年才出生。

戴叔伦自幼受家传儒学熏陶，为人廉正，官声很好。在担任抚州刺史时，励精图治，教化乡民，重视农田水利。上任后，他到乡访村了解实情，下力整治水利，制定推行“均水法”，以土地、人头平均水资源，维护了平民百姓的用水权益。通过捐资、集资、以劳代资等方法，解决财力不足的难题。他率领当地民众兴修山塘陂堰、水渠，实施蓄水防旱；对不肯出资出劳力的，亲自上门苦口婆心地进行劝说，反复阐明“今日少予与明日厚取”的关系，并且自己带头捐出每月俸禄的三分之二，感召带动百姓集中人力财力，投入水利工程。对那些为一己私利从中作梗，通过行贿找朝中势力施加压力的地方强豪黑势力坚决打击，严厉惩处，并运用群众的力量孤立他们。因此仅用了一年时间，便使抚州一时耕饷岁增、民丰物饶，受到德宗诏书“清明仁恕”的褒奖。他自己也留下了“历数清官，唐有戴公，宋有包公”的赞誉，被民间称为“清官典范”。

戴叔伦在代宗大历时期与韦应物、独孤及同为“位卑而著名”的循吏，一生政绩卓著，不想逞强，即使被刘晏推荐做了九品的秘书省正字，也抒写着“野人无本意，散木任天材”的恬淡情愫。等到升任御史时，对于仕途已有厌倦情绪，“早知名是病，不敢绣为衣”“身随幻境劳多事，迹学禅心厌有名”，表明他有急流勇退的心思。据说在出仕前，戴叔伦曾半隐于小天台山，常与方外之士交往，甚至精研《易经》，打算求仙学道。

戴叔伦的诗，体裁形式多样，五言七言，五律七律，古体近体，皆有佳作，题材内容也十分丰富，有反映战乱中社会现实的，有揭露昏暗丑恶世道的，有同情民生疾苦的，有慨叹羁旅离愁的，也有描绘田园风光的。例如，《女耕田行》：“乳燕入巢笋成竹，谁家二女种新谷。无人无牛不及犁，持刀斫地翻作泥。自言家贫母年老，长兄从军未娶嫂。去年灾疫牛囤空，截绢买刀都市中。头巾掩面畏

人识，以刀代牛谁与同。妹妹相携心正苦，不见路人唯见土。疏通畦陇防乱苗，整顿沟塍待时雨。日正南冈下饷归，可怜朝雉扰惊飞。东邻西舍花发尽，共惜余芳泪满衣。"《边城曲》："人生莫作远行客，远行莫成黄沙碛，黄沙碛下八月时，霜风裂肤百草衰。"《屯田词》："春来耕田遍沙碛，老稚欣欣种禾麦。""艰辛历尽谁得知，望断天南泪如雨。"这些诗不仅从正面揭示了劳动者的痛苦生活，而且语言平易畅达，描写细腻委婉，感情充沛连绵，具有强烈的艺术效果。此外，戴叔伦还给后人留下了颇为有名的论诗名言，如"蓝田日暖，良玉生烟"，对宋明以后的神韵派和性灵派诗人，产生过较大的影响。

戴叔伦是写山水诗极少的诗人，鄱阳的山水也常常出现在诗行之中。"漾舟晴川里，挂席候风生。临泛何容与，爱此江水清。芦洲隐遥嶂，露日映孤城。自顾疏野性，屡忘鸥鸟情。聊复于时顾，暂欲解尘缨。驱驰非吾愿，虚怀浩已盈。"(《江行》)"独钓春江上，春江引趣长。断烟栖草碧，流水带花香。心事同沙鸟，浮生寄野航。荷衣尘不染，何用濯沧浪。"(《春江独钓》)"江干望不极，楼阁影缤纷。水气多为雨，人烟远是云。予生何濩落，客路转辛勤。杨柳牵愁思，和春上翠裙。"(《江干》)

如果说上面的这些诗在不同程度上记述了戴叔伦在鄱阳寓居期间的点滴感受，那么下面两首诗可以说记录了他在鄱阳的隐居式的生活："岩云掩竹扉，去鸟带余晖。地僻生涯薄，山深俗事稀。养花分宿雨，剪叶补秋衣。野渡逢渔子，同舟荡月归。"(《山居即事》)"天秋月又满，城阙夜千重。还作江南会，翻疑梦里逢。风枝惊暗鹊，露草覆寒蛩。羁旅长堪醉，相留畏晓钟。"(《客夜与故人偶集》，一作《江乡故人偶集客舍》)

据传，宋朝周伯恭在妙观东(址在郭西庙)建有望戴轩，面对荐福寺，意在望戴叔伦读书堂。元代著名玄教道士、书法家，鄱阳人吴全节有《望戴轩》诗："茂林修竹岸西东，白鸟行边钓舸风。市井恰当荷盖外，楼台浑在柳丝中。烟浓涌出金仙塔，云薄飞来玉帝宫。更问戴家何处是，放生池沼画桥通。"

戴叔伦著有《述稿》《书状》以及诗集，可惜都已散佚。明朝有人编辑《戴叔伦集》2 卷。《全唐诗》存诗 2 卷，据蒋寅先生在《戴叔伦作品考述》中说，里面多杂有别人的诗作。

中唐诗人鄱阳吟

大约在唐德宗贞元中(794—795),大诗人张籍的叔伯兄弟张濛衔命来鄱阳任太守。这时,一大批很有才气的诗人,有的为他送行咏歌,有的干脆在他任职时来到鄱阳,于是产生了不少脍炙人口的"鄱阳曲"。

"鄱阳胜事闻难比,千里连连是稻畦。山寺去时通水路,郡图开处是诗题。化行应免农人困,庭静惟多野鹤栖。饮罢春明门外别,萧条驿路夕阳低。"一位叫姚合的诗人,写了这首七律。

姚合(775—854),陕州硖石(今河南三门峡市)人,宰相姚崇的曾孙。姚崇曾经担任过高宗、武则天、玄宗三朝的宰相。姚合,宪宗元和十一年(816)进士,授武功主簿,富平(今陕西省)、万年(今陕西临潼)县尉,累官监察、殿中御史,历户部员外郎、全州(今广西)刺史,刑部、户部郎中,杭州刺史、陕虢观察使。唐武宗会昌年间(841—846)任秘书监。世称姚武功,他的诗作也称"武功体"。

姚合得知张濛要到鄱阳赴任,便一改他嗜酒吟诗、赏花种竹的作风,居然关心起政事。他对朋友张濛说:鄱阳是个极具诗情画意的富饶的地方,农业比较发达,你在任上要多为农民免困减负,让农民休养生息。诗中既流露了他对鄱阳农民的关心,也体现出了他和张濛之间的感情。虽说姚合对于鄱阳只是一般性的了解,但他对鄱阳的印象之深,仍在字里行间能够找到。从姚合的诗中不难看出,中唐时期鄱阳已经声名鹊起,众所周知了。

而这个张濛在诗坛上名气虽然不大,但在唐德宗朝时,也是个有点影响的人物。贞元四年(788)重阳节,皇帝李适在御园曲亭与朝臣游宴,诏令群臣制诗奉和,张濛、殷亮等二十人的诗,被评为第三等。

"饶阳因富得州名,不独农桑别有营。日暖提筐依茗树,天阴把酒入银坑。江寒鱼动枪旗影,山晚云和鼓角声。太守能诗兼爱静,西楼见月几篇成。"这首《送张使君赴饶州》诗的作者叫章孝标,浙江桐庐(今浙江桐庐县)人,唐宪宗元和十四年(819)进士。《送张使君赴饶州》是章孝标进士及第后第三年的诗作。在漫长的科举考场搏斗中,他曾经西游江西,到过鄱阳,这首诗囊括了当时鄱阳

的状况，应该说诗作者是一位很有才气的人，对鄱阳的物产风情也很熟悉。

张濛出任鄱阳，最早写诗祝贺的是堂兄张籍。

张籍(766—830)，字文昌，祖籍苏州，小时候住和州乌江(今安徽和县)，德宗贞元十三年(797)进士，十年中一直当个九品官。50岁时转作国子监助教，54岁时才升上秘书郎，直到唐穆宗长庆元年(821)，在韩愈的举荐下，他才当上了国子监博士，第二年迁水部员外郎，当时人称他为张水部。唐文宗大和二年(828)迁主客郎中，第二年任国子司业，所以人们又尊他为张司业。可以说，张籍一生仕途都很坎坷，也正因自己命运不济，便对堂弟张濛厚爱有加。其实，张籍进士及第也不太晚，当时才31岁，可是他补上的是一个比芝麻官还要小的低微官职——太常寺太祝，级为九品，专门负责日常的出纳神主、跪读祝文之类事务的小官。张濛不同，早就当过郡守。这次曲江应制之后，又被任命到江南富庶之地的鄱阳。张籍知道，鄱阳几乎是历任官员高就的跳板，不少官员都是在鄱阳任职之后得到擢用的。在古代，读书的目的是做官，官做得越大，越是光宗耀祖。张濛达到了张籍没有达到的目的，对这位堂弟，张籍羡慕之余，更多的还是深爱，于是多了些叮嘱："京城南去鄱阳远，风月悠悠别思劳。三领郡符新寄重，再登科第旧名高。去程江上多看堠，迎吏船中亦带刀。到日更行清静化，春田应不见蓬蒿。"这首《送从弟濛赴饶州》确是一首充满亲情、友情、深情的诗，就连江上看天气、船上带佩刀之类的琐事，都考虑得无微不至。他对堂弟抱有殷切希望，嘱咐他要在鄱阳做出政绩，让这方土地的人农耕丰稔，安居乐业。

张籍写鄱阳的诗不多，但从诗文看，他曾经到过鄱阳，只是不一定在堂弟任职鄱阳期间，而且还可以肯定，张籍对鄱阳有过认真研究，他的那首《答鄱阳客药名诗》，不仅说明了诗的产生地，还把鄱阳著名的中药材——饶半夏写进了诗中："江皋岁暮相逢地，黄叶霜前半夏枝。子夜吟诗向松桂，心中万事喜君知。"

张籍是唐代著名的现实主义诗人，他的诗集多亏了南唐末年的张洎。张洎费了20多年努力，辑得400余篇，编为12卷。更为有趣的是，南宋鄱阳人汤中，用京藏北宋神宗元丰八年(1085)写本，兼以各本校定，编成了《张司业集》8卷，魏峻(叔高)刻于平江(今江苏苏州)，才得以传世。

汤中，字季庸，号息庵，宋理宗宝庆二年(1226)进士，淳祐三年(1243)以太学正召试馆职，除正字，进校书郎，转右正言，官至工部侍郎。由于他任过正字、校书郎等职，有机会阅读大量图书典籍。张籍有缘于鄱阳人，鄱阳人也成就了他。

在张濛临行鄱阳前，贾岛借春花烂漫的时节，在张濛住所同样以《送饶州张使君》为题向张使君献诗："终南云雨连城阙，去路西江白浪头。滁上郡斋离昨日，鄱阳农事劝今秋。道心生向前朝寺，文思来因静夜楼。借问泊帆干谒者，谁人曾听峡猿愁。"

贾岛(779—843)，字阆仙，一作浪仙，范阳(今河北涿州市)人。贾岛原是僧人，在韩愈的规劝下，还俗并举进士，但累举不中。文宗时他当过小小的长江主簿。会昌元年(841)，以普州司仓参军迁司户，可惜还没等接受任命便去世。然而，贾岛极爱吟诗，这样便结交了不少有名气的人。贾岛是张籍的诗友，并与姚合、孟郊互相唱和，引为知己。张籍堂弟张濛到南方任职，贾岛自然与朋友们一同到他住所朝贺，于是也写下了赠诗。作为局外人且又曾经在方外生活过的贾岛，说不出鄱阳多少子丑寅卯。但奇怪的是四首诗中都谈到了鄱阳的农事，可见张濛这次出任饶州州守，是负有重本抑末的重大使命的。作为唐代文人，对于其中的利害，他非常清楚。

贾岛一生境遇与比他稍大的同时代人孟郊相似，因此诗的风格也像孟郊的，充满了寒酸枯槁的情调，古人将他们的风格归纳为"郊寒岛瘦"。在当时人眼中，贾岛和姚合同等齐名，人称"姚贾"。说起贾岛，不得不说到韩愈，因为贾岛的出名与韩愈的赏识有很大关系。韩愈代理京兆尹，也就是京城行政长官时，有天乘着车轿从大街经过，只见锣鸣道开，闲散行人无不赶忙趋避。就在这时，有个和尚骑着匹拐脚驴，两只手比比画画，径直向仪仗队走来。卫士们一见很是恼火，七手八脚地把和尚拉下了驴，和尚这才如梦初醒。而坐在轿子里的韩愈，已被吵闹声惊动。韩愈问过究竟，便叫人把和尚带到车轿前。和尚一见惹祸了，慌忙把事情原委告诉韩大人：前天，他去寻访诗友李凝，因为水路崎岖，不觉时间已晚，山林渐渐地暗了下来，这时宿鸟归林，山月高挂，草埋荒径，孤院幽僻。贾岛叫醒主人，主客共叙闲居之乐，临行贾岛写下一首诗《题李凝幽居》："闲居少邻并，草径入荒园。鸟宿池边树，僧推月下门。过桥分野色，移石动云根。暂去还来此，幽期不负言。"诗虽然写成，但自己总觉得第四句的第二个字一时难以确定，不知用"推"还是用"敲"，到现在还犹豫着拿不定主意。和尚的

话刚刚说完，坐在轿子里的韩大人发了话，他品味全诗之后，觉得用“敲”字更好，动作性强，符合造访人家的礼仪，而且可以收到“鸟鸣山更幽”的效果。结果，俩人越说越投缘，以至韩大人把贾岛请到府衙。韩愈对贾岛的才华非常欣赏，便劝他蓄发还俗，又教授他文法，对他清奇僻苦的诗风也很推崇，并写《赠贾岛》的诗赞誉他：“孟郊死葬北邙山，从此风云得暂闲。天恐文章浑断绝，更生贾岛著人间。”

贾岛爱诗，可以说前无古人后无来者。据说，贾岛每年除夕都要把一年的诗作放在桌上，摆上酒，焚上香祭拜，然后把酒洒在地上，祝祷说：这是我全年的苦心啊！祭完他才痛饮高歌。对于这样一位诗人，能给鄱阳留下一首诗作，应是鄱阳这块土地的一份荣幸。

医扬中唐有郭常

郭常，唐德宗至宪宗时，一位鄱阳的中医，他不但医术高明，而且以正直有德行取信于人，因此扬名中唐。

唐代的鄱阳，不但是福建通往北方的主要水运中转地，而且常有外商过往，其中有不少波斯商人。波斯帝国与中国自魏晋南北朝起便有了进一步的联系和交往，有不少波斯人循着丝绸之路来到中国经营商业。

波斯是伊朗在欧洲的古希腊语和拉丁语的旧称译音，也就是说波斯是伊朗的古名。历史上的波斯在西亚、中亚、南亚地区曾建立过多个帝国，如阿契美尼德王朝、萨珊王朝、萨法维帝国等。极盛时，疆域东起印度河及帕米尔高原，西临巴尔干半岛与地中海，南抵亚丁湾和红海，北达高加索山脉及咸海，波斯帝国曾是第一个地跨亚、欧、非三洲的大帝国。到了唐朝，中西交通大开，国力强盛，加之统治者锐意经营西域，大量的西域胡人循着陆海丝绸之路来到中国，其中包括波斯人（西亚伊朗的主体民族，亦称伊朗人）、粟特人、吐火罗人及西域诸国人等。

有一次，一位波斯、安息（即“帕提亚王国”，西亚古国，地处伊朗高原东北部，为波斯帝国属地）那边的商人路过鄱阳，病得很重，请了好多医生都治不了他的病。他于是来到鄱阳，请郭常为他治病。郭常说：“你的病可以治好。”那位商人说：“如果真能救我的命，我给你酬金五十万。”于是郭常安排他住下，先用针灸打通他的血脉，然后再用奇药辅助治疗，并安慰他说：“请不要担心。”住了一个多月，商人说病好了，打算给郭常所需的酬金。郭常不接受，商人说：“你是嫌少吗？”郭常说：“不是嫌少，我估算了一下我的药的价钱，算了一下我费的工夫，还没超过一千元，而你要给我这么多钱，反倒会有祸事。”最终他还是没有接受。别人都认为郭常很奸诈而去责备他，郭常说：“那些商人们肚量小，心胸狭窄，整天和顾客讨价还价，一分一毫都斤斤计较，他们的收入不能够满足他们的期望。现在猛然要他五十万，他的心里一定觉得可惜而舍不得，我何必让他将这件事放在心上。况且，药性仍然作用于他体内，病刚好，五脏六腑才痊愈，如

果有心气从内侵入腑脏,那就无可救药了。再说他有病的时候,知道我能治好他的病而来求我,我侥幸治好了他的病,却因为贪他的钱又让他病死,就算不怕做不仁义的事,而上天岂可欺骗,我怎么敢欺骗上天呢!"

在唐朝,伴随着频繁的商业活动,商人群体也渐趋活跃,有大批商贾贩客涌入江西。"洞庭贾客吕乡筠,常以货殖贩江西杂货,逐什一之利。"江西商人把江西一些特产,诸如瓷器、丝绸、竹木等运销全国各地。江苏、湖南、湖北等地都留有他们活动的足迹。如"尼妙寂,姓叶氏,江州浔阳人。初嫁任华,浔阳之贾也。父升,与华往复长沙广陵间";"唐陈导者,豫章人也,以商贾为业。龙朔中,乃泛舟之楚";鄱阳安仁里民吕用之之父,"以货茗为业,来往于淮浙间,积以成巨富"。长途贩运给商人带来了丰厚的利润,"尽出良材,求利者采之,将至广陵,利则数倍"。这一时期经商开始成为人们致富的重要途径。

与此同时,大唐王朝的繁荣吸引了国外的商人,尤其是大食人和波斯人,其活动地区遍及全国。波斯人经常将这里作为中转地,在江西从事经商活动,尤以洪州(今南昌)居多,从事珠宝之类的生意。据史料记载,莫徭得到象牙后,"载到洪州,有胡商求买,累自加值,至四十万。寻至他人肆,胡遽以苇席覆牙,他胡问:'是何宝,而辄见避'"。临川人岑氏,带宝至豫章,"有波斯胡人,邀而问之:'君有宝乎?'曰:'然'。即出二石市之,胡人求以三万为市";洪州胡氏遇见一胡商,胡人"知其头中有珠,使人诱而狎之,饮之以酒,取其珠而去"。可见唐代江西不乏外国商人。商业活动的频繁,使江西出现了不少富商巨贾。

沿海一带,在中晚唐时期,随着海上丝绸之路的发展而活跃起来的商人,一些泛海而来的波斯商胡们,他们人数众多,大概超过唐代自陆上丝绸之路而来的波斯胡人,且颇具气候。

那时的鄱阳,因为水路通达,成为福建通往内地的通衢之一,如《饶州府志》所载:"有波斯安息国人,自闽转沽于饶。"其他的商业活动也很活跃。就商品交易看,木材运销遍及江淮各地;随着粮食生产的发展,酿酒业更加兴旺,酒作为当时人民生活的重要组成部分,被广泛地用于市场交换;从事食盐贩运,获得高额利润的人,也大有存在;至于"鳞介多潜育,渔商几溯洄","杳杳短亭分水陆,隆隆远鼓集渔商"的景象,那时随处可见。

记录郭常治疗波斯商人这件事的,是稍后于他的文学家沈亚之。沈亚之知

道事情的始末后,写了篇散文,叫《表医者郭常》。

沈亚之(781—832),字下贤,吴兴(今浙江湖州)人。工诗善文,唐代文学家。元和十年(815)登进士第,沈亚之初到长安时,曾投韩愈门下,与李贺结交,和杜牧、张祜、徐凝等友善。长庆元年(821)补栎阳尉。长庆四年(824)升任福建团练副使,后累迁至殿中丞御史内供奉。太和三年(823)为德州行营使柏耆判官,后贬谪南康(今江西赣州所辖)尉,于郢州(今武汉市武昌)掾的职务上病逝。沈亚之著有文集三卷,《新唐书·艺文志》传于世。集中有传奇小说《湘中怨辞》《异梦记》《秦梦记》三文,为唐代传奇文中的"白眉"。李贺曾为他作《送沈亚之歌》,《追和柳恽》亦为沈亚之所作。有《沈下贤集》十卷。

《饶娥庙碑》宗元情

《全唐文》卷五百八十七中有唐代大文学家柳宗元所作的《饶娥庙碑》：

饶娥，饶人，饶姓，娥名，世渔鄱水。娥为室女，渊懿静专。虽小家，未尝出游，治絺葛，供女事循整，乡闾敬式。娥父醉鱼，风卒起，不能舟，遂以溺死，求尸不得。娥闻父死，走哭水上，三日不食，耳鼻流血，气尽伏死。明日尸出，鼋鱼鼍蛟，浮死万数，塞川下流。鄱旁小民，悲感怨号，以为神奇。县人乡人，会钱具仪，葬娥鄱水，西横道上。追思不足，相与作石，以贻后世。其辞曰：生德无类，气灵而休。嗟兹孝娥，惟行之周。渊懿含贞，好静不游。纤葛絺纻，克供以修。蒸蒸在家，其父世渔。饮酒不节，厄乎风涛。匍匐来哭，号天以呼。颜目耳鼻，膏血交流。三日顿踣，气竭形枯。父尸既出，孝质已殂。龟鳖鼋鼍，有蛟洎鱼。充流溢岸，旁出仰浮。见怪形异，适与我谋。鄱民哀号，或以颂歌。齐女色忧，伤槐罢流。赵姬完父，操棹爰讴。肉刑不施，汉美淳于。烈烈孝娥，水死上虞。娥之至德，实与为俦。恒人有言，惟教是图。懿兹德女，家世不儒。奇行特出，神道莫酬。穷哀罔泄，终古以留。乡人好礼，爰立兹丘。建铭当道，过者下车。

一个普通渔家女因父醉酒失足溺死，为找父亲的尸体，自己不幸身亡的感人至深的故事，居然因教人风化的铭文，在鄱阳流传了1000多年，之所以能够长传不衰，应该是柳宗元的功劳。

从历史资料中查找，柳宗元从未来过鄱阳为官，那么这篇碑文是否真出自他的笔下？中间有过什么故事？

柳宗元(773—819)，字子厚，河东郡(今山西运城永济)人，是我国唐朝著名的文学家、哲学家、散文家和思想家，世称“柳河东”“河东先生”。他的文学成就很高，在文章方面与韩愈并称为“韩柳”，在诗歌方面与刘禹锡并称“刘柳”。

柳宗元出身于文化气息浓厚的家庭，他的父亲柳镇信奉传统儒学，具备积极用世的态度和刚正不阿的品德。他的母亲则是一位典型的贤妻良母，同时也

是一名虔诚的佛教徒。父母双亲在言传身教和学识方面，给予柳宗元儒学和佛学的双重影响。

柳宗元出生的时候，“安史之乱”刚刚平定十年，太平盛世不再，政治腐败、藩镇割据等社会矛盾逐渐显露出来。但柳宗元并没有受大形势的影响，年少得志的他20岁中进士，几年后便步入官场，开始参与政治。

贞元二十一年(805)，唐德宗崩，皇太子李诵即位，改元永贞，即顺宗。顺宗即位后，重用王伾、王叔文等人。二月，封王叔文为翰林学士，任度支使、盐铁转运副使加户部侍郎；王伾任左散骑常侍和翰林学士；韦执谊任尚书中丞和同中书门下平章事(相当于宰相)。柳宗元由于与王叔文等政见相同，也被提拔为礼部员外郎，掌管礼仪、享祭和贡举。此时，在王叔文周围还有许多相同政见的政治人物，包括韩泰、韩晔、刘禹锡、陈谏、凌准、程异、陆质、吕温、李景俭、房启等人，他们形成了一个政治集团。由于顺宗在即位前就患中风症，不能亲理朝政，因此王叔文等掌管朝政，并积极推行革新，采取了一系列改革措施，史称永贞革新。主要措施有：抑制藩镇势力，加强中央权力；废除宫市，罢黜雕坊、鹘坊、鹞坊、狗坊、鹰坊的宦官(称为五坊小儿)；贬斥贪官污吏；整顿税收，废除地方官吏和地方盐铁使的额外进奉，并试图收回宦官和藩镇手中的兵权。王叔文等人的改革措施，触犯了藩镇和宦官集团的利益。王叔文的独裁专行和打击异己，在大臣中间树立了政敌，后来王叔文又与军阀交恶。由于王叔文的权力来自皇帝，而皇帝又中风失声，只能通过牛昭容和宦官李忠言传达意见，所以随着顺宗的病情加重，以俱文珍又名刘贞亮为首的宦官集团，联合外藩剑南节度使韦皋、荆南节度使裴均、河东节度使严绶，联合反对改革派向朝廷施加压力，要他们引退。永贞元年(805)四月，俱文珍、刘光琦、薛盈珍等宦官，立广陵郡王李淳为太子，改名李纯。五月，王叔文被削翰林学士一职。七月，宦官、大臣请太子监国。同月，王叔文因母丧回家守丧。在这个时候，顺宗被迫禅让帝位给太子李纯，史称“永贞内禅”。李纯即位，即宪宗。

宪宗一即位就打击以王叔文和王伾为首的政治集团。八月六日，贬王叔文为渝州(今重庆市巴南区)司户，王伾为开州(今四川省开县)司马，王伾到任不久后病死，王叔文不久也被赐死。永贞革新宣告失败，前后共180多天。

永贞革新失败后，王叔文政治集团的人物先后遭到贬谪和处理。九月，柳

宗元被贬为邵州(治所在今湖南省邵阳市)刺史。十一月,在赴任途中,柳宗元被贬为永州(治所在今湖南省永州市)司马。集团的其他人员也被贬为偏远地区的司马:韦执谊被贬为崖州(治所在今海南省琼山区)司马,韩泰被贬为虔州(治所在今江西省赣州)司马,陈谏被贬为台州(治所在今浙江省临海市)司马,刘禹锡被贬为朗州(治所在今湖南省常德市)司马,韩晔被贬为饶州(治所在今江西鄱阳)司马,凌准被贬为连州(治所在今广东省连州市)司马,程异被贬为郴州(治所在今湖南省郴州市)司马,这些人与王叔文和王伾一起被称为二王八司马。而这些人中,韩晔是唯一与鄱阳有关系的人物,但这个人的史料很少,只知道他是京兆长安(今陕西西安)人,生卒年不详,是唐著名散文家柳宗元、刘禹锡的挚友,宰相韩滉的族子,有俊才。"二王八司马事件"后,韩晔先是贬为池州刺史,后朝议谓韩晔等人贬罚太轻,于是降为饶州司马,十年后才升为汀州刺史。

关于《饶娥碑》,有人说它与时任饶州的一位元姓刺史有关,说柳宗元是应元刺史所请而写,其理由有二:一、柳宗元曾写《答元饶州论春秋书》和《答元饶州论政理书》;二、崔刺史在昌镇又名陶阳镇(今景德镇),制了一批上好的瓷器进贡朝廷,特地请柳宗元作了篇《代人进瓷器状》(文曰:"瓷器若干事:右件瓷器等,并艺精埏埴,制合规模。禀至德之陶蒸,自无苦窳;合太和以融结,克保坚贞。且无瓦釜之鸣,是称土铏之德。器惭瑚琏,贡异祭丹。既尚贡而为先,亦当无而有用。谨遣某官某乙随状封进。谨奏"),意思说,这批进贡的瓷器,既不粗劣,又无陶器声响,且结合天地间刚柔的气质,能长期保持质坚,堪称精美的器物。从这两件事可以看出,柳宗元与元刺史关系很不一般。可是,这位元刺史是谁?历代《饶州府志》与相关典籍都无记载。据景德镇一位学者考证,此位刺史名"元崔,唐朝时出生于景德镇,为唐朝饶州刺史,祖籍和生卒无考"。而据我国现代著名史学家岑仲勉,在其著作《唐集质疑·元饶州》中考证,元姓刺史当是元谊、元洪或元萌,虽没有做最后结论,但没有元崔。

岑仲勉,学名铭恕,字仲勉,别名汝懋,以字行,中国历史学家,广东顺德人,被誉为大器晚成的史学家。岑仲勉前半生混迹官场,后半生潜心向学,经历与学问俱奇。他生前留下千万余字学术文章,被历史学家刘节誉为"著作等身,群言是宝"。岑仲勉治学最重要的成就是以碑刻考证历史,在近百年唐史研究史上,唯一能与陈寅恪先生齐肩并论的只有他,在圈内几成定论。

岑仲勉根据什么得出这种推测呢？它就是曾任饶州刺史的王钦臣编纂的《元和姓纂》。当时，柳宗元的至交刘禹锡，也写了篇《答饶州元使君书》，这篇文章是刘禹锡元和时在朗州作的。“元使君”是谁？岑仲勉《唐集质疑·元饶州》提出元谊、元洪、元萌皆有可能，未作结论。而有人则考证元洪的可能性最大。《元和姓纂》卷四《二十二元·元》中云“洛州总管生守真，守真生澄、湛，澄遂州刺史，湛生谊饶州刺史”“挹防持揖，吏部员外，生注、洪、锡，锡生繇铣，洪饶州刺史”。《元和姓纂》成书于元和七年(812)，书中所载皆为唐朝人，包括死亡者与生存者。一般地说，死亡者的官职是最终之官或最高之官；生存者的官职，是元和七年以前的官或元和七年现任的官。《元和姓纂》所说饶州刺史，是元洪元和七年现任的官，与刘禹锡《答饶州元使君书》的写作时间相合。

据柳宗元《答元饶州论政理书》云：“兄通《春秋》。”《答元饶州论春秋书》说：“往年又闻和叔言兄论楚商臣一义，虽啖，赵、陆氏，皆所未及。”这几段话，是考证“元饶州”的重要线索。柳宗元在《唐故给事中、皇太子侍读陆文通先生墓表》中说：“有吴郡人陆先生质，与其师友天水啖助，洎赵匡，能知圣人之旨。故《春秋》之言，及是而光明。”这里的陆质是《旧唐书》卷一八九下“儒学传下”中的陆质，在扬州“讲道”的影响很大，与陆质的学生吕温讨论过《春秋》的“元饶州”，与曾在扬州、可能受到陆质“讲道”影响的元洪，应是一个人。

此外，《旧唐书》卷一五六《于頔传》中说：“邓州刺史元洪，頔诬以赃罪奏闻，朝旨不得已为流端州，命中使监焉。至隋州枣阳县，頔命部将领士卒数百人，劫洪至襄州，拘留之……頔又表洪其责太重……遂除洪吉州长史，然后洪获赴谪所。”从这段话的意思中可以看出，曾经遭遇过谪贬的元洪，对正在贬谪的“八司马”产生了同情心与思想上的共鸣。正因为如此，元洪被贬谪在饶州的“八司马”之一的韩晔“自代”，于是与正贬谪朗州任司马的刘禹锡、正贬谪永州任司马的柳宗元，通信讨论“政理”(为政的道理)是自然而然的事。而柳宗元看了元洪所写的“政理之说”以及刘禹锡的回信之后，认为“往复甚善”，“愿同梦得之云者”，无形中产生了好感，于是在请托下，写下了让鄱阳人值得记忆的这篇《饶娥庙碑》，才使我们得到一份难得的文化遗产。据传，北宋范仲淹守饶时，也被饶娥的故事深深感动，并写下《题饶娥庙》的诗：“有唐孝女号饶娥，哭得严亲上碧波。古渡清风明月夜，令人不忍听渔歌。”

唐宋名纸鄱阳白

鄱阳造纸不是稀罕事,20世纪五六十年代,鄱阳曾有过国营造纸厂。然而,鄱阳早在唐朝便能造出上等纸,恐怕这不能不是件令人刮目的事。曾听人说,这种俗称“关白”的纸很有名,甚至比铅山河口纸要好。当时我很是诧异,深感孤陋寡闻,便记在心上。到深圳后,通过寻寻觅觅,发现这事果然是真,不过不是称作“关白”,而是“鄱阳白”。

鄱阳白,为唐代纸名,又称作匹纸。关于鄱阳白,继宋人陶穀,在他所著的《清异录》中说:“先君子(陶穀之父陶涣)蓄纸百幅,长如一匹绢,光紧厚白,谓之鄱阳白。”又据《御定分类字锦》载:“匹纸长三丈至五丈,陶穀家藏数幅,长如匹。”明朝文震亨的《长物志》也称:“有匹纸,长三丈至五丈,有彩色粉笺及藤白、鹄白、蚕茧等纸。”可见,鄱阳白即匹纸,自唐历宋都为文人喜用,并且风行。

介绍“鄱阳白”的陶穀(903—970),是五代至北宋时间的人。字秀实,落籍邠州新平(今陕西彬县)。他本来姓唐,因避后晋高祖石敬瑭之讳,而改姓陶。陶穀的父亲陶涣,曾领夷州(台湾的古称)刺史,唐末时军阀割据,为邠(今陕西彬州)帅杨崇本所害。当时陶穀还年幼,随母柳氏嫁到杨崇本家。陶穀十来岁时,文章就写得很不错。后晋时任校书郎、单州(今山东单县)军事判官。曾写信给宰相李崧,李崧很看重他的文章。当时和凝也是宰相,同奏为著作佐郎、集贤校理,改监察御史,分司西京(今陕西宝鸡凤翔),迁虞部员外郎、知制诰。后晋天福九年(944)加仓部郎中,后周显德三年(956)迁兵部侍郎加承旨,显德六年(959)加吏部侍郎,宋初,转礼部尚书,依前翰林承旨。北宋乾德二年(964)判吏部铨兼知贡举,再为南郊礼仪使。累加刑部、户部二尚书。开宝三年(970)卒,年六十八,赠尚书右仆射。善于隶书,著有《清异录》等。

陶穀对纸很有讲究,他在所著的《清异录·文用》中说:“记未冠时,游龙门山寺,欲留诗,求纸。僧以皱纸进。余题大字曰‘化化笺’,还之。僧惭惧躬揖,请其故,答曰:‘纸之麄恶,则供溷材,一化也;丐徒取诸圊厕,积之家,匠买别抄麸面,店肆牧苞果药,遂成此纸,二化也。故曰化化笺。备杂用,可也;载字画,

不可也;举以与人,不可之甚。'"意思是说,粗劣不洁的纸只可供杂用,作为厕纸。而我父亲使用的"鄱阳白",光洁吸墨,便于书写,倍受文人看重,朝廷官员也都喜欢这种纸。其实,对纸张讲究的人,不止陶穀。自有汉字以来,古代文人对于书写工具,随着时代发展而有不同的更高要求。

据古史记载,仓颉造字,"天雨粟,鬼夜哭",可谓惊天地而泣鬼神。从此,汉字便在它的载体上,进行一次又一次的选择和淘汰。

汉字在纸张发明之前,因载体不同而产生过陶文、甲骨文、金文。其后,又将文字写在用竹木削成的薄片上,称"简"或"牍";将文字刻在石头上,如石鼓文刻石;或将文字写在丝织制品帛书上。在经历了众多的文字载体后,中国人终于发明了造纸术。

中国造纸,历史悠久。考古发现,西汉初年就出现了比较成熟的纸,如西汉早期的放马滩纸,西汉中期的灞桥纸、悬泉纸、马圈湾纸、居延纸,西汉晚期的旱滩坡纸等。"纸在西汉以后的使用过程中被改进,至东汉蔡伦时代得到推广和总结,又扩充了新的原料来源。中国早期造纸史应是这样发展的。"(潘吉星《从考古发现和出土古纸的化验看造纸术起源》)以蔡伦为集大成者逐步完善的造纸术,将树皮、布头、麻和渔网等加工成原浆纸。

纸发明后,逐渐改变了"简重而帛贵"的现状,使书法寻找到最好的载体和表达方式,并成为一门重要的东方艺术。

到了魏晋南北朝时期,纸张的运用开始更为自觉,纸的用量逐渐超过帛简。到了王羲之时代,书法家用纸写书法已经比较普遍,而这时的纸多为麻料制成。唐五代进一步扩大书法用纸的品种,如用麻类、楮树皮、桑皮、藤皮及少量其他植物皮料,纸质光滑,质量都比较好,种类也比较多,如麻纸、格纸(或名香纸)、剡藤纸、桑根纸、网纸、由拳藤纸、茧纸、蜜香纸等。"鄱阳白"就是这个历史时期的产物。

宋元时期,"鄱阳白"也有了其他的花色,如砑花纸和粉笺纸。明朝文震亨在《长物志》中说宋代"有匹纸,长三丈至五丈,有彩色粉笺及藤白、鹄白、蚕茧等纸"。

元代的纸与宋代的纸差别不大,造纸方法已趋成熟,诸纸皆备。明承元代造纸技术。到了清代,纸张品类愈加繁盛,可称得上蔚为大观:"凡举侧理纸、赫

号纸、松花纸、凤尾纸、香皮纸、玉屑纸、蔡伦纸、澄心堂纸、桃花笺纸、鱼卵纸、蓝纸、左炎右刀藤笺纸、麻面纸、滕骨纸、金花纸、乌丝纸、白藤纸、白麻纸、黄麻纸、洪儿纸、百韵笺纸、青白笺纸、金凤纸、鱼肌签纸、雁头签纸、鄱阳白纸、女儿青纸、硬黄纸、红签纸、松皮纸、茇皮纸、霞光纸、布头签纸、左水右完花签纸、小签纸、麦光纸等三十六种。”在这个时期，“鄱阳白纸”依然是纸品中的佼佼者。

如此重要的物品，居然在时间的长河里，几乎湮没失闻，这对于后代的鄱阳人，不能不说是件憾事。如果我们花时间去研究就会发现，纸名的流转史是一件很有意思的事情，许多纸名由于名气较大，常被其他产区借用。比方说鄱阳关纸，制纸业称作“关山纸”。关山纸出自江西，现成为贡川纸类另一个重要的纸种。再说铅山，铅山在明清时期曾为手工造纸重镇。铅山的崛起和鄱阳白的消退有没有关系？如果我们从铅山与连史纸的制作过程看，这应该是当年“鄱阳白”的制作方法：石灰和草木灰（古代没有纯碱）多级蒸煮以外，还有一个比较好玩的工序——发酵，有淋豆浆发酵、热水发酵、米豆浆发酵，甚至还有淋尿发酵。其中比较有代表性的是淋豆浆发酵，一般在草木灰蒸煮之后、打浆之前，将纸料淋上豆浆，置于容器内保温发酵一段时间。经过豆浆发酵后，制成的纸张往往紧致光滑，适于书写，是古代纸匠们创造出的一种朴素的工艺方法。由于同时采用了草木灰蒸煮和淋豆浆发酵这两种极利墨色的工序，因此纸色比较柔和，比毛边类更白净，比连史纸更悦目。纸质细腻温润，吸墨适中又极显墨色，非常适合书写。

鄱阳白的兴起与消失，当然不能凭空揣测和臆想。凡此种种，既是历史之谜，也是我们对本土文化研究的课题，或者它们本来就是两回事。这些都有待后来者接力探索。

一出乡戏说高门

年纪稍大一点的戏迷都知道，早年赣剧饶河调中有折“万里侯”的戏，说的就是高门高家的故事。

高门和管驿前是近邻，一个在城里，一个在城外。高门范围不小，南至现在的闸口，北到当年的黄泥岭，东有新街，西拥七圣庙和樟树苑。如果追溯历史，高门称得上“悠久”两个字。吴芮筑城是以现为鄱阳中学的木家山为核心，抑鄱江，依土素，湖塘环绕，故旧县志屡屡提及，吴芮观鱼台在蠙洲即西门湖。

饶河调“万里侯”是说北宋时，鄱阳人高琼从真宗赵恒亲征有功，授国公，谥烈武韩王。景祐年间(1034—1037)，范仲淹守饶，因扩建府衙需要，动员居在府署邻近的高氏搬迁，高氏不从，为此还惊动了朝廷。最后在皇帝的调解下，高氏取得了胜利。

关于高氏，据其家谱记载，在鄱阳居住的历史悠久。两汉，鄱袭秦制，木家山地位不变。就在这时，有高氏望族于木家山东沿建家立业，此即现存的高门老街。关于高氏居此有两点佐证：其一，县城范围有宗族祠堂者，只此一家；其二，据五代十国时梁龙德二年(922)的《高氏宗谱》谱序载：“自故东汉永寿政(155—158)仕居饶州，迨今七百余年。”“吾祖端仁，为父韩王葬于饶州，因祭扫，迁于饶州月波门居住，历传四十五代。”宋宣和四年(1122)谱序也说：“自汉晋至今时千有余载，家声硕大，世旧仕宦，日新其来也，远矣；其居也，繁矣。原依宦于洪，祖琬公葬于饶州，子孙遂居于饶城，以便扫祭。”高氏家谱为宋朝以前所修。谱牒源于秦汉。东汉以后，地方豪族地主势力有了很大发展。曹魏时，开始实行九品中正制，门阀豪族的利益得到维护，族姓同社会地位、权利等密切相关，因而谱牒记载就成为选官、婚姻、社交等的凭证。为适应收集、考辨、管理家谱，官府设立了专门的主谱官员和修谱机构。隋唐时期，废除了九品中正制，推行以才选人的科举制，谱牒的作用因此改变。唐王朝出于政治的需要，主要由官方主持编修总谱。宋代以后，谱牒发生了变化，“五季之乱，谱牒散失，至宋而私谱盛行，朝廷不复过而问焉”，一家一族修纂私家之谱成风，这才开始乱套。

现在所见的一些姓氏源流，多是明代以后的产物。明代修立家谱突破了欧阳修、苏洵的体例，记事范围扩大，大量出现把分布于各地的同族各宗支流贯于一体的统宗世谱。

此外，从《高氏宗谱》的信息中发现，韩山的得名源于高氏。西汉王莽篡权，有高姓人氏名世宝者，不仅助刘秀共诛王莽，而且协助岑彭伐蜀有功，死后被封为韩王，并赐葬在鄱阳城北60里外的雨淋山，即现在的韩山。久而久之，人们只记得此山葬有韩王，从此便称它韩山，雨淋山的名字反而从人们的记忆中消失。故事到这里似要结束，其实没有。到隋末，有个叫高纶的，对瓦解鄱阳籍皇帝林士弘有功，被唐朝封为王并镇守洪州。这还不算，又将林士弘各处产业，分立二十九庄，赐予高氏。其中，包括现高家坊后面胜峰顶周边的滨田、屯田等地。所以在高氏家谱中，居然出现了现属于游城、高家岭范围的十景——胜峰晓日、龙岭晴云、中源活水、谷山丘隅、花园遗址、大桥长虹、范塘渔唱、石碧樵歌、蒲汀锦帐、荆山玉泉，并有"十景"诗曰"胜峰晓日昆扶桑，风暖中源物色芳。龙岭晴云朝挂彩，大桥明月夜扬光。紫荆山寺玉泉出，青草蒲汀锦帐飏。日暮樵歌仙石壁，阴云渔唱范家塘。谷山钟秀丘隅盛，遗址花园景异常"，可见其鼎盛时的状况。

根据现有家谱资料综合分析比较，高氏宗族是本县现存诸多姓氏中居县城最早，并有据可稽的原居民。高门之名由此而得。但有一点，高门与月波门不是同一城门。但鄱阳县城唯一的祠堂——高宗祠堂，地处高门老街的北端，坐西朝东，是芝城独一无二的宗庙建筑，占地大，气势恢宏，为一楹高于一楹的前后三楹的深宅。高家祠堂不知哪年建造，虽是旧时痕迹，印象中倒没有古朴的感觉，那时已改作鄱阳中学的教职员工宿舍。当年，鄱中有位教外语的老师，姓何名济蕃，南昌人。他是个多才多艺的人，在《白毛女》中扮过黄世仁，他第三个儿子和我同班同学，因此我才经常去高家祠堂。那时，我并不知道祠堂是干什么的。1957年我小学毕业，我同学的父亲因历史问题入狱，从此便再也没去过那幢建筑里面。

高门除祠堂属"大型建筑"之外，还有一座庞大的建筑——积谷仓，即后来被称为"高门仓库"的大粮库（现已开发为商品房）。这座仓库很有来历，它是随淮靖王朱瞻墺落户鄱阳的。朱瞻墺从广东韶州徙封来鄱后，朝廷给他下了一

道圣旨:管理饶州府七县即鄱阳、余干、乐平、万年、浮梁、德兴、安仁(余江)的公粮。这些粮食必须集中到高门仓库囤积,以便朝廷随时调用。而中山台也就是原一广场(现县总工会)灯光球场的仓库为义仓,属地方支配,规模及各方面都无法与高门仓库比。

说到高门仓库,不得不说说它与鄱阳特色灯彩珍珠龙的关系。

朱瞻堧从韶州来鄱阳时,带来一位姓周的护卫将军。周将军考虑到仓库的安全,特地挑选了36个身强力壮的汉子,专门从事国库粮食的搬运工作,这就是传说中的“三十六条红扁担”。有一年元宵,这36位搬运工一时兴起,用稻草扎了一条13节的龙灯,并兴高采烈地满芝城舞了一趟。不想这趟欢庆之举反受到奚落,被人戏谑为“高门穷又穷,只舞禾秆龙”,结果把这些人搞得灰头土脸,抬不起头。没想到坏事居然有了好的结果。高门仓库既然是朝廷国库,运粮的船只就不局限一地,有时会有湖南、湖北或下江的船家运粮。该当36条红扁担露脸,有位湖南的船工听说此事后,便出了个主意,让禾秆将龙扎结实些,然后插上敬神用的线香,出灯时点燃线香,那龙顿时非同凡响。经过反复琢磨,这种美名为珍珠龙的禾秆龙灯,从此便在鄱阳越舞越盛,不但名声远播,而且成为一种人无我有的特色的灯俗。

高门因为曾经是府治所在地,在木家山东南,曾经有条以庙名命的街巷,巷的尽头接现鄱阳中学的围墙处,有座庇佑全郡百姓的神庙——七圣庙,此庙因供奉马王、龙王、财神、火刘、土地、青苗、五道神七圣而得名。这庙不大,只有一进,小时候我们常在那个地方玩,当时在鄱阳中学围墙外。旧时凡元宵提灯会发灯,必须自七圣庙起灯。这个习俗一直延续了好多年,为什么?现在想来,原因恐怕有二,一是这里是郡庙所在,二则源自珍珠龙灯。

萧家有巷扬德化

“萧家巷口花如雾，红粉阑干酒旆斜。记得少年曾系马，如今无树可啼鸦。”这是明初鄱阳诗人刘炳写本县风情的一首诗。从诗中可以看到，此巷应是鄱阳较有名的巷弄之一，诗人因为对它印象较深，观察自然较细，甚至注意到时间带给它的变化。那么，萧家巷为什么如此有名？它在鄱阳县何处？

在鄱阳镇，以萧姓为地名的有两处，一是萧家架，在城外；二是萧家巷，属城里。前者在新桥往上数百米，现代人对它记忆犹新，2017 年下半年，因环东湖改造工程而消失。对于后者，知道的人恐怕就不多了。

萧家巷渐渐淡出记忆，恐怕与鄱阳著名典故“截发延宾”的延宾坊的消失有关。当年，鄱阳人因旌扬陶母美德，在陶侃做县吏时的居所——下士湖东岸往城墙方向的萧家巷口(今德化德桥北的东巷)，竖立了一座两柱冲天的单间石牌坊，牌坊不高也不气派，柱子出头，简洁古朴，它就是有名的“延宾坊”。

说起牌坊，这是中华文化的象征性标识之一，具有悠久的历史，源远流长，在我国传统文化中具有独特的地位。按我的认知判断，延宾坊应是大宋的作品，根据学者考证，牌坊的雏形在春秋，正式成型于宋，宋代是牌坊的成熟阶段。我国从春秋战国至唐代，城市都采用里坊制，特别是到隋唐时期，随着城市经济的高度繁荣，城市中里坊甚为盛行，城内被纵横交错的棋盘式道路划分成若干个方形居民区。这些居民区，在隋代称为“里”，唐代称为“坊”。北宋以前，一般是“坊”(居民区)、“市”(商业区)分区，交易只能在市里进行，而且只能在白天进行，入夜即止。自北宋起，打破了“坊”“市”和昼夜的界限，商店可以随处开设，并开始有了夜市和晓市。宋时，鄱阳那种城市的行政中心地位得到改变，商业较为发达，这一带已经是比较繁荣的商市。商业经济兴起，出现了一批独立经营的商户，他们以家庭手工业作坊的形式生产、出卖商品，如萧家巷上首、上下棚巷一带的铜镜制造，德化桥下首的陶瓷经营等。这种发展，促使了街道的连接，也推动了城中交通的改善。于是造桥成了重中之重，德化桥便应运而生。

宋代是中国古代桥梁发展的全盛时期。这一时期不仅桥梁长度空前,而且桥梁品种多样,造桥技术日臻完善。在宋代,由于经济发达,江河湖泊繁多,桥梁建筑技术呈现出高超的水平。就结构类型来看,有虹桥和拱桥两大类。就建造材料而言,有竹、木、石桥等。拱桥的形状有圆形拱、折边拱、敞肩拱等多种。此外,还有浮桥、索桥等少量特殊类型的桥。

据同治《饶州府志》载,德化桥造于北宋:"旧名朝宗桥。宋宣和(1119—1125)郡人周士全创,泄澹津水归鄱湖。有四角亭,今圮。"而旧《鄱阳县志》则说建于"宝和间"。很明显,宝和是错误的,两宋没有这个年号,即使误写也不可能,古人刻书不用简体,繁体的"寶"字不可能同"宝"。宣和呢?我认为也值得怀疑,若照宣和认定,德化桥的疑点更大,因为德化桥不但建在德新桥(即新桥)之前,而且至少要早一个甲子。关于德新桥,旧志是这样记载的:"德新桥,永平关泄东湖之水,宋嘉祐三年(1058)创,覆以亭。亭后有观音堂。万历间毁,甲辰重建。"嘉祐是仁宗的最后一个年号,宣和是徽宗的最后一个年号,他们相隔了三位皇帝。

把这些联系起来看,大致思路便清晰了。陶侃任职县吏时住萧家巷,延宾坊建在其当年居住处。此处为澹津湖即士湖入饶河的出口水道。而从桥的起名更可看出端倪,"德化"者,谓以德行感化也,《韩非子》中说"舜其信仁乎,乃躬耕处苦而民从之,故曰:圣人之德化乎"。陶母为古代楷模,当以其德化乎,所以立坊,而郡人周士全造桥(注意:这里用的郡人而不是邑或县人,我的理解是这人是本郡的能工巧匠,而不是本县人),不正是"使行风俗,宣明德化",以陶母湛氏为榜样,造福百姓。所以,非此坊下而不得拥此桥名,这是鄱阳独自拥有的精神财富。那么德新呢?其意思就是提升道德水准,以谁为标准?陶母湛氏和她的儿子陶侃已经为人们做出了表率,由此可以推算,先当德化方能德新。这两座桥孰前孰后,无须赘言。可以推定,德化桥当建造在宋仁宗至和年间(1054—1056),县志中简写的"宝"字应是"至"字笔误,唯这个字与"宝"字相近,这才造成修纂者将"宝和"这个不存在的年号当作宣和而以讹传讹。此外,也是最重要的一点,那就是时代背景,之所以推断为仁宗至和,是因为仁宗朝施德政。

在中国历史上,宋朝是中国古代经济与文化教育最繁荣的时代。著名史学

家陈寅恪说:“华夏民族之文化,历数千年之演进,造极于赵宋之世。”陈寅恪所说的“造极”“赵宋之世”,主要是指宋仁宗统治时期。宋仁宗是历代帝王中屈指可数的明君圣主,他是北宋第四个皇帝,也是大宋在位时间最长的皇帝——前后42年。中国古文唐宋八大家之中,光是北宋就占了六家。这六家(三苏、欧阳修、曾巩、王安石)又都活跃在仁宗时代。中国的四大发明中有三大发明——活字印刷术、火药、指南针,出现或成熟于仁宗时代。回到鄱阳,仁宗德政在芝城有了明显体现,不说其他,仅公共设施、德化教育及城市开发,芝城在这个时期动作都较大,无论从桥梁建设及市政布局看,都有很大变化。尤其值得一提的是范仲淹,他不但是仁宗朝的人,而且在仁宗朝的景祐年间贬来守饶。有人说坊与桥都与范仲淹有关,包括“光裕坊”。比方说范希文为治安计,带领官民疏通了东湖西岸的一至九条巷,这些巷又冠以崇儒、望湖、通德、近晖、大通、全节、银台、承流、民止等巷名,能说这是偶然事件?此外,巷名如此儒雅,不正是地方官员借以推行德化之举吗?至于徽宗朝,它已处在北宋国力明显由盛至衰的退化期,朝廷的不作为肯定会影响全国,其间尚能有多少振聩之为?事实上,不久他和儿子便都成了金辽的俘虏。在如此朝纲下,国家是不可能有此作为的。

文正九箭射东湖

大宋景祐三年(1036),在中国历史上是个极其平常的一年。这一年最大的历史事件只有两个,都是与西夏国相关:西夏王李元昊制夏国文字12卷;西攻回鹘。然而,地处江南西道的鄱阳,却是熠熠生辉、添光增彩的一年。范仲淹落职,贬为饶州州牧,这对于江西最早拥有地名符号、在文化上尚有待发出璀璨光芒的县邦来说,无疑为后来的移风易俗,开创新风,翻开了崭新的一页。

范仲淹来鄱阳担任饶州知州这件事,史书上是这样记载的:仁宗景祐"三年(1036)五月,范仲淹以吕夷简执政,进用多出其门,上'百官图'指其次第曰:'如此为序迁,如此为不次,如此则公,如此则私,况进退近臣,凡超格者,不宜全委之宰相。'夷简不悦,他日论建都之事,仲淹进曰:'洛阳险固,而汴为四战之地。太平宜居汴,即有事必居洛阳。当渐广储蓄,缮宫室。'帝以问夷简,夷简对曰:'仲淹迂阔,务名无实。'仲淹闻之,乃为四论以献,一曰帝王好尚,二曰选贤任能,三曰近名,四曰推诿,大抵讥切时弊。且曰:'汉成帝信张禹,不疑舅家,故有新莽之祸。臣恐今日亦有张禹,坏陛下家法。'夷简诉仲淹越职言事,离间君臣,引用朋党,仲淹对益切,由是落职,知饶州"。

范仲淹来到鄱阳时,本地的淫盗之风比较严重。当时,县城沿东湖一带既没有城墙,居民建筑又比较杂乱,且治安秩序不好。每每盗匪从东湖入侵偷袭,待城防人员赶到时,总因道路不畅而让盗匪溜走。为此,范仲淹经过周密思考,决定扩街建弄,进行疏通,于横街之东疏出九条巷弄,一为治安构筑便利,二使城市有了规范,于是"九箭射东湖"的佳话在饶州传播。

传说,城北建于唐朝的妙果寺塔的塔顶,藏着一公一母两条蛇精。这两条蛇精,每到元宵佳节的深夜,便幻形而出,以舌化桥,从半空中搭接至地,双目变作两盏宫灯照在桥上,映得长桥艳丽如玉,以至人们误以为是仙界超度,引得一些沉迷于求仙拜佛之人顶礼膜拜,说是神仙搭桥,渡接有缘分的人上天为仙,于是争先恐后地向桥上涌去。瞬间,只见"天桥"渐渐提收,双灯立暗而没,上桥之人也就没有踪影。

这年正月，范仲淹履鄱任职，听人说过此事后，通过观察发现，就是这两条蛇精兴妖作怪祸害民间，便立即部署歼灭蛇妖之战。从芝山寺地藏王处请来震天弓、穿云箭，沿东湖之岸设箭台九座，掘开城墙九处为箭台军兵进退甬道，并亲率军兵驱蛇妖入湖。只见那蛇逶迤着进入湖中，范仲淹便命令弓手万箭齐发，弓矢如蝗。激战中，弓手擎震天弓，力发穿云箭，毙公蛇于湖中。母蛇身负重伤逃奔京城皇宫内，化形为皇太后，言病需七窍玲珑心为药引，而欲害范仲淹，结果被范仲淹借神貂逼其原形毕露而被歼灭。

这则构思奇异的民间传说，不仅使范仲淹的形象更加高大，也使得这几条巷弄具有了神秘色彩。其实宋代是我国城市建筑史上发生最大变革的时期，城市的格局由封闭转向开放，发生了重大的变化。宋太祖建隆三年(962)下令：拆除坊墙面，允许沿街开设店铺。这样便实现了“坊市”的分离，城市政区不再限制商业区和居住区，市民纷纷面街而居，开设店铺经营商业活动，由此形成了坊市混一的开放式城市新面貌。

街市敞开以后，极大地带动了宋代城市经济的发展。政府取消居民区的坊墙，允许百姓向大街开门经商。街道空旷处，江湖艺人可以聚众献艺，处处兴建起供市民娱乐的勾栏瓦舍，城市展现出一派繁华的景象。城市生活的富庶美好，吸引了许多乡村富户迁往市区繁华地带居住。城市工商业的发展，提供大量的就业机会，使得大量的乡村人口涌入城市。由于城市经济的活跃，往返不同城市之间以及城乡之间的商旅与流动人口大量增加，城市规模不断扩大，人口增长，城市人口的密度不断加大。到南宋末年，部分城市又演变为“隅巷(坊)制”，坊不再是封闭式的居民区，只是沿用旧的名称——商业与居住混杂在一起的街区。

在这种背景下，范仲淹在城镇建设格局上，一改前人之陋习，而采取较先进的布局。鄱阳县城除北通芝山外，均为江湖所绕，尤其在雨水集中的季节，城内水无泄处，顿成内涝大患。此外，东湖沿岸农民入城收集粪肥，也因进城少路而阻，甚是不易。范文正体察民情，掘城设巷道，既泄“淫水”排内涝，又便于居民到湖中汲水和洗涤，更利于沿湖四岸村民停靠运肥楫舟。亲民之政，数利皆得，鄱阳人为敬范公之举，则借神话来彰显巷弄之设，于是有了这动人的《九箭射东湖》的故事。

范仲淹将县城九条巷弄开辟后，初以数序为名，使直达东湖的九条巷弄为一条、二条……至九条为止。后来人们将每条巷弄都冠以极富文化内涵的名称，如一条巷名崇儒巷；二条巷名望湖巷，巷内有三贤祠及清乾隆年间（1736—1795）所设的澹湖书院；三条巷名通德巷（又名会通巷）；四条巷名迎晖巷，明嘉靖二年（1523）所建的8所社学，其中一所就在此巷中；五条巷名大通巷，另名通仁巷；六条巷名全节巷，康熙三十一年（1692），江古心祠改建于此，祠额曰济忠，每年6月13日，府官率属吏至此祀宋丞相江万里；七条巷名银台巷；八条巷名承流巷；九条巷名艮止巷，艮止在五经之首《易经》中为艮卦（“艮”代表山），“艮下艮上”双山重叠，意为山立峙无变化，故止。九条巷为东北最后一巷，路高渐止，故又谓“上九、厚终”，所以艮止为吉。《易经》是我国最早的哲理书，除去迷信杂芜，其学说对哲学、科学、政治、伦理、文学、军事等学科都有助益。

总之，从九条巷弄名的用字“望德崇节，承晖通大”可知教化寓于地名中，使人感受到，鄱阳在宋时浓厚的儒家传统文化氛围。

庆朔堂隐仲淹私

景祐三年(1036)五月,范仲淹因政见与宰相吕夷简发生激烈冲突,由开封府贬为饶州知州。范仲淹在饶州任上的时间并不长,仅十八个月,景祐五年(1038),改知润州(今江苏镇江)。不久,他写下一首题为《怀庆朔堂》的绝句:“庆朔堂前花自栽,便移官去未曾开。年年忆著成离恨,只托清风管勾来。”就是这短短的四句二十八个字,让范仲淹成为艳闻的当事者,宋人笔记、类书中津津乐道的韵事主人说:范仲淹守饶时,有一歌女名小鬟,当时年仅14岁,虽然长得漂亮,但尚未发育成熟,并没有女性特有的吸引人的魅力,所以一般客人都不喜欢她,在妓院算比较受冷落的人。而范仲淹初见她尚未成熟,顿生怜悯之心,与小鬟聊起天来。她伶牙俐齿,聪明无比,声音清脆悦耳,具有温柔之气,颇受范仲淹喜欢。小鬟虽小,却能填词作诗,更让人意想不到的是,她还会筷书和用手指作画,现场作品让范仲淹拍案叫绝。后来他们就经常一起喝酒聊天,谈诗论艺。幕僚见范仲淹喜欢她,就在后院建了一个厅子,取名“庆朔堂”,让她进府内陪伴范仲淹吟诗作画,久而久之,范仲淹爱上小鬟。于是明人朱有炖,据此改编为杂剧《甄月娥春风庆朔堂》。

最早登载这事的是南宋抚州崇仁人吴曾。

吴曾,字虑臣,南宋笔记文作家。15岁时肄业于太学,禀性聪慧,有抱负。宋高宗时应试不第,于绍兴十一年(1141)献所著《左氏发挥》等书给秦桧,以布衣特补右迪功郎。绍兴三十二年(1162),孝宗继位,认为吴曾博通天人,可放外任,但受到种种阻挠。吴曾后来出任靖州知州,有志于罢免贪吏以安边民,又与监司意见不合;不久改任全州知州,刚到任又改调严州(今浙江建德)。由于居官严正,吴曾遭地方官吏多方排挤中伤,于是辞官归家。吴曾平生博学,能文能诗,多有著述。绍兴三十二年(1162)其所编笔记文集《能改斋漫录》,记载史事异闻,辩证诗文典故,解析名物制度,引述重要作家的逸诗、逸文,保存了若干有关唐宋两代文学史的资料,资料丰富,援引广博,对研究唐宋文史有重要参考价值,在南宋笔记著作中堪称佳本。吴曾在他绍兴三十二年(1162)所编笔记文集

《能改斋漫录》卷11“文正公属意小鬟妓”条说：“范文正公守番阳郡，创庆朔堂，而妓籍中有小鬟妓，尚幼，公颇属意。既去，而以诗寄魏介曰：‘庆朔堂前花自栽，便移官去未曾开。年年长有别离恨，只托春风管勾来。’介因鬻以惠公。今州治有石刻。”宋人祝穆编、元人富大用新编的类书《古今事文类聚后集》卷17收录此条，明人彭大翼也于《山堂肆考》卷111以《文正属意》为题转录《能改斋漫录》的此条记载。

此后，同时代人姚宽在他的《西溪丛语》卷下说：“范文正守鄱阳，喜乐籍。未几召还，作诗寄后政云：‘庆朔堂前花自栽，为移官去未曾开。年年忆著成离恨，只托春风管领来。’到京，以绵胭脂寄其人，题诗云：‘江南有美人，别后长相忆。何以慰相思，赠汝好颜色。’至今，墨迹在鄱阳士大夫家。”《西溪丛语》较《能改斋漫录》的记载，不仅事实有所增益，还披露了一首范仲淹直接寄给那个歌伎的五言诗，并强调“至今，墨迹在鄱阳士大夫家”。然而，所云“未几召还”与“到京”，都与事实有违。

到南宋理宗朝的俞文豹《吹剑录外集》中则变成：“范文正公守饶，喜妓籍一小鬟。既去，以诗寄魏介曰：‘庆朔堂前花自栽，便移官去未曾开。年年长有别离恨，已托春风干当来。’”

吴曾、姚宽都生活在南宋初年，只有俞文豹生活的时代稍晚，已经是南宋中期以后的理宗时期。真实度如何，后人多有争议。然而通过时代演变，又演绎出诸多版本。明人朱有炖据此改编为杂剧《甄月娥春风庆朔堂》，剧情为：范仲淹“从天章阁待制落职，来守饶州，到任半年”。一日，乐户甄金莲隔壁洪妈妈的女儿洪二姐说，他的客人柳子安，唤他今日同月娥去新到任的太守宅中唱曲。甄月娥“年长二十二”，颇有姿色，因到太守宅唱歌，得到范仲淹的垂爱。后来范仲淹反悔，认为“他这等人家有几个肯守志的”，于是想将月娥转让给他的部下、饶州提点魏介之。当魏欲占有月娥时，遭到月娥的严词拒绝。月娥与范仲淹“作伴二年有余”后，仲淹调润州太守，以为“小生因是职官，不得带他赴任，慢慢来取他不迟”。范仲淹到任后，叫柳子安将银一百两送与魏介之，同时寄诗一首，即《怀庆朔堂》诗也。当月娥听柳子安说“品官不敢取娼女为妻妾，他不要你了”时，表示“只有个死便了”。但当她得到范诗后，知道“这诗中意是来取我哩”，遂转悲为喜。月娥的表现最终得到朝廷的认可，以为“出在娼门，能守节

操，立志清白”，于是以她为范仲淹侧室，并封为贞顺宜人；范仲淹也以文武之才，升龙图阁学士，出任陕西转运使，从而完成了一个大团圆的结局。

此外，还有一说：范仲淹贬知饶州，当时鄱阳水运发达，商贾云集，妓院娼寮应运而生。一家妓院里，有一名叫甄金莲的妓女，当时年仅14岁，虽然长得漂亮，但尚未发育成熟，所以缺乏女性特有的吸引人的魅力。虽然她会吟诗品赋，却不被那些粗俗的商人所关注。范仲淹一日无事，心生勾栏之心，于是穿上便衣来到妓院。妓院老鸨见范仲淹是一介书生，有些看不起。与范仲淹交谈之中，她得知范仲淹只是找女子聊天，见范仲淹书生气十足，却也不乏英气，就召来甄金莲侍奉范仲淹。范仲淹见甄金莲尚未成熟，顿生怜悯之心，于是让她也坐下，聊起天来。就见甄金莲伶牙俐齿，聪明无比，渐渐又知道，此女子年纪虽小，却能填词作诗，更令人叫绝的是会筷书和手指作画。范仲淹深感甄金莲是一位才女，实在是难得。范仲淹回到衙门里，心想鄱阳是富庶之地，怎么会有人把甄金莲卖到妓院呢？于是决定差人叫甄金莲来府衙问个究竟。但是自己是鄱阳太守，多有不便，在妓院问似乎又有不妥。于是，范仲淹想出一个好方法。范仲淹邀请来几个文友来到鄱阳湖上，命人去妓院请甄金莲。甄金莲知道了范仲淹的身份，谈开了自己的身世。她十岁丧母，父亲也做过两任小官，年迈种地，因为赋税不足被人打死，于是就被叔叔卖进妓院里。当范仲淹知道甄金莲的父亲，是因为接新银而死时气愤不已。他自己并未索要过接新银，实则是下边小官巧立名目，搜刮民财。范仲淹鼓动甄金莲告状，并立刻给皇上写信，诏谕全国，不得巧立名目，残害百姓。

时间一晃一年过去了，甄金莲的画技也增了不少，人也成熟了，楚楚动人，来求字画的人络绎不绝，名声远播在外。范仲淹听说后，召见甄金莲，见她已经出落成一个美女，心中十分喜欢。在一次招待宴席上，客人观赏她作画，无不称奇。幕僚见范仲淹喜欢她，就在后院建了一个厅子，取名“庆朔堂”，让她进府内陪伴范仲淹吟诗作画，久而久之，范仲淹爱上了甄金莲。

范仲淹眼看任期到了，去了润州，因思念甄金莲，不时写诗和送胭脂给她。此时诸多官宦和商人，想以巨资买她为妻妾。新任鄱阳太守魏介之也是风流人物，且家资丰厚，亦想给甄金莲赎身。甄金莲拒绝，始终保持着贞洁。魏介之敬重范仲淹，于是花千金为甄金莲赎身，送甄金莲去找范仲淹。洞房之时，范仲淹发现甄金莲仍是处女之身，十分奇怪。甄金莲便告诉范仲淹，自己虽然每日接客不断，坚持为他守身如玉，范仲淹感激不尽。因为范仲淹曾有妻室，问甄金莲如何称呼为好，她爽然一笑，自己取名“如夫人”。如夫人的名字便传播开来，直到今天，大家都称她“如夫人”，很少有人知道范仲淹的第二房妻子叫甄金莲。

古人诗文往往被附会一些逸闻韵事，而这些逸闻韵事又往往成为后代小说、戏曲的“本事”，真伪混杂。但古代有成就的男人大多与妓女有染，甚至帝王将相、名臣大将都与妓女有千丝万缕的联系，这是史实。因为过去的妓女很多都是才艺俱佳的美女，不仅精通六艺，甚至精于军事和谋略，最低级的妓女也因阅历和经历的不同，对人生也是颇有见解的，更是熟谙男女之道。读书出身的官员、文人墨客与这样的才艺美貌兼有的妓女诗酒相伴，琴瑟和鸣，酣畅淋漓，也属快意人生。孔子说：“大德不逾闲，小德出入可也。”所以，一位清廉的官员与妓女有染，这并不影响其美德和功绩，何况文人范仲淹，可见这种流传也就不值得大惊小怪。

行政中心木家山

据历代县志记载,鄱阳郡署即后来的饶州府衙,旧时在城南的木家山。木家山在何处,随着斗转星移,不仅府署踪迹全无,就连它在哪里也鲜为人知。其实,木家山虽然早已没有了昔日的显贵,却在后来承载着比以往更重大的使命——成为教书育人的所在。有着 100 多年历史的鄱阳中学,便坐落在这处曾为饶州七县政治中心的地方。

据明朝本县人杨昇在其《府治记》中说,木家山当为鄱阳一处风水宝地:“吴置郡时,仍沿番君故城,府治在城西南木家山,世传晋郭景纯所迁。”郭景纯就是郭璞,古代的风水大师。“范仲淹知饶,益扩大之”“元至正兵乱,吴宏据为行省”,其后性质改变。明初,府署另选。由此可见,元朝至正以前,饶州府署一直在木家山。不过这个木家山在较长一段时间里,又被称作窑山或高门坡子。如果计算历史,它自两晋始至元末吴宏与红巾军争夺土地据为行省时止,历经两晋、南北朝的宋齐梁陈及隋、唐、五代十国的杨吴与南唐,以及宋、元,前后共 14 个朝代 1000 多年,一直都是地级行政机关的基址。陆襄、柳恽、梁文谦、颜真卿、第五琦、李吉甫、张濛、马植、范仲淹、王十朋等,都曾在这块地方主政。然而,在北宋之前,木家山的信息留下的却少得可怜,除柳公楼之外,查不出有什么痕迹。直到历史将范仲淹安排到鄱阳,被遮隐的木家山有了光环,才留下了一些印记。

北宋的繁荣不仅体现在鄱阳街市变化和桥梁建造上,也体现在府署的规模扩大与园林的兴造中。范仲淹任职饶州后曾在木家山大兴土木,州署建有瞻仪堂、庆朔堂、春香亭、虚静亭、蜀锦亭、四望亭等。此外,范仲淹又栽植范公松,并开凿流杯池。其他如通判陈贻范建的九贤堂及四贤堂、承承堂、三贤堂等,也都为木家山增添了不少光彩。

倘若从留下的痕迹看,木家山最出名的是庆朔堂及其相关建筑。继范文正之后,曾在鄱阳任职过的浙江临海人陈贻范,在他的《范文正公遗事录》里是这样描述的:“庆朔堂,公之所创也。在州圃之北偏,左瞰‘蜀锦’,右连‘流环’,前占‘春香’‘静虚’,旁对‘湖光四望’,仪乎诸侯藏朔马,所以亲题庆朔。亲植花卉,拦为二坛。公既移润,曾作诗诵咏。提点、铸钱、魏兼等次韵和之。”可见庆朔堂是范仲淹治饶时兴建的一处园林式建筑。从陈贻范所描述的范围看,当年的府衙占地面积已经超过现在的鄱阳中学。至于其中的那些亭榭,在当时也很出名。如“湖光四望”的“四望亭”,与范仲淹交情很深的同僚韩琦就写过咏诗:“西北云高拂女墙,危亭虚豁望中长。田间堤陌成新险,天外江川是旧疆。古道入秋漫黍稷,远坡乘晚下牛羊。凭栏多少无言恨,不在归鸿送夕阳。”南宋乾道间曾任过参知政事的王炎有《登四望亭》诗说:“春老飞花尽,园林遍绿阴。凭高聊寓目,念远更伤心。剧郡才难称,衰年病易侵。不如休歇去,吾意决投簪。”而本州才子、德兴人汪藻的《题四望亭》,则是另一番风景:“纵横尽得江山胜,俯仰方知宇宙宽。千里风烟环广坐,四时星斗转危栏。”可见其亭的气势、气魄都非同小可。在另一位州牧王十朋看来,四望亭的内涵远远超过了前人的想象:“有泽宜观水,无檐不碍山。鄱君千里国,俯仰一亭间。”

蜀锦亭在庆朔堂右,范仲淹植海棠二株,后守邹柯倾慕,为它立亭,题曰“蜀锦”。王十朋有诗:“亭废名犹在,春来花自芳。犹余蜀中锦,爱惜比甘棠。”另有东乡人吴嵩梁也有题诗:“大节高情两不妨,一亭花影几斜阳。相公忧乐关天下,却有余闲种海棠。”

到了南宋,州守王十朋添建了绮霞亭和思贤阁,王十朋有记说思贤阁:“平政堂之北有阁,北瞰郡圃,九贤堂、四贤堂在焉。登其阁,思其人,遂名之曰思贤。”另外,州署还有退思轩。王十朋有诗云:“防得名轩意,公余坐片时。退思何及矣,未退早须思。”

绮霞亭是王十朋所建。对于它,王十朋不但诗意盎然,也声情并茂,给鄱阳留下了不少名篇佳句:“孤鹜同飞处,澄江共赋时。晚来亭上看,真是谢公诗。”(《绮霞亭》)“郡亭临大泽,霞障截尘纷。有色只因日,无心原是云。沧浪随郭转,欸乃隔江闻。文正已仙去,佳名千载芬。”(《登绮霞亭用碧云轩韵》)

至于玉芝堂,它不但是木家山府署的重要建筑,还是一处壮烈的舞台。“不是因三秀,名堂意自深。要居森戟地,毋忘采芝心。”王十朋写这首《玉芝堂》诗的时候,他只是想到芝山和薛振,却万万没有想到110年之后,玉芝堂不仅完成了唐震的死节,而且与芝山止水池的壮烈,融为了一个高尚民族气节的篇章。

在玉芝堂,州守唐震“把笔投在地上,不肯屈服”,终于为破城而死,消息传到寓居在芝山的退休宰相江万里耳里后,江万里率家人投止水池殉国。

九贤祠祀周鲂、虞溥、王廙、陆襄、柳庄、梁文谦、张廷珪、颜真卿、李复,后又增祀李吉甫、马植。

从明人杨昇的《府治记》中可以看出,鄱阳城郭最早是依木家山往西北至姜家坝东折,直至现鄱阳三中壕沟南达东湖。其势则多借山傍水,依地利而行。后来周鲂、史定之或扩或修,都是在此基础上进行的。从家谱中关于高门的来历和高氏的记载看,吴芮故城应该是这周边的弹丸之地。在这片狭小的土地上,因为彭蠡湖的变迁,古人必然会择高处选作司署所在。如后来城隍庙、校场、府学等的选址,无不借这条山脉的延伸,作为建筑场地。而流水沟、德化桥乃至东门口,都应是周鲂扩城后逐步发展为坊或闹市的,所以临饶河都以青砖码砌。番君庙,即长沙王吴芮庙原在州署内,是范仲淹将它迁至州署西北的,几经周折后,于明朝迁回木家山,即现在通往鄱阳中学路上的长沙庙巷。

木家山的“没落”是在元末,吴宏为应付当时瞬息万变的局面,带领鄱旧人占据了自设郡以来一直作为郡、州、府治所的木家山府衙为军事行省。至明朝,知府胡乾祐,先是在世美坊的录事厅设临时府署,后来在桃源山大兴土木,将安国寺改建为府衙。从这个时候起,木家山的历史彻底被后人改写,它由治所变成了防守御敌的指挥部、兵营、军兵库。公元 1911 年,安徽祁门人康达将这块满目疮痍的旧府衙遗址买下,创办了中国第一所陶瓷学校——中国陶业学堂,木家山的风水于是有了彻底转变。只是,陶瓷是火与土的艺术,或许是火克木的缘故,陶校每次烧窑,周边就会发生一次火灾。14 年后,陶校终因种种原因,迁往九江。虽然陶校走了,木家山却被窑山的名称取代。好在饶州府中学堂搬来了,从此鄱阳中学便在这里落地生根。

慧眼识才王安石

宋仁宗嘉祐三年(1058),开凿运河没有把握好时机的王安石,因为工程未能如愿完成,在常州任知州不到一年便移任提点江东刑狱。提点刑狱是提点刑狱司的长官,简称提刑官,为中国宋代特有的一种官职名称,相当于现在的法官兼检察官,由朝廷选派,三年一换。提刑司是"路"级的司法机构,主要掌管刑狱之事,并总管所辖州、府、军的刑狱公事、核准死刑等,也有权对本路的其他官员和下属的州、县官员实施监察。

王安石是在这个职务上来到鄱阳的。一天,王安石来到饶州酒务司检查工作。宋时官府垄断酒业,个体酒户只能从官办的酒厂批发酒来零售,刘季孙当时就是管这事。王安石巡视酒署后非常不满,本来想治他的罪,结果在屏风上看到了一首"呢喃燕子语梁间,底事来惊梦里闲。说与旁人应不解,杖藜携酒看芝山"的《题屏》诗,心里不禁怦然一动。燕子呢喃本来是轻细悦耳的,一个心里没事的人不会被打扰。而诗的意思翻译成现在的话,想要听懂燕子的话而不被理解,倘若现在去和别人讨论燕子说的话,那别人也会觉得奇怪。因为找不到知心的朋友,不被人理解,不如我一个人携酒游芝山消遣去算了。这里最打动王安石的,恐怕还是最后一句,不用前呼后拥,三五成群,而是一个人拄着拐杖,仅带着美酒就去了。诗人在诗中表现的脾气和性格,或者说他的品格和道德观,让王安石产生了好感,或许这就叫惺惺相惜吧。王提刑官看过后大加赞赏,嘉叹良久后乘车而去,不复问酒务的事。刘季孙因此躲过一劫,未受责难,反倒得到了提拔。据南宋叶梦得所著的《石林诗话》说:王安石为江东提举刑狱时,巡查到此处,将要评估刘季孙的工作成绩。王安石来到厅前,见屏风上题着这首诗。读罢大声称赞,一问左右,说是刘季孙所写,于是召他来谈诗论文,酒务方面的情况倒一句没提。等王安石回到旅驿,有不少鄱阳的学子聚在门前,请求派一个主管教育的官,王安石马上就让刘季孙来主持,一时传为佳话。《千家诗》的注解里特别有这样一段话:难怪当年王安石做江东提刑时,巡查酒务到饶州,看到刘季孙厅屏上的这首诗后,就不再问酒务一事了。

刘季孙(1033—1092),字景文,祥符(今河南开封)人,北宋大将刘平的儿子,诗人。北宋嘉祐(1056—1063)间,以左班殿直监饶州酒务。哲宗元祐五年(1090),以左藏库副使为两浙兵马都监。因苏轼荐知隰州(今山西隰川县),仕至文思副使。刘季孙博通史传,好异书、古文、石刻,交游广阔,与王安石、苏轼、米芾、张耒等文人雅士相知。他尤其喜欢收藏,仕宦所得的禄赐都用来作为藏书的费用。

刘季孙从小喜欢读书,他父亲刘平,收藏有几千卷书,给刘季孙提供了很多的读书方便,所以刘季孙既懂诗又会写诗,尤其是善于联系实际。只是他在鄱阳的官职并不高,以左班殿直监饶州酒务,以至这首题壁诗写出后,别人并没有注意。王安石通过接触和观察,发现刘季孙是个人才,便推举他当上了饶州教授。为了引导刘季孙,王安石又特意写了首《答刘季孙》的诗,对他给予鼓励和指点:"偶著儒冠敢陋今,自怜多负少时心。轻轩已任人前后,揭厉安知世浅深。挟策有思悲慷慨,负薪无力病侵淫。愧君绿绮虚投赠,更觉贫家报乏金。"王安石既对刘季孙打肿脸充胖子的送礼给予了同情,也对他的书生意气给予了必要的提醒,应该说这是爱护人才的善意之举。但是后来,刘季孙与王安石政治观点不一,最后还是没有走到一起。

王安石(1021—1086),字介甫,号半山,临川(今江西抚州临川区)人,北宋著名思想家、政治家、文学家、改革家。

庆历二年(1042),王安石进士及第,历任扬州签判、鄞县知县、舒州通判等职,政绩显著。熙宁二年(1069),任参知政事,次年拜相,主持变法。因守旧派反对,熙宁七年(1074)罢相。一年后宋神宗再次起用,随后又罢相,退居江宁(今南京)。元祐元年(1086),保守派得势,新法皆废,王安石郁然病逝于钟山,追赠太傅。绍圣元年(1094),获谥"文",故世称王文公。

王安石潜心研究经学,著书立说,被誉为"通儒"。他创"荆公新学",促进了宋代疑经变古学风的形成。在哲学上,他用"五行说"阐述宇宙生成,丰富和发展了中国古代朴素唯物主义思想。其哲学命题"新故相除",把中国古代辩证法推到一个新的高度。

在文学上,王安石具有突出成就。他的散文简洁峻切,短小精悍,论点鲜明,逻辑严密,有很强的说服力,充分发挥了古文的实际功用,名列"唐宋八大

家”。他的诗“学杜得其瘦硬”,擅长说理与修辞,晚年诗风含蓄深沉,以丰神远韵的风格在北宋诗坛自成一家,世称“王荆公体”。他的词写物咏怀吊古,意境空阔苍茫,形象淡远纯朴,营造出一个士大夫文人特有的情致世界。有《临川集》《临川集拾遗》等存世。

王安石在鄱阳的时间不长,前后只几个月,对鄱阳的人和事,却给予了深切的怀念和寄托。北宋时期鄱阳的知名乡人熊本和彭汝砺,都受到过王安石的赏识。彭汝砺入仕后,王安石很欣赏,启用为国子直讲、大理寺丞升太子中允,并写诗盛赞说:“鄱水滔天竟东注,气泽所钟贤可慕。文章浩渺足波澜,行义迢迢有归处。中江秋浸两崖间,溯洄与我相往返。我挹其清久未竭,复得纵观于波澜。放言深入妙云海,示我仙圣本所寰。楞伽我亦见仿佛,岁晚所悲行路难。”(《赠彭器资》)

与熊本的交谊,用现在的话说,是“同志加兄弟”了。“岁暮欣逢盖共倾,川涂南北岂忘情。事经官路心应折,地入家山眼更明。江上月华空自照,梅边春意恰相迎。关河不锁真消息,野客犹能听治声。”(《送熊伯通》)后来,王安石和熊本之间的感情一直很深。

永平监在郭西庙

翻开民国以前的《鄱阳县志》"古迹"条，可以看到这样的记载："问铸堂：在永平监内，唐铸钱处。"《江西通志》也说："永平监，《元和郡县志》置在郭下，每岁铸钱七千贯，名胜志有问铸堂。"并引宋鄱阳人洪皓诗："泽国春寒未见花，一江流水夕阳斜。我来试上津头望，问铸堂前有几家。"那么，永平监又在哪里？

最早记载永平监的书是《新唐书》："饶州有永平监钱官，有铜坑三。"这里只是点明鄱阳设立了永平监，它的监址却没有记载。到了清朝，《大清一统志》中有这样的叙述："永平监在鄱阳县东，《元和志》（即《元和郡县志》）饶州永平监置在郭下，每岁铸钱七千贯；《九域志》在州东四里，县志今为永平关在县东门外，南鄱江北东湖居民繁盛。"而同治十年（1871）的《鄱阳县志》卷之一"隅都市镇附"记载："永平关，八图，在城东门外，南有鄱江，北有东湖相连，水落则为芦洲。隋大业间，郡守梁文谦、巡官刘宗宏相与培土成市，贸易至今。"卷之三"公署"篇记载："永平监，在郡城（注：饶州城，也是鄱城县城。历史上的州治与县治同处一城）东关外，唐元和置。《唐书·地理志》云：'豫章鄱阳有铜坑，故有永平监钱官。'《通考》云：'宋时天下铸铜钱，凡有四监，饶州曰永平监。'"

康熙二十二年（1683）《饶州府志》卷之十二"秩祀篇"记载："郭西庙，在永平关古监前，祀梁昭明太子。宋，池州庙祀之，能弭火灾，邑人往池州迎神奉祀。"从这条记载中，永平监监址才浮出了水面，原来在现郭西庙庙址的周边一带。遗憾的是，永平监建于唐朝的哪个年代，查遍各志，都没有记载。好在历史总会在不经意中露出一些蛛丝马迹，从史料中发现，永平监最早建于唐肃宗李亨朝，或之前的玄宗朝后期，其依据：《新唐书·地理志》"乾元元年（758），置有铜穴十二，扬州有丹阳监、广陵监钱官；宣州南陵有梅根、宛陵二监钱官；鄂州有凤山监钱官；饶州有永平监钱官，有铜坑三；信州有玉山监钱官，有铜坑一、鈆坑一；绛州有铜源、翔皋、钱坊二；梓州铜山县，贞观二十三年（649）置铸钱官，调露元年（679）罢。"南宋熊克著《中兴小纪》："初，诸州铸钱监，惟饶之永平最古，盖自唐乾元初已创，本朝于至道中，增池之永丰、咸平。中增江之广宁，而虔之铸

钱院大观末始建。”由此可以推断，永平设为钱监，最早在唐肃宗乾元初或更早。

从《宋史》“转运使张齐贤访求得南唐承旨丁钊，能知饶、信等州山谷产铜、铅、锡，乃便宜调民采取；且询旧铸法，惟永平用唐开元钱料最善”看，永平监在唐朝时曾经中断过一段时期的铸钱活动。宋初，在张齐贤提议下重新恢复铸钱。张齐贤，字师亮，曹州（今山东菏泽）人，太平兴国六年（981），为江南西路转运副使寻加正使。他指出永平监的制作技术，沿用了唐玄宗开元时代最先进的铸钱法。

那么，为什么在鄱阳设置铸钱监呢？

唐玄宗开元年间(713—741)，“凡天下诸州出铜铁之所，听人私采，官收其税，若白镴，则官为市之”。即官府只对私采铜矿征收实物税，对税后铜并不要求卖给官府，而是允许自由买卖，这就使得铜大部分掌握在私人手里，由此导致了私铸猖獗，恶钱泛滥，屡禁不止。造成这种原因，与当时的主政者有关。史书记载，开元五年(717)，宋璟知政事，奏请切断恶钱。开元六年正月，又切断天下恶钱。所谓恶钱，是指原料低劣的铜币，并销破复铸。当时，江淮一带的钱尤其滥恶，有官炉、偏炉、棱钱、时钱等多种。宋璟便派监察御史萧隐之担任江淮使。由于萧隐之措施严格，以至使得市井不通，物价腾起，传闻流入京师，朝廷将萧隐之贬官，宋璟罢相，以至开元二十二年（734）张九龄主政时无奈提出“不禁铸钱”。那时，官府铸钱多在北方，南方非常滞后，直到开元二十六年（736），宣（今安徽宣城）、润（今江苏镇江）等州初置钱监，两京用钱稍稍得到改善，使得米粟价降了下来，流通的问题得到缓解。但过了一些时间，恶钱又渐渐抬头。迫于这种形势，朝廷“诏出铜所在置监”，铸“开元通宝”钱，于是京师库藏皆满。饶州出铜银，完全具备铸钱的条件，铸钱就在这个时期应运而生。于是《新唐书》“食货志”出现了这样的记载：“凡银、铜、铁、锡之冶一百六十八。陕、宣、润、饶、衢、信五州，银冶五十八，铜冶九十六，铁山五，锡山二，铜山四。汾州矾山七。麟德二年(665)，废陕州铜冶四十八。”饶指饶州，紧在宣、润之后。后来，朝廷为了防止地方官与私铸勾结，特设铸钱监，其官员组成：“诸铸钱监，监各一人，副监各二人，丞各一人。以所在都督、刺史判焉；副监，上佐；丞，以判司；监事以参军及县尉为之。”

永平监铸钱，虽然起步稍晚，但后来居上，质量优，技术上乘，并为后来的朝代提供了沿袭。到了宋代，江西已经占据了全国货币制造中心的地位，《宋史》

记载,宋真宗时全国铸铜钱的主要是四监:饶州(今江西鄱阳)永平监、江州(今江西九江)广宁监、池州(今安徽池州)永丰监、建州(今福建建瓯)丰国监。其中永平监更是一度成为全国铜钱铸造中心,风光一时无二。北宋初它是唯一的铜钱铸造基地,太平兴国以后铸钱四十万贯。到了宋神宗时期,王安石主持变法改革,鼓励开矿扩大铸钱,铸钱监和铸量都空前增多。根据记载,元丰年间(1078—1085)全国铜钱监十七处,达到宋朝铜钱铸造量的最高峰,成为南宋财政的支撑。

永平监铸钱中心地位的维持,得力于原料供应充足稳定。当时饶州境内的主要矿场是德兴的兴利铜场,紧邻饶州的信州有铅山场。铅山场是宋代以胆水浸铁炼铜的主要生产基地,它在兴盛时期,经常募集十余万人,昼夜采集,一年采三十八万斤,全部运往饶州。另外,永平监之所以能成为全国中心,还在于铸钱技术。宋代铸钱的技术指标甚至是以永平监的指标为标杆的。到了南宋,不景气的财政形势直接导致官府所铸铜钱质量下降,民间私铸由此一发不可收拾,劣质钱泛滥于市。建炎、绍兴年间(1127—1162),金兵南侵,江州、饶州城乡一片荒乱,洪州、抚州、吉州等地也被骚扰,农业、手工业等各项生产难以正常进行。南宋中期先有完颜亮的南侵,后有开禧北伐的失败,再到端平元年(1234)蒙古灭金后,几十年不断受到蒙古军队的攻杀,局势日益危急。兵荒马乱,造成了交通上运输受阻,原料、燃料供应困难,原本鼎盛的铸钱业很快凋零,产量大幅下降。加上具体管理上的松懈混乱,官吏贪腐,导致南宋一代矿冶、铸钱业没能恢复到北宋的水平。永平监虽然在战乱年代,生产力仍然比较旺盛,但产量下滑是事实,连铸钱司的运料纲船也不能幸免。绍兴二年(1132),尚书省言:饶州铸钱司本有纲船 280 只,"累年以来,多是过军虏夺纲船前去",现只剩下 17 艘,进出运输的船都没有了,永平监等于瘫痪,原料进不来,铸钱量必然落下来。此外,矿藏枯竭,铜的来源减少,钱料供应不足,也是永平监衰败的一大原因。

绍兴中期,朝廷对铅山淋铜生产的衰退进行过专门的讨论调查。绍兴十二年(1142),敷文阁待制兼侍讲、兼同修国史的洪迈,对高宗时期的旺盛与当时的低落对比说:臣家居饶州,"冶铸所仰,莫如信州、铅山之铜,而比年以来常以乏少为患","相去几二百倍"。此时的永平监,走向了衰落。

至于问铸堂,那是永平监恢复后官员监制铸钱的办公场所。

年王庙里“神明”多

道教是中国土生土长的民族宗教,它对中国古代封建社会各个时期的政治、经济、学术思想、宗教信仰、文学艺术、民间风俗等诸多方面都有着重要的影响。诚如鲁迅先生所说,“中国的根柢全在道教……以此读史,有多种问题可迎刃而解”。宋代崇道,在真宗和徽宗时期迎来两个高潮。宋代道教盛世的奠基者,则是宋太祖和宋太宗两兄弟。年王庙则是宋代道教在鄱阳盛行的产物。

年王庙唯鄱阳才有,它坐落在鄱阳镇原流水沟东、小龙桥西的云津巷,历为州、县两级的祈年场所,北宋时便已建立。据传,范仲淹守饶时,恰逢大疫情,于是浚池创庙。此庙所祀为太岁神,之所以唯鄱阳独一无二,是庙的名称,别处叫太岁庙,我们称之为年王庙。

太岁神,又称为岁神、岁君、岁星、大将军等,是“本命太岁”和“流年太岁”的总称,是主宰一岁的神仙。所谓岁就是年的意思,所以太岁神就是主宰某一年的神仙,为道教神明的尊称,在道教经籍中,太岁神同三清四御、玉皇、太乙等神灵排列于上。它最早起源于中国古老的观星学,是一颗能观察到且会运动的星体(木星),后来被拟人化。被拟人化的“太岁神”,也称太岁星君,共有60位。每个甲子轮回的一年,皆由一位太岁主管,每年轮值的太岁称“值年太岁星君”(也称“年中天子”,掌管着当年的人间吉凶)。相传,商朝最后一位君主纣王,抛弃了身怀六甲的妃子姜氏,姜氏仍把孩子生下来。孩子长大之后,助周文王讨伐纣王有功,获姜太公封为“治德太岁”。之后,道家陆续将有德之士封为太岁,成了60太岁。在魏晋南北朝时,便有了当时的60位太岁,并且因此有了像管仲、杨信等的名号,也因此有了以地司太岁殷郊元帅为首的60甲子太岁一称。明朝是道教盛行时期,永乐皇帝朱棣主推道教,其间主要代表人物有朱权、张宇初、邵以正、孙玄清、陆西星、陶仲文、邵元节等等。到了清朝时,又重新编排另外的60位太岁,成为现时各庙宇的60位太岁,罗列如下:

甲子太岁金辨,原名杨任,商纣的大夫。进谏被挖去了眼睛,怨气冲动了道德真君的足下之云,道德真君把金丹置其眼中,眼中长手,手中长眼。

乙丑年太岁陈材，字俊卿，宋朝金华人，执红缨枪。曾于火场救出数十名科举考生，及捉拿金库窃贼。

丙寅年太岁耿章，又名耿章光，明朝鲁人，执如意。他父亲被陷害时，写血书为父申冤。

丁卯年太岁沈兴，明朝建宁（今福建）人，执枪。足智多谋，曾指挥建宁属下的武官，督建城墙，固守防盗，百姓得以安居乐业。

戊辰年太岁赵达，三国时河南人，双手攥龙。思维缜密，精占卜计算之数，效力于东吴孙权。

己巳年太岁郭灿，明朝安阳人，执棍。剿贼有功，施政宽严适当，处事以民为本。

庚午年太岁王济，宋朝深州饶阳人，手持卷轴。任洪州知府兼江南路安抚使时遇天旱，亲督官吏煮粥赈灾，并招灾民为兵。

辛未年太岁李素，字贞一，唐朝陇西人，手托钢鞭。元和年间（806—820）带兵力敌贼将，虽败而不屈，任少尹，缓减赋税，体察民生。

壬申年太岁刘旺将军，明朝三万卫人，手持书卷。为人刚强正直，抗鞑靼兵奋勇作战至死。

癸酉年太岁康志，唐朝灵州人，持令旗。擅骑射，先后讨伐张韶、李同捷，获敕封会稽郡公，一家俱为良臣。

甲戌年太岁施广，明朝桂平人，持玉笏。博学多才，精通经史典籍，自尊自严，孜孜不倦，出任训导，制订教规，训育学生。

乙亥年太岁任保，明朝建宁府人，持钢鞭。孝顺双亲，与下属同食共寝，对抗倭寇时身先士卒。

丙子年太岁郭嘉，元朝濮阳人，手托葫芦。任广宁路总管时捐家财护城，率义士抗贼，因寡不敌众而牺牲。

丁丑年太岁汪文，宋朝婺源人，执金瓜。足智多谋，讨伐盗贼，屡战屡胜，被称为“神策将军”。

戊寅年太岁鲁先，明朝西大通人，手拿桃枝。作战时勇敢机智，率先冲锋陷阵。

己卯年太岁龙仲，又名龙崇，宋朝永新人，持拂尘。与赵与权编修《中国致

要》《宋朝帝学增释》。

庚辰年太岁董德，字仲修，宋朝乐安人，端盅。行善助人，专研理学，学生多为名德之士。

辛巳年太岁郑但，宋朝歙人，双手持画轴。为官勤奋清廉。

壬午年太岁陆明，明朝铜陵人，持幡。为官正直无私，处事公平，施政以不扰民为本。

癸未年太岁魏仁，字子行，明朝华州人，赤脚，持如意。勤奋好学，尊师重道，冒死替师洗冤，感动皇帝而放其师。

甲申年太岁方杰，宋朝福建人，持器物。为政不媚上，亦不纵富，缓催赋税，昭雪冤案，兴修堤防，清算田亩。

乙酉年太岁蒋崇，元朝东阳人，持双钩。为人谦虚诚恳，忠厚老实，安分守己，乐于助人。

丙戌年太岁白敏，明朝闽人，持扇。廉洁守礼，生活简朴，兴办学校，关心民生疾苦。

丁亥年太岁封济，明朝湖广人，执钢鞭。亲自招抚盗贼而平害，设义仓以备荒年，建议朝廷推行平济籴法。

戊子年太岁邹镗，明朝芜湖人，端坐。为官清廉，反对腐败，崇尚道德教化，拒行苛政，不畏权势，对抗奸恶。

己丑年太岁傅佑，宋朝考城人，执枪。在任时惩治贪官，消除夷獠等少数民族的恐惧。

庚寅年太岁邬桓，元朝新昌人，持仙草。勤政爱民，扶老助弱，压制强暴，又平赋役，消除腐败，令百姓安居乐业。

辛卯年太岁范宁，字武子，东晋南阳人，执剑。兴办学校，供养学生，广建乡校，以私人俸禄办学。

壬辰年太岁彭泰，明朝凤翔人，双手托龙。为官勤奋正直，生活俭朴，其妻不嫌其简陋，坚守婚约，夫妻恩爱。

癸巳年太岁徐单，汉朝陕地平陵人，端盅。勇猛无比，善于作战，追随班超，击败蕃辰及乌孙，平定西域。

甲午年太岁章词，明朝泾县人，抚琴。热心教育，劝百姓勤奋务农，倭寇来

犯时，不顾危险，开城让百姓入内避难。

乙未年太岁杨仙，宋朝淄齐人，执剑。淡泊名利。

丙申年太岁管仲，春秋时代齐国颍上人，手托如意。内主安居百姓、选拔人才、制定律法，按贫富征税，外主礼待他国，以德怀远，令国家强大。

丁酉年太岁唐杰，唐朝安乡人，执狼牙棒。平定南方盗寇之乱。

戊戌年太岁姜武，明朝保德州人，持笏。

己亥太岁谢太，又名谢廷辅，明朝临晋人。

庚子年太岁卢秘，明朝昆山人，执刀。

辛丑年太岁杨信，汉朝陕地人，秉笔。

壬寅年太岁贺谔，元朝鄠县人，举剑。

癸卯年太岁皮时，北魏渔阳人，端坐。

甲辰年太岁李诚，元朝渭南人，一手执剑，一手握巾。为官清廉，处事明察秋毫，施行仁政，纪律严明，劝农兴学。

乙巳年太岁吴遂，宋朝安徽人，执蛇形长矛。

丙午年太岁文哲，明朝东莞人，执刀。为人淳朴厚道，拒收赠财，改革官吏，去除积弊，讨伐反贼，设置防御，安定民心。

丁未年太岁缪丙，宋朝汴人，一手托桃。孝顺父母，友爱兄弟，乐于助人，热爱读书，不慕名利。

戊申年太岁徐浩将军，唐朝越州人，执钉锤。为官杰出。

己酉年太岁程宝，五代十国南汉人，端坐。

庚戌年太岁倪秘，宋朝罗源人，执登令牌。朴实重诚信，孤身到少数民族聚居地晓以大义，阻止动乱。

辛亥年太岁叶坚，明朝闽县人，左手握拳。

壬子年太岁丘德，宋朝人，手托牡丹。政和年间（1111—1118）为进士洪皓之差役，后随洪皓出使金国，因拒绝金国利诱而遭扣留十五年，生活虽困苦，仍以诗文表达忧国忧民之情，绍兴十二年（1142）终获释返国。

癸丑年太岁朱得，明朝灵璧人，持金瓜。

甲寅年太岁张朝，明朝如皋人，袖手而坐。

乙卯年太岁万清，元朝建昌南城人，跷腿而坐。

丙辰年太岁辛亚，隋朝狄道人，左手握拳，双袖飞起。

丁巳年太岁杨彦，宋朝侯宫人，一手立胸前，劝人向善。

戊午年太岁黎卿，明朝安徽人，一手持莲花，一脚脱鞋上盘。

己未年太岁傅党，宋朝须城人，一手握拳，一手执枪。

庚申年太岁毛梓，金临潢长泰人，手握长矛。

辛酉年太岁石政，又名石正卿，元朝河南人，执剑端坐。

壬戌年太岁洪充，明朝钱塘人，双手握拳。整饰边防，增建墙垣，减少秋冬防兵，开凿水渠屯种养兵，节约大量军费。

癸亥年太岁虞程，明朝昆山人，文袍加身。刚正不屈，孝顺父母，谨慎自守，清正廉洁。

由此可见太岁是由人民选出来的，而并非由神所御定。从已知的60位太岁神的传略来看，有的太岁神是忠于祖国的使臣，有的是守卫疆土的将军，有的是清正廉洁的县官，有的是一心为民的吏役，有的是路不拾遗的君子。因此，60位太岁神都是道教伦理的典范，也都是道教徒为人处事的榜样。

大云寺诗连永福

"尽日陪游处,斜阳竹院清。定中观有漏,言外证无生。色界聊传法,空门不用情。欲知相去近,钟鼓两闻声。"(《鄱阳大云寺一公房》)写这首诗的是中唐诗人顾况。

大云寺在哪里?原来大云寺就是现在的永福寺,也就是梁鄱阳王萧恢捐建的"显明寺"。唐初,显明寺改名隆兴寺,后因武则天天授元年(690)天下诸州各置大云经,遂称大云寺,也有称作天赐庵的,那时并没有现在的永福寺塔。

永福寺塔建于北宋天圣二年(1024),它坐落在县城土井巷中段,那时,浙江天台山寿圣寺和尚用言和宝伦来永宁寺巡礼。巡礼,又作巡拜、巡历、顺礼,即巡回参拜与佛、菩萨、祖师等有关的圣迹灵场或佛寺等。宋代,"老观、佛寺遍满天下","天下名山,惟华山、茅山、青龙山无僧寺"。那时,寺院不仅是宗教中心、经济中心、艺术中心、教育中心,也是学术研究和交流中心,寺院对儒家士大夫和广大出身低微,却有才能的人颇具吸引力。佛教在宋代,"不仅儒者混于佛,佛者亦混于儒"。用言和宝伦也不是平庸之辈,他们来到永宁寺后,决定主持创建佛塔,于是"浚地下三十余尺,塔基二级、上垒七层,极顶屹立十五余丈"。因寺名为永宁,塔亦曰"永宁寺塔"。

佛塔,在东汉时便随佛教传入中国,虽然唐末佛教一度式微,但随着宋太祖复兴佛教,很多破旧的佛寺被修复、重建与扩建,因此兴建了不少佛塔。

宋代建筑是中国古建筑体系的大转变时期,建筑物的类型多样,其形象变化的多样,造型的绚丽多姿,远胜前朝。其中,最杰出的建筑是佛塔、石桥、木桥、园林、皇陵与宫殿。由于园林设计特意追求自然美与人工美融为一体的意境,所以这一时期的建筑一改唐代雄浑的特点,建筑物的屋脊、屋角有起翘之势,给人一种轻柔的感觉。油漆得到大量使用,使颜色十分突出。窗棂、梁柱和石座的雕刻与彩绘的变化十分丰富,柱子造型更是变化多端。宋代砖塔也有重要的发展。规模一般比唐朝小,但比唐朝建筑更为秀丽、绚烂而富于变化。首先是建筑的尺度缩小,其次是建筑布局随意,再次是科技含量较高。这个时期,

是中国古代社会中科技水平发展较高的一个朝代,建筑也体现了高超的技术水平,对后世及至当代的建筑界都产生了一定的指导意义,这主要表现在砖石建筑上。由于经济文化得到进一步发展,在建筑方面已经取得很高的成就,全国各地风行建塔,于是用言、宝伦在永宁寺东建塔。

宋朝的佛塔大致可分为楼阁式塔、密檐式塔和花塔三种。楼阁式塔是我国古塔中最庞大、艺术水平最高、也最为普通的一种造型。它把佛塔和我国传统的楼阁结合起来,使其具有能登、能望、能居的功能,形式也更为美观。从建筑技术角度审视,北宋建筑的技术也多有创新。例如个体建筑追求宏伟、壮观,在寺院中建造起前所未有的高大建筑,并常以此作为寺院荣誉的标志。砖石建筑技术的创新也非常出色,产生了新的结构类型。宋代砖、石塔虽以木构为蓝本,但对砖石结构体系做了多种尝试。为了符合砖石材料特性,而不拘泥于模仿,更重视探索砖石结构本身的特性,出现了用砖砌成双套筒或筒中柱的筒体结构的砖塔,并以发券砖砌筑各层楼面,从而代替木楼板,同时还创造出穿心式、旋心式、穿壁式、壁内折上式等多样塔梯构造形式。这种古代砖石塔的结构形式,与现代高层建筑中的筒体结构异曲同工。

永福寺塔是典型的宋代佛塔建筑,八角形高层砖结构,表现出砖塔良好的结构性能,代表了砖结构建筑技术的重大成就。外观以楼阁式为主,第一层塔身比各层高,各转角处使用倚柱,每层每面为一间,斗拱比较简单。在各层普遍砌出平座、栏杆。塔身基本上是用砖雕出木结构的形象,具有宋塔的明显特征,结构上在唐塔的基础上做了较大改进,隋唐时的砖石塔大多是实心体,不能登临远眺。宋代的能工巧匠便将楼阁式木塔和砖石塔各自的优点巧妙地结合起来,从而创造出仿木结构楼阁式砖石塔。塔的各层都辟塔室,外壁、梯道、楼层三者结合在一起,全部改用砖砌。空心式木楼层的结构为八角形,在空心之间增加横向结构,使平面增加了稳定性,砖塔更加坚固。外观以楼阁式为主,第一层塔身比各层高,各转角施用倚柱,每层每面为一间,每面中间开窗子,常常用槏柱,左右施壁带,斗拱比较简单。以青砖做塔身的主材,砖的形式多样,转角并用圆形砖和三角形砖,塔上的菱角牙子,即俗称的狗牙砖,砖尖外突,一层砖牙,一层平砖。平砖的尺寸一般长 33 厘米,宽 16 厘米,厚 6. 4 厘米。永福寺塔使用黄土胶泥,个别的开始使用白灰做胶泥。

永福寺塔是江西现存十座宋塔之一,它与赣南信丰的大圣塔从造型到规模都十分相似,为密檐楼阁式空心砖塔。为八面七级,基深10米,塔高42米,占地80平方米,塔为穿壁平座,有明、暗层之分。每级设有平座、檐、廊、栏杆,砖叠涩出檐,檐下为砖砌额坊,各层辟有真假门。各层塔身间隔一面设真门,分层变换方向,人可通行。塔下部有茎底,塔身八面设有拱卷门,柱枋上设斗拱,造型古雅雄浑,历10多次地震而安然无恙。元代,塔有些倾斜,至正二十二年(1362),寺僧住持禅师雪性村在对塔维修时,在塔脚挖出一水晶净瓶,曰之为甘露,献于皇上。皇上大悦,敕赐禅师为“乾元万寿永福禅师”,从此永宁寺改名为永福寺,塔随寺名也称作永福寺塔。曾经,永福寺塔和妙果寺塔被称为东湖十景之一的“双塔铃音”。

永福寺塔历经磨难,特别是近代,清咸丰三年(1853),太平军攻克鄱阳,一把大火焚毁其顶,使它成为无刹之塔。民国十八年(1929),有乞丐在梯板无存的情况下,蚁附而上,将顶层2尺来高的铁佛像从壶门中推下,盗窃而去。

永福寺塔在历史上几经人为破坏和重新修复,可谓饱经沧桑,却始终屹立于县城中部,默默地见证着一段段历史进程和发展变迁。细心观察便可发现,永福寺塔每层的外墙色质和结构都不尽相同,这是历史上多次重修留下的烙印。其中修改程度最大的当数塔顶了。1978年,鄱阳县人民政府拨专款修葺时,因塔顶被毁,便按照北方宋塔——圆形塔顶重新修建,这与原来永福寺塔——南方宋塔的建筑风格迥然不同。2002年,政府又拨款重修,最大限度地恢复了永福寺塔的原貌,才使古塔有了今天的风采。

饶州铜镜扬两宋

在两宋，鄱阳还有一个与铜相关的赫赫有名的制造业，那就是铜镜制造。说到铜镜，年轻人感到新奇，60岁上下的人可能会有印象。新中国成立前，新娘子坐花轿，胸前要挂一方铜镜，说是避邪。在古代，照容用的就是铜镜，金属的，所以"镜"字的结构从金从竟。以石英砂等为主要原料制作的玻璃镜，是清朝才有的舶来品。

鄱阳铜镜历代都称作饶州铜镜，其实都是鄱阳制作的，不似"饶玉"，打了个"饶"字实际上是景德镇制作的。鄱阳铜镜之所以冠上饶州，就像德兴人汪藻、乐平人马廷鸾都曾经自称鄱阳人一样，借名而已，何况饶州州治就在鄱阳。

宋代鄱阳为宋的铸镜业重要产地。饶州铜镜在宋代，无论是技巧还是造型，都在全国前列。据史料记载，私家作坊众多，以叶、周两家最为著名，其铸镜质量实际比湖州镜要高。从江西地区和外省（如安徽及湖北）等地出土的宋镜中发现，鄱阳制造的铜镜，造型多样，品种齐全，多为菱花形、葵瓣形，也有圆形、桃形、钟形、方形和带柄手镜等多种，镜身厚薄不一，大小有别，一般多在镜背标有铸镜字号，有"饶州□家夫妇□铜照子""饶州叶家久炼青铜照子""饶州叶家青铜照子""饶州□家巷周小三炼铜照子""饶州新桥许家青铜照子"等字号铭记，都为长方形印章式。实际上，饶州铜镜可分铸有坊记和不铸有坊记两个类型。铸有坊记的，多半在铜镜背面铸上某某坊号，或铸上"饶州炼铜照子记"，按现在的话说，打上牌子。不铸坊记的，镜身普遍较薄，用现代话说属"山寨"产品。

中国从什么时候开始铸造使用铜镜？古人将铜镜的制造和使用说成起始于黄帝："帝因铸镜以像之，为十五面，神镜宝镜也。"（《轩辕黄帝传》）"饶州俗传，轩辕氏铸镜于湖边，今有轩辕磨镜石，石上常洁，不生蔓草。"（《说郛·述异记》）圣人制镜的传说固然不足为信，但也说明了镜的起源久远，可以追溯到古代史的传说时代。《武陵藏珍》记载：远古时期，人们以水照面，铜器发明以后，以铜盆盛水鉴形照影。《尚书》《国语》《庄子》等先秦著作中，都提到过古人"鉴

于水”。所以《说文·金部》释“鉴”为“盆”，因此可以说盛水的盆(鉴)便是最早的镜子。

“镜”字的出现，在中国文献史籍中，最早见于《墨子·非攻》及战国末期的一些著作中，如“至人之用心若镜，不将不迎，应而不藏，故能胜物而不伤”“圣人之心，静乎天地之鉴也，万物之镜也”“今修饰而窥镜兮”“古之人，目短于自见，故以镜观面”“夫摇镜，则不得为明”。这些记载说明，青铜镜至少在战国末期已经广为流行。古代由于铜镜与人们的生活关系密切，是不能缺少的日常用具。加上又是制作精巧、形状美丽、图纹绮丽、铭文丰盛的技能品，青铜镜便超越了日常生活中照面饰容的用途，深深融入社会生活和文化意识中，产生了“破镜重圆”“明镜高悬”“以史为鉴”(古书“鉴”与“镜”常常互通)等词语，铜镜文化成为中国文化的一个组成部分。

铜镜制造历史悠久。到秦朝时，因为镜在很多方面优于鉴，所以人们不再用水作鉴，开始大批铸造铜镜。秦汉以后，镜的运用更加广泛，镜的制作也更加精巧。它的原料包括金、银、铜、铁等，以铜为最多，也有镀金银的或镶嵌金银丝的。

汉代是铜镜制作的昌盛时期，品种很多，形制规整，纹饰精深。汉镜镜型较厚重，多半圆钮，成为往后镜钮的基本形式。西汉前期沿用战国铜镜特性，西汉中期出现博局纹镜、乳钉禽兽纹镜、连弧纹镜等。吉祥语为主的铜镜铭文此时初步盛行，透光镜、新莽编年镜等也极具特征。东汉时期的画像镜以神人神兽纹、前史故事为主，选用高浮雕技法装饰，出现变形四叶纹镜。三国两晋南北朝时期仍盛行画像纹镜、四叶纹镜等。

隋唐时期铜镜空前旺盛。隋镜具有承上启下的特性，以十二生肖纹、团斑纹最有特征。唐镜镜型厚实，方形镜、菱花形镜、葵花形镜盛行；镜钮有龟形、兽形、花形等。纹饰体裁多见瑞兽、飞鸟以及葡萄、花草；狻猊葡萄镜最具特征，镜型庞大，为中西文化交融的创造；人物故事镜简练生动。铭文多为楷书，基本都是四言、五言；装饰技能新出现贴金、贴银、镶嵌螺钿、金银平脱，纹饰更显绮丽。唐代时还制有透光镜，镜背的字迎着太阳或灯光时，都可以明显地映射于墙壁之上。

两宋是社会由盛转衰，也是铜镜由盛向衰的转折时期。宋代有丰盛的镜

型,镜钮趋小。缠枝纹镜、花鸟纹镜、婴戏镜等,选用单线白描,纹饰纤巧精密;具有浓密宗教色彩的神仙故事图像,选用浮雕技法,线条粗犷;鄱阳、湖州等地的铜镜,以作坊铭记著称。在原料配比上,铜镜的合金成分发生变化,含锡量下降,含铅量上升,整体的工艺水平呈明显的下降趋势。当中部分原因跟当时“存天理,去人欲”的社会风气有关,这使自由的艺术思想受到窒碍;加上宋代经济发达,大量铜被用来铸币,也间接使铜镜的发展受到影响。这时的镜形制作呈多样化发展,除延续了唐代的菱花形、葵花形外,长方形、钟形、盾形、心形、鼎炉形、手柄镜等花样繁多。比较流行的纹饰有缠枝花草、双龙、双凤、神仙人物、八卦等,素镜和带有商标铭文的铜镜占有很大的比重,整体呈现的是素雅纤秀的风格。

鄱阳当时到底有哪些制镜作坊呢?据本县考证家邓道炼先生搜集,有肖家巷周小三家,朝天门里周二家、石家、叶家久,棚下叶三家,新桥许家,上巷周家久,朝天门里周五家,上巷周家小乙哥、李家等。这些作坊,都是邓先生通过实物考证得出的。他们在制作的铜镜上,除冠上坊号之外,还会铸上“炼青铜镜子”或“炼青铜照子”“青铜照”等字样。至于上面的地名,有的与现代有异,有的叫法不同。这里的肖家巷,指现在德化桥北的那条巷。棚下、上巷,是指下棚巷、上棚巷;朝天门里,指九条巷或刘家北巷一带,此外就是新桥了,因为北宋时已经建造了德新桥,这里有了商业和手工业作坊。从那些作坊的地址看,鄱阳镇不少地名是从古代沿袭下来的。

据现代收藏家通过收藏市场发现,鄱阳所铸铜镜,只有一枚“长命富贵”铭文镜,残重 620 克,直径 25. 1 厘米。其他常见铜镜主要铭牌有:“叶家青铜照子”,菱形,重 550 克,直径 16 厘米;“叶家久炼青铜照子记”,葵形,重 135 克,直径 10. 2 厘米;“棚下叶三家炼青铜照子”,圆形带柄,重 475 克,通长 26. 5 厘米;“新桥许家青铜照子”,葵形,重 365 克,直径 14. 3 厘米;“上巷周家青铜照子”,葵形;“上巷周家久炼青铜照子”,方形,重 320 克,边长 11 厘米;“上巷周小一哥炼铜照子记”,方形,重 970 克,边长 18. 9 厘米;“朝天门里周二家炼铜照子”,葵形,重 385 克,直径 13. 3 厘米;“萧家巷周小三家炼铜镜子”,钟形,重 440 克,高 15. 7 厘米,宽 11. 8 厘米。经收藏家考证,他们多为家族式作坊,主要铸造阶段多在南宋。

宋代鄱阳的铜镜制作业发达,原因有三:一是原材料充沛,二是铸铜技术先进,而这两条都与永平监铸钱相关。更主要的还是市场需要,宋以前青铜镜只为士大夫和贵族所用,自宋起才成为大众品。随着需求的加大,制镜业也日渐旺盛。

为什么在当时会出现无坊号,也就是山寨版的"野鸡"或"非法"作坊呢?在宋代,铜是官控物品,禁止民间交易。然而有的因为制作铜镜,不惜销毁铜钱来铸器,他们的行为已经触犯国家法律。尽管如此,总是有人会受高额利润的驱使,冒着危险偷偷地进行制造,于是就出现了不敢"打招牌"的"地下工厂"。

明代以后仿古镜较多,铜镜制作更见衰势,除传统款式外,双鱼纹、双龙纹、人物故事如柳毅传书等是较新颖的款式。但这时的铜镜制作粗糙,较多的只需编年铭文而无纹饰。在这一时期,拷贝汉镜和唐镜的习尚很盛,形体较小,纹饰模糊不清。到明清时期,随着近代玻璃的诞生,铜镜逐渐退出历史舞台。

首部县志定之撰

“柳林港口夕阳低，惨惨昏咽鸦乱啼。渔妇卖鱼还买酒，相呼齐过画桥西。”不用细说，元朝县人叶兰的这首诗，一看就知道是写管驿前，柳林津是这个村的古称。

管驿前紧挨饶河，背靠当年郡州衙署所在地木家山（即现在的鄱阳中学）。因为村前那条水量充沛、灵气十足的水流，才使得小小的弹丸之地，不但接纳了那些避祸、避战、避灾的人们，使他们有了安身立命之地，而且自落籍那天起，便拥有了农耕条件下纯朴的生存手段和生活习惯——渔鱼。在近八百年的时间里，百分之九十九的家庭都曾坚守着那种道法自然、天人合一的价值观，利用渔具——卡子，又叫弸钩，进行捕鱼。据说，它就是当年姜太公钓鱼用的“直钩”。

管驿前有人居住，有据可稽的是在南宋淳祐六年（1246），一位姓戴人氏，从城内迁此并世代为渔。而戴姓能在这河洲荒野落户，不得不感谢唐末一位叫史汉柔的人。他避乱来饶，沿河植柳憩行人。南宋嘉定时，知州史定之为之立碑，大书“史公柳”三个字，从此鄱江之滨，便有了柳林村。从那时起，这里便成了一分流水、二分尘土，杨柳拂堤、烟雨醉人的所在。鸭绿粼粼的波光，鹅黄袅袅的柳枝，来去匆匆的过客，让这片河洲滩地，不止有了根藏鱼窟、枝系客舟、三分春色、花落钓人之头的垂柳，同时给后来成为翠连荒岸、影铺秋水、烟入远楼、渔唱彭蠡的专业渔村奠定了基础。

正是有史怀柔植柳，于是有了史定之为之立碑的记载，而这位书写“史公柳”的州牧史定之，虽然没有其他的州守出名，但在任职期间对鄱阳的贡献和影响却非同一般。

史定之字子应，自号月湖渔老，鄞县（今浙江宁波）人。他是以祖荫入官的，先是补修职郎，授豫章丞。绍熙末（1194），为成都府录事参军，因为有一狱囚自刎，被降官放罢。庆元四年（1198），出任福建邵武知县。在邵武，他兴修县舍，并请陆游为学校写记，陆放翁说史定之“以才称于世，且犹能秉笔有所纪述”。嘉泰初（1201）改知兰溪县，开禧三年（1207）知吉州，嘉定间知饶州。

史定之大约是嘉定中期(1215)到鄱阳任饶州知州的。嘉定前后共17年时间,据《鄱阳县志》记载,嘉定八年(1215)史定之在鄱阳任职期间,因城墙为大水冲坏,他因广浚城隍而主持修筑。这件事在鄱阳历史上,应该是很值得重笔一记。

鄱阳自南宋绍兴六年(1136)冬发大水,县城城墙被冲坏460余丈,至嘉定八年的79年间,历经有记载的大水18次,其中乾道七年(1171)五月大水,县城居民房屋受淹,倒塌甚多,农村400多亩良田淹后被泥沙堆塞;乾道九年(1173)五月发大水,低矮房屋受淹,农田禾苗遭灾,县城多处城墙被冲坏;庆元元年(1195)五月中旬,大雨连下七昼夜,江湖洪水猛涨,县城水深过6尺。史定之来鄱后,首先想到修筑城墙,并使其范围由周鲂时的9里12步扩增至12里,这不能不说是个大手笔。除此之外,他还有三件大事留在鄱阳历史中:第一件,传播儒家文化,著《乡饮酒仪》,并推行教化;第二件,搜集整理鄱阳县的历史资料,编纂30卷《鄱阳志》,开创了鄱阳县修志之始;第三件是随后又编修了《饶州志》。

史定之虽然在历史上留下的痕迹不多,却也家势显赫,是官宦之家的子弟。

史定之的祖父史浩(1106—1194),字直翁,号真隐,南宋政治家、词人。史浩是绍兴十四年(1144)进士,由温州教授除太学正,升为国子博士。宋高宗赵构没有儿子,史浩建议高宗立太子,以此受知于朝廷。宋孝宗即位时,授参知政事。隆兴元年(1163),拜尚书右仆射。淳熙十年(1183),除太保致仕,封魏国公。宋光宗御极后,进太师。绍熙五年(1194),史浩去世后,追封会稽郡王。宋宁宗时赐谥“文惠”;嘉定十四年(1221),以儿子史弥远贵,追封越王,改谥“忠定”,配享孝宗庙庭,为昭勋阁二十四功臣之一。

史定之的父亲史弥大,乾道五年(1169)进士,历任秘书省正字、提举浙西常平、宗正少卿、知宁国府、太子詹事等职,一度与孝宗的太子建立起良好关系,不过由于他在淳熙十二年(1185)左右英年早逝,致使他没能像他的父亲史浩那样,有机会利用与皇权的关系成为朝中新贵。

史定之的二叔史弥正,以荫补入仕,历直秘阁、浙东提刑、知台州等职,他为人有文采,以道德高尚著称于世。

史定之的四叔史弥坚(1164—1232),与三叔史弥远是双胞胎兄弟。史弥坚也没有考中进士,以荫补入仕,却是一个颇有政治才能的人,先后担任过两浙转运判官、通判处州、知临安府等。史弥远上台后，为避嫌外任湖南安抚使，在任内成功平定了土匪罗孟传之乱，其后历知镇江府、江宁府等，嘉定十一年(1218)因反对胞兄史弥远长期专权而退休。

史定之的哥哥史守之(1166—1224)，南宋时期诗人、学者。年轻时史守之跟随学者杨简、袁燮游学。史守之厌恶自己的叔叔、权相史弥远的所作所为，史弥远也害怕这位侄子。朝廷屡次征召他出仕，史守之均辞不就，以承事郎监平江府料院主管绍兴府千秋鸿禧观，中年隐居家乡月湖，闭门藏书，与慈湖诸公讲学为乐，为当时一大藏书家，后以朝奉大夫致仕。

最后说说史定之的三叔史弥远(1164—1233)，这个人在历史上以权相和奸臣的称号著称于世。事实上，这是当时和后世的反对派给他加上的恶名。史弥远是一个聪明而有政治才干的人，从小得到父亲史浩的教育，后来又得到明州心学学派大学者杨简和袁燮的教导。淳熙六年(1179)，刚刚 15 岁的史弥远，靠父亲史浩的荫补权，得到承事郎的官阶。淳熙九年(1182)，他参加朝廷为荫补官举行的考试，取得第一名的成绩，从此获得实际官职，先后出任监建康府粮料院、沿海制置司干办公事等。淳熙十四年(1187)，23 岁的史弥远考中进士，中进士后初期，他一直担任一些没有实际事情可干的低级京官，比如太常司祠、太社令、太常寺主簿等。绍熙五年(1194)史浩病逝，按例停职回乡守孝三年。庆元二年(1196)回到朝廷，先后出任诸王宫大小学教授、太常丞等职，庆元六年(1200)出知池州，嘉泰四年(1204)提举浙西常平。这一路走来，仕途并不顺利。直到开禧二年(1206)再次回朝，出任刑部侍郎兼资善堂直讲，他的政治前途从此才大有可为。

南宋是一个权臣辈出的时代，在史弥远之前有秦桧和韩侂胄，之后有贾似道，他们尽管掌权长久，但结局都不好，秦桧的权势及身而止，死后秦氏迅速衰落；韩和贾更糟，最后都不得好死。史弥远是他们当中唯一一个死后没有被朝廷否定的权臣。在史弥远死后，家族仍得到朝廷的保护和照顾，其中的原因是复杂的。对理宗而言，史弥远是他的恩人，他不可能否定史弥远。同时，史弥远与秦、韩、贾不同，前三者都是政治投机分子，而史弥远可以说是一个职业政治家，有很高的文学天赋，但一生在诗文上却没有兴趣，也没有其他生活上的嗜好，一辈子的兴趣都在政治上，因此他的专权手段更高明。对于反对派，史弥远

既没有像秦桧那样,制造冤狱将对手大规模地置于死地;也没有像韩侂胄那样,发动全国性的党禁迫害和打击对手。秦、韩的亲信都是小人加走狗型的奴才。史弥远的亲信都具有一定的政治才干,史与他的亲信形成牢固的政治集团,在这个集团内,除史之外,其他人也可以拥有政治影响力,结果就是史的亲信在史弥远死后仍能长期执政,从而在政治上保持史的地位不动摇,专权长达25年。

史定之生活在这样的家庭中,当然也懂得为官之道,并且也做到了抽身而退。嘉定末,史定之退隐。他的著述甚丰,有《太极图论》《易赞》《著说》《月湖集》(已佚)。《全宋诗》收录他的诗一首:"红尘憧扰不知年,一望西湖思豁然。上下层楼涵倒影,联翩飞鸟没寒烟。未须梅萼催诗兴,好藉岚光作画笺。安得扁舟去招隐,蓬窗相对听鸣泉。"(《同唐太傅重过西湖》)此外,他还有文章收入《全宋文》。他的两句残诗"一堤杨柳月,十里芰荷风",颇有鄱阳色彩。

姜家坝种名人缘

盘洲、野处和姜家坝，看似是三处地方，但它们和洪适、洪迈与姜夔有着非常密切的关联，实际上相隔不远，几乎都在同一个方向——芝山之南、西门湖之北。姜家坝和野处在西，盘洲在东。

据《盘洲文集》记载，盘洲的由来是这样的：南宋孝宗乾道二年（1166），官拜左通奉大夫、尚书右仆射同中书门下平章事兼枢密使的洪适，因这年春天老天不体恤人，一直低温阴雨，先后长达三个月之久，以致农耕难作，田地荒芜。身为宰相的洪适，认为是自己的失德之过造成的，便引咎乞退。孝宗皇帝赵昚见他去意坚决，也就同意了他的请辞，这年洪适正好50岁。不过，皇帝还是觉得，天要下雨也不是洪适一人能左右得了的事，便让他挂了一些高级闲职，留在浙江绍兴兼任浙东安抚使，这样便使洪适在绍兴前后待了三年。他的一些著述，如《隶释》《隶续》等，是这个时期刊刻的。乾道五年（1169），洪适再次辞去安抚使的闲职，只要了观文殿学士提举临安府洞霄宫的虚职以保留薪俸，回到了故乡鄱阳。回到家乡的洪适已经失去了做官的兴趣，开始在城北营造别墅，建造台观，种植花竹，取名为"盘洲"，这就是盘洲的来由。

乾道八年（1172），已经把盘洲经营得像模像样的洪适，写了一篇叫《盘洲记》的散文，自称盘洲老人，从此这个盘洲便走进了人们的视野，走出了鄱阳，走进了历史，走到了现在。那么，盘洲在什么地方？洪适为什么取这个名字呢？关于盘洲的具体位置，至今没有看到一点确切的记载。根据对《盘洲记》《盘洲老人小传》等所描述的揣摩，它应该在马家山，也就是现在称作马鞍山以西、芝山西南靠马家山山嘴边一带。《盘洲记》是这样写的："出北郭左行一里，所穿耕畴，趋支径有弃地盈百亩。延旷纡坦，接西郭之衢。厥形，始锐如犁，至其中浸广，末则一弓不能及。"纡，弯曲、曲折。《盘洲老人小传》也说："得负郭荆棘之地百亩。"熟悉这一带地形的人，一看这些描写就能猜出，这和麻厂路以右、马鞍山往北拐弯处山洼处的西面相当吻合。再看下面的描述："双溪掖岸，泓渟湾洄"，"列岫如屏障"。这块山嘴，原先确有两条水流经过，一条是后来称作壕沟，

实则连通东湖的溪流；一条则是西门湖与韭菜湖相通的湖汊。那么当年洪适为什么把这个地方称为盘洲呢？众所周知，盘是多义字。洪适在这里使用，至少有四层意思：盘者，蛰伏隐居，已过天命之年的洪适，一生在官场厮混，其中的险恶多有经历，论职务官至极品，一度位居宰相，他不想再沉浸在你争我斗之中，于是找个清静的去处隐居下来，这是第一层意思；第二，盘为娱乐也，宦海沉浮，疲惫不堪，也该找个地方自娱自乐；第三，这里的地形依山而变，盘绕之洲也；第四，稳定坚固，事实上洪适向朝廷请退之后，再也没有出仕，并且在这片土地上，一待就是16个年头，直到68岁与世长辞。

野处呢，野处是怎么回事？南宋高宗绍兴三十二年(1162)，因为采石矶大战的胜利和金国内部发生的兵变，赵构萌生了求和正名的心思。四月间，赵构委派洪迈为贺登极使出使金国议和。当时赵构提出的条件很高，尽管事前洪迈也曾向皇帝表明了情况，但还是差点步了父亲的后尘，最后仍以“使金辱命”而被罢职。罢职后的洪迈回到了鄱阳，先是在城西临西门湖，也就是当年叫蠙洲，现在统统称作姜家坝的地方，建起了“野处”。野处建成后，由皇帝赵昚亲笔题字，接着又造小隐。关于这两处建筑，我们可以从洪适的诗中看出一些轮廓：“地偏不接市尘声，古木参天鹤唳清。台榭迥穷千里目，诗章突过五言城。花移琼树真无敌，酒换金貂未足荣。灯火归时笙管作，解嘲何事有歌行。”(《次韵景卢野处解嘲之什》)第二年，孝宗隆兴元年(1163)，“容膝斋”挂匾，其兄洪适特意题诗：“寸地有别天，斗牖无长物。吾身容易安，此膝不可屈。”这是何等气魄与情操的寄托与叮嘱。也就是从这时候起，洪迈开始了《容斋随笔》的创作。从对资料的理解及实地观察推断，野处所在位置，应该是出西门城外与姜家坝之间属蠙洲的地方，并与盘洲紧邻。盘洲、野处虽然隔溪相望，但近在咫尺。所以野处每有新的建筑落成，洪适都有诗唱咏。

末了再说说姜家坝。说姜夔是姜家坝人，而不是鄱阳别的地方人，是用了排除法，这个排除法的主要依据是家谱。姜夔最权威的研究者——夏承焘先生笺校的《姜白石词编年笺注》，收录了明朝时九江人严羽写的《白石道人传》，文中说：“白石道人夔，字尧章。九真姜氏，其先乃徙于饶州，遂为饶人，夔生于饶。”应该说，这段话已经把姜夔的身世表述得非常清楚了。然而，偏偏是那部同治间的《饶州府志》，居然将姜夔的籍贯写成德兴，这是为什么？为释去存疑，我这里不妨摘抄一段夏承焘先生关于姜夔的《行迹》考:“白石籍贯有两说:世系表谓七世祖泮‘饶州教授,因家上饶’。严杰传则云‘泮任饶州教授,即家鄱阳’。案上饶属于信州,而鄱阳即饶州;教授饶州,即家鄱阳,严传以为近实。”可见严传的结论是正确的,理由很简单,姜夔自认。姜夔在他的《白石道人歌曲》集中是这样写的:“番阳姜夔尧章。”本来事情到这里已经做了了结,谁知又蹦出个“若江西志及徐熊飞拟传以白石为德兴人,则因箬坑丁山在德兴而误”。其实,夏先生也就箬坑丁山做了考证并予否定,至于江西志的讹误,恐与清《饶州府志》有关。在这部府志中,凡是姜夔的籍贯,全都注为“德兴人”。《饶州府志》以什么为依据?乃源于德兴箬坑姜氏家谱。这部家谱不仅与姜夔的九真姜氏相去甚远,甚至在世系中出现姜夔之父变成姜夔之侄的笑话。根据夏承焘先生的研究,夏先生归结姜夔祖籍九真。九真在哪里?现在的越南。在我国西南和很多地区,至今仍保留称平地为坝的习惯,所以推断,姜家坝当是姜泮手上购置的世业,否则不会叫作姜家坝。还有一点,南宋时这一带树木茂密,洪适写“野处”时说“古木参天鹤唳清”;姜夔在他自己写的《送左真州还长沙》诗中也说“望乡乔木记吾庐”,可见这绝不仅仅是巧合。说到这里还有一个问题,那就是既然盘洲、野处、蠙洲与姜家坝毗邻,为什么洪适、洪迈笔下没有一点记载呢?关于这点,很好解释,中国古代从来都是等级森严的社会,洪氏兄弟都是朝廷大员,一个州教授不过是官阶为从六品的地方小官,他们既不存在交往的基础,也没有交往的由头,只要不产生矛盾,老死不相往来就已经不错。试想一下,姜家的占地能有多大?何况,洪家的老三也比姜夔大整整三十个年头,因此历史安排他们的,只能是擦肩而过。

理学传扬有鄱江

翻开历代《鄱阳县志》(包括府志、省志),鄱阳有书院以来,前后共15所(含“秦公讲学”),最早的出现在宋代,先是三所,接着为两所,排在前面的叫“鄱江书院”,创建于北宋末或南宋,另外有蒙斋、柳湖两书院,后合并为“二贤书院”,创建于南宋中后期。对于这些书院,志书分别是这样叙述的:鄱江书院“在城北,创始不详,相传朱子(熹)门人金去伪讲学处”。同治《饶州府志》引江西“一统志”条:“鄱江书院在城北,不详创始。相传宋朱子门人金去伪讲学处,弦歌巷即其地。元即其址设蒙古学。”二贤书院“祀宋程端蒙、程珙,故曰二贤。端蒙号蒙斋,珙号柳湖。宝祐间(1253—1258)曾立有二,一曰蒙斋书院,一曰柳湖书院。程氏裔孙生员一麟、一龙、尚仁等率其宗党,合二祠为一,名曰二贤书院。(明朝)钱德洪有记”。

然而在历史上,南宋时鄱阳还有袁甫办的“番江书堂”,正是这个与“鄱江书院”仅一字之差的名字,使人很容易将它们混为一谈。其实,“番江书堂”只是“鄱江书院”的内设机构,而非并列,更不是此即等同彼的一体。

先说鄱江书院,鄱江书院有据可稽的创始时间,至少早于南宋之初。其可引以为据的是:旧县志“历朝进士”表中,绍兴二十四年(1154)张孝祥榜进士、鄱阳凰岗人胡宗的任职是“番江书院押录”。一个进士,入仕的职务是番江书院押录,这说明鄱江书院不但存在,而且地位很高,属州办,理由是胡宗的职务——押录。押录或称押司、典押,是宋朝承袭五代旧制,在县府中设置职位最高的吏员,可以算作县中的主管吏(有的方志称“人吏”)。在地方官府中,官少吏多,日常行政事务主要由广大吏人及公人承办。其中,地位较高的吏人主要承担处理各种公文账籍、督征赋税、承办狱讼等职事;地位较低的公人或役人主要承办催驱公事、传递文书、迎送搬担等役事,或负责维持治安、管理仓场库务收支等,地方吏人权势的增长,与地方政务管理的复杂化、官员无力治吏等有密切关系。押录的职掌范围很宽,主要有以下三点:收发、签押、保管诸案文书;催征赋税,押录一开始就负有招诱亡户归业、管理田赋税籍、督征赋租之责;协助

办理狱诉案件,有收接民众诉状、分类分等交给官员审理之职责。

江西是理学的发祥地,江西理学在形成和发展过程中,它的学术分布曾构筑了一个环鄱阳湖的优势带,尤其是朱熹的学说。在这个优势带中,鄱阳不仅是一个重要的环节,同时还是理学向新安延伸的重要传播枢纽。理学又叫道学,它是以儒学学说为中心,融合佛、道两家的哲学理论,又吸收朴素唯物主义的某些思想,及若干自然科学知识,形成的一个庞大唯心主义哲学体系。理学实际上是一种新形式的儒学,是传统儒学发展的新阶段。理学的形成和发展,基本上是在江西地区或江西哲人中完成的。它开创于北宋,完成于南宋,对皇权的巩固和扩张作用不小。

在朱子理学的形成与传播中,鄱阳除形成鄱阳学派之外,再就是因为特殊的地理位置,成为向新安(也就是浙江桐庐地区)传播的枢纽。这个枢纽作用的发挥,主要由鄱阳的交通与行政地位所决定。从水陆交通看,由两个方向可以到达"新安"区块:一条是经乐安江至乐平,经德兴到朱熹的故乡婺源。婺源在宋代属徽州,也就是新安地区。一条是经昌江到景德镇、浮梁,再到安徽祁门、休宁、屯溪,经桐庐、富阳直至临安(今杭州)。

在朱熹理学输入前,鄱阳的儒学主要有洪氏家族的经学。而后有苏昞(苏昞,字季明,武功人。始学于张载,而事二程事业。元祐末,在吕大中的推荐下,起布衣为太常博士)传扬二程(程颢、程颐)的理学,再后来就是朱子理学了。由此可见,鄱阳对宋代的儒学,尤其是程朱理学的发展是有过贡献的。在这个发展过程中,从传播学角度看,鄱阳的金去伪、德兴的程端蒙等,通过府治所在地鄱阳,为朱熹的道学传播起到了不可忽视的作用。于是有了鄱江书院,蒙斋、柳湖书院这些传播朱熹理学的重要场所。只是到了宁宗赵扩的庆元年间(1195—1200),理学才受到较大冲击,这就是历史上的"庆元党禁"。

那么,旧志为什么只说"相传为金去伪讲学处",金去伪为何许人也?金去伪留下的历史资料极少,据《江西通志》载:"金去伪字敬直,浮梁人,一举于乡,即弃而从朱熹游。潜心体验,学者称曰'草窗先生'。或劝之著书,曰:'经,经也。史,纬也。诸儒之训释,晦庵折衷之集其大成矣。'卒不著书,授钟离主簿,不就。"

从不多的资料中可以看到,金去伪是朱熹的高足,在传播程朱理学中有过

一定的贡献。据河南民间文艺家、省科学院柴道琳教授考证:“作为大教育家,朱熹名满天下,桃李满天下,在当时经济文化教育极为发达的现赣东北地区,朱熹门下弟子名人辈出。属于饶州府六县(万年为明朝建县,故以当时所辖称之)和婺源、弋阳共八县的朱熹后传理学名家有:余干曹建(1146—1183)、柴元裕、柴中行(元裕侄,1175—1237)、李伯玉(?—1274)、饶鲁(1193—1264)、刘伯正(五人均属今万年县);鄱阳金去伪;余江吴绍古、汤千、汤巾、汤汉(1206—1277);德兴程端蒙(1143—1191)、王过、程珙、董铢(1152—1214)、董梦程、董鼎、沈贵珤、余芑舒;婺源胡一桂、胡炳文;弋阳谢枋得(1226—1289);等等。”这些人中,唯金去伪是鄱阳人。既如此,为什么他又默默无闻呢?从金去伪这个名字看,这位先生一定是位“正人君子”。他一生中多次追随朱熹学习,所以能在鄱江书院讲学,而且是当时的名师之一。从有限的资料中得悉,金去伪这个人很执拗,人家劝他著书,他说:“经,经也。史,纬也。诸儒之训释,晦庵折衷之集其大成矣。”所以他述而不作,不著书,不就官,只是聚徒讲学,像留声机般传播朱熹学说。如果从做人看,他显然比黄榦、饶鲁更忠于朱熹学说,甚至可以说是门徒中最忠诚者。论做学问,论培养人才,论传承朱熹理学的贡献影响,金去伪远远不如程端蒙、黄榦、饶鲁等人。正因为此,随着时间淹滤,“鄱江书院”在传播程朱理学的地位受到了影响,但有一点应该坚信不疑,鄱江书院虽然创始不详,但金去伪一直据此讲学。

到了元朝,镇江人郭畀(音 bì),曾任鄱江书院山长。郭畀(1280—1335),字天锡,号云山,他业承家学,擅长辩论,通晓蒙文,身材魁梧,蓄有长须,人称郭髯。20 岁时任镇江儒学学录,历浙江处州青田县腊源巡检、平江路(今苏州)儒学教授,未及赴任,又改为江浙行省丞相府掾吏。郭畀精通书画,书学赵孟頫,字迹遒媚,曾代赵孟頫书写《松雪斋集》,赵孟頫作跋称许。郭畀的画仿米芾,又师事高彦敬,得其笔法,与无锡画家倪瓒为好友。郭畀酒后作画,兴到神来,为人所宝。著有《退思集》,身后由其子郭启裒集编成,有俞希鲁序。另有《云山日记》,记载他在镇江和游历杭州一年的事,其中有不少乡邦文献资料,清代节选为《客杭日记》刊行。

郭畀的任职再次证明,鄱江书院从宋至元,不但创建历史长,而且属于知名度较高的公办书院之一。

为扬学统曰书堂

“番江书堂”为南宋理宗朝人袁甫所办，它的出现只是从其《蒙斋集》的《番江书堂记》中才为人所知。

袁甫(生卒年不详)字广微，南宋宝文阁直学士、理学家、象山派入室弟子袁燮的儿子。少承家学，又从学于杨简。宋嘉定七年(1214)进士第一(与鄱阳人彭大雅是同科)，授秘书省正字。嘉定十一年(1218)任湖州通判，迁秘书郎，改著作佐郎，出知徽州、衢州，有政绩。绍定三年(1230)兼任江东提点刑狱，后移司鄱阳，“番江书堂”应该是这个时候创办的。从朱熹那批弟子的年龄看，袁甫与金去伪相差最少30岁，可见金去伪在鄱江书院讲学时，袁甫还没有来鄱阳做官。袁甫为什么在鄱阳创办番江书堂，更奇怪的是不直接用鄱江书院命名而叫“番江书堂”，对此我们不妨做个追踪。

书院与书堂都是古代的教育机构，在现代辞书和一般的涉文中，没有多大的区别。但在古代，尤其是在理学道统和学统发展的两宋，它们因功能的不同，而有了明显的差别。

书院之名，始于唐中叶贞元年间(785—805)，最初是官方修书、校书和藏书的场所，如丽正修书院(后改名为集贤殿书院)建于唐玄宗开元十一年(723)，书院主管人员的职责是“掌刊辑古今之经籍，以辨明邦国之大典”，“而备顾问应对”，兼作皇帝的侍读，“以质史籍疑义”。书院后来发展为聚书授徒讲学、读书讲学之地，渐渐演化为一种教育组织形式。唐代有些皇家读书讲学之所，也称为书院，如：皇家书院，其职责为收集整理、校勘修订图书，供朝廷咨询，兼作皇帝侍读、侍讲，类似宫廷图书馆。到了唐末五代，读书士子多隐居避乱，私人书院增多，如：皇寮书院，在江西吉水县，唐通判刘庆霖建以讲学；松州书院，在福建漳州府，唐陈珦与士民讲学处；义门书院，在江西德安县，唐义门陈衮即居左建立；梧桐书院，在江西奉新县，唐罗静、罗简讲学之处。至宋代，书院虽属教育机构，但实际上与州学、县学是有很大区别的。更准确地说，它既是传播江西理学的教育场所，又是学者探讨学术的重地。

根据书院的发展与成熟的历史过程，中国古代书院的基本规制可分为三个：讲学、藏书、祭祀。唐、五代时期，民间书院起源于读书人个人藏书、读书的功能需要，即使个别书院已经具有教学功能，也并不具有祭祀功能。北宋初期创建的书院，已经成为功能完备、制度化程度高的学校，故而也模仿官学的“庙学”制度，产生了祭祀的功能，并有了专门供祭祀孔子的独立空间和设施。那些著名的书院，如岳麓书院、白鹿洞书院，设置专供祭祀先圣先师的殿宇，完全具备完整的讲学、藏书、祭祀的基本规制。究其文化功能，是为了更好地体现“崇儒重教”的文化特点，特别体现出对“教育”“教化”的重视。各级学校之所以要“释典于先圣先师”，正是因为儒家士大夫具有“崇儒重教”的文化追求。在书院内部设置专门的祭祀空间，举行专门祭祀先圣先师的释奠仪，正是为了彰显书院的儒教文化特质与崇儒重教精神。到了南宋，随着理学的进一步创新发展，理学的各种学派，走向了争鸣与齐放的交汇。书院祭祀则与南宋书院的学术思想、教育理念的发展密切相关，尤其南宋理学的学统观念，对书院祭祀制度产生了深刻的影响。

那么，什么是学统？学统是指一个朝代的文化传承和教育传统，也就是说，哪家儒学为正统传承，即极具影响力的大师。从南宋初高宗绍兴年开始到光宗绍熙年的60多年里，是理学家群体逐渐兴起，理学学术创造力大盛的历史时期，也是理学家们积极创建、恢复书院非常活跃的历史时期。这时，南宋的书院展出了一套独特的祠堂祭祀，以表达宋儒独有的学统观念与道统意识。于是书院在建立起自己独有的学术与教育理念后，书院主持人希望将书院祭祀纳入书院学统与道统的建设中，书院主持者开始建造祭祀本学统人物的祠堂，以表达他们新的学术理念与精神追求（实际是正统地位），这个场所是时兴的“书堂”。如南宋初年，最早由理学家创办、“开湖湘学统”的主持书院讲学者胡宏，在南宋绍兴年间（1131—1162），与著名理学家、他父亲胡安国（1074—1138）及家人，隐居于湖南湘潭碧泉，在此著书讲学，完成了经学名著《春秋传》。而胡安国在世时的讲学处，并没有称之以“书院”，后来史著如《宋元学案·武夷学案》也仅称其为“精舍”“讲舍”。胡安国逝世后，他儿子胡宏才在此地正式修建了“碧泉书院”，并作《碧泉书院上梁文》。因胡安国逝世后谥“文定”，这处建筑就是碧泉书院师生为祭祀胡安国而建，被称为“文定书堂”。此外，如淳熙四年（1177）江州太守潘慈明重建的庐山"濂溪书堂",也是一处学祠性质的书堂,朱熹说太守"始复作堂其处,揭以旧名,以奉先生之祀"。"文定书堂"其实就是一所与"濂溪书堂"性质一样的奉祀之所,而"文定书堂"亦附属于碧泉书院。

"庆元党禁"期间,南宋理学与书院均受到禁抑,理学家很难推广这种以标榜道统为旨趣的书院祭祀制度。直到南宋嘉定(1208—1224)以后,特别是宋理宗(1224—1264)当朝时,理学地位发生重大变化——"嘉定更化",乾淳盛世的理学家们纷纷平反,并得到朝廷的表彰。这段时期,也是书院发展的重要时期,不仅书院建置的数量大大增加,书院制度的建设也更加完备,与道统理念相关的书院祭祀制度,到此时才完全成形。他们在强烈的学统观念与道统意识引导下,一方面在一些重要纪念地、地方学府中大量创建祭祀周敦颐、二程等北宋理学奠基人的祠堂,通过学祠以弘扬道学、传承学统;另一方面他们又开始在书院、精舍开展对道学人物的祭祀活动,并开始了将道统观念的思想建设与书院祭祀的制度建设结合起来。他们这一制度创新的做法,得到了完全巩固与全面推广。这以后的书院比较普遍地建有专门祭祀理学人物的祠堂即书堂,从而形成了南宋书院祭祀制度的显著特色:一是将南宋前期专门供祀理学家的祠堂,进一步拓展为包括祭祀、讲学等多种功能的书院;二是将以前以讲学为主要功能的书院,增设与该书院学统相关人物的学祠;三是创建许多将讲学、祭祀功能合为一体的书院。如以朱熹的集大成思想为主要代表,这一派的代表人物朱熹,也是有着很强的学统观念与道统意识的学者,他依据一种合学统与道统为一体的意识,将祭祀先师的活动纳入书院祭祀制度中去,强化那些闽学学统人物而建立的书院,均设有学祠(书堂)祭祀,并将这种学祠(书堂)与继承学统、弘扬道统联系起来。

象山学派也是如此,陆九渊自称其学直承孟子而来,他在象山精舍培养的后学,却倡导并坚持了象山学统,并且在象山书院创建专门祠堂,祭祀陆氏三兄弟。他们在象山书院的祠堂祭祀,同样是基于对本院学统的继承和弘扬。袁甫是陆九渊的再传弟子,他修复了象山书院并创三先生祠,他将这一活动的动机与目标归为对象山学学统的继承与弘扬。他明确"书院之建,为明道也"的宗旨,增设祠祭就是为了表明象山书院的学统直承孔孟道统而来。他在祭祀象山先生的祭文中说:"先生之学,得诸孟子。我之本心,光明如此。未识本心,如云

翳日；既识本心，元无一物，先生立言，本末具备，不堕一偏，万物无蔽。书院肇建，躬致一奠。”袁甫在祭文中反复申明象山学统的大旨，在“我之本心”，同时强调这一学派宗旨来自孟子，其实就是将象山书院的学统与儒家道统联系起来。

袁甫在鄱阳传播象山学派，同样没有走出自己的学统思想，鄱阳始终是朱熹理学的传播地，在这种情况下，袁甫唯一的办法是创办“番江书堂”以“抗衡”。正如此，后来的方志(历史)学家，对袁甫在鄱阳推行理学教育的作为也只是在《宋史·袁甫传》中以“讲学学宫”一笔带过，而只字未提“番江书堂”。这就是鄱阳在南宋期既有“鄱江书院”又有“番江书堂”，说鄱江书院不言番江书堂的原因，所以“番江书堂”并非“鄱江书院”。

玉雪坡旁进士村

在游城乡板埠桥村周伯琦的旧宅西，有一块面积十亩上下的空地，至今上面既不长灌木榛梔，也不长蒿茅蓼蓟。清一色的马鞭草，相护相拥，紧紧地匍匐在这片泥土上，在夏日烈阳下，娇绿鲜嫩，素雅整洁，如人工培植般，茵茵一片，看不到一丝杂乱，保持着如锦的状态。据说，这是县志记载的胜景——玉雪坡的遗址。

“玉雪坡”原是宋代留下的名胜，在旧州宅西边（应该在现在鄱阳中学西北的黄泥岭一带，元朝以前的州宅在木家山）。周伯琦每到这里赏玩，都流连忘返：满坡梅花如雪似玉，芬芳飘洒，洁白无瑕，香飘四野，尤其在朦胧月色下，引人无限遐思。后来周伯琦的父亲周应极，在故里板埠桥建造了“悠然阁”“碧筠堂”“致乐堂”等建筑，于是他便仿照州宅，在宅西山坡上尽种梅花，自号“玉雪坡”，其繁似锦，其名远播，盛貌空前。后来梅谢树枯，玉雪不再，按自然规律，当荆棘丛生，杂乱荒芜，没想到几百年后，这里居然保持着如此洁雅的面貌。

玉雪坡的复制与“致乐堂”的落成，是板埠桥周家的一件喜事，周应极请来元朝的欧阳元、揭傒斯、余阙、黄溍、吴当等显要，赏玩题词，于是留下了不少脍炙人口的歌吟：“饶有玉雪坡，梅树绕成行。百年遂芜茀，过者念甘棠。梅山周居隐，声誉起故乡。种梅数百株，发已传书香。文孙登玉署，苦淡亦加扬。进怀黄金旧，华扁袭前芳。人间绚红紫，驰惊利名场。”（欧阳元《题玉雪坡》）“孤亭临别墅，千树拥梅花。照日春先透，迎风冷不斜。偏宜比玉德，复与雪通家。平地成瑶圃，群山隐素霞。寒光随步履，落片映窗纱。静许幽禽噪，高从远雾遮。主人勤种植，天子似重华。”（揭傒斯《题玉雪坡》）“缥缈危亭瞰碧波，梅花千树拥岩阿。莫将姑射神仙宅，误比西湖玛瑙坡。东阁云深归楚迥，北枝天近得春多。欲题新句参图画，满袖缁尘奈若何。”（黄溍《题玉雪坡》）“曾识罗浮山下书，苍苔白石与烟萝。几年种玉云千尺，镇日开花雪一坡。酒熟谷中春事早，诗成湖上月明多。青绫夜向金銮直，疏影黄昏奈尔何。”（吴当《题玉雪坡》）

逝者如斯，几百年倏忽过去。而此前板埠桥的故事，总让人难以忘怀，至今

仍令人倾慕。那时,这个群山环绕、偏僻静寂的乡村,居然群贤咸集,高朋满座,成为引人注目的地方。元廷集贤司直周应极,先后邀请翰林直学士程钜夫、翰林直学士兼国子祭酒虞集、翰林国学院编修揭傒斯、监察御史余阙、国史院编修黄溍、翰林侍讲学士元明善、翰林学士承旨欧阳玄、参与编纂辽金宋史的吴当等人来到板埠桥做客。那时,这方圆十几里的空气中,都弥漫着文人们诗的韵致和情感。丽辞华章把板埠桥的青山绿水渲染得光彩四射。南山北麓的双溪水,被激荡得兴奋不已,欢愉跳跃着相拥相抱,合成了一股水流。周氏祠堂里,族人后裔无不沉湎在节日般的欢乐中。自北宋神宗朝周泰公从九江迁徙至鄱阳后,即使是先祖们进士及第时的盛况,也无法与这次翰林们的板埠桥相聚相比。毫不夸张地说,这不仅是板埠桥的第一次,也是鄱阳有史以来的第一次。“名邦富山水,高阁缅幽期”“主人留京阙,翔鸾正差池”,那是何等风光。接着,“悠然阁”的落成,“玉雪坡”的再造,都让板埠桥锦上添花,声名鹊起……

虽然“悠然见南山”的阁楼了无踪影,虽然元朝时周氏的宏业荡然无存,但南山依旧,双溪仍流。板埠桥周家的历史,在家谱中记载得一清二楚:宋、元、明、清四个朝代中,先后有进士10人,贡士17人,其中拔贡4人、恩贡2人、岁贡1人、优贡10人,共27人取得了做官资格。

板埠桥周氏,从北宋神宗熙宁年间(1068—1077)始祖泰公迁入鄱阳起,至清朝光绪三十一年(1905)废除科举制止,时间跨度虽历经800多年,但作为一个村落、一个家族,能涌现这么多的人才,不能不是一个奇迹。

有坊间本说,晋代风水大师郭璞,卜居鄱阳郭璞峰时,曾留下这样的偈语:凰岗的双钟山、滨田的凤凰山、板埠桥的坐背山,三座山连在一起,鄱阳人的乌纱帽多得做斗笠带。从科学角度看,此话当然不可信,而实际情况证明,似是一语中的。

就说坐背山下的板埠桥周氏吧,南宋理宗嘉熙年间(1237—1240),有周垚、周炳入选贡生;理宗淳祐(1241—1252)时又有周灼考上贡生。周氏家族第一次金榜题名的是周夔、周坚父子。这对父子于南宋理宗宝祐四年(1256),从板埠桥动身,经县城出发,溯信江而上,到上饶后转陆路,翻山越岭直奔临安,进京殿试。苍天不负有心人,几代人的苦心经营,终于蟾宫折桂,这对父子为文天祥榜的同科进士。从此,板埠桥周氏改写了自己世代为耕的历史,踏上了耕读传家的历程。当时,还有两位族裔周埜、周孔时运不济,同为宝祐贡生,可惜没有取得进士之身。

周氏第二次第三位考上进士的是周垕。周垕于度宗咸淳十年(1274)登王龙泽榜,成为继爕、坚父子的板埠桥人。遗憾的是周垕有命无运,处在南宋末期,就在他被授予江东提刑干办之职时,元兵已经进入了江南,南宋朝廷名存实亡。第二年,元军兵临鄱阳,家住县城的周垕,遵循母亲之命参与守城。突然,周母病故。众人推举他向元军写降表。周垕坚辞不就,连夜以母归葬为由,遁出县城。后结茅庐于母亲墓旁,拒绝与外人接触,过上隐者的生活。周垕的气节,影响了后来的鄱阳县人,人们称他为梅山先生,建乡贤祠旌表。与周垕同时的本族人周宽、周应更、周文华也入围贡士,命运与周垕大抵相似。

进入元朝,周氏家族登榜的人接踵而至。元延祐五年(1318),周章登霍希贤榜;元泰定三年(1326),周鲁折桂;元至正五年(1345),周暾登张士坚榜;至正八年(1348),周明登王宗哲榜。元朝前后仅维持了81年,而周氏家族30年间,竟有4人入选进士,周绍四、周瑜2人选为贡士。先人福荫,庇及后代,于是有了周应极、周伯琦父子显摆之举,有了"玉�堂""悠然阁""玉雪坡",这些让翰林们倍觉感叹的逸事。

明朝正统十年(1445),周旋填补了朱明王朝周氏家族的进士之缺。大清王朝时,又有周凤喈、周诰,分别于嘉庆十六年(1811)、道光十八年(1838)圆了周家的进士之梦。人们这才惊叹,游城板埠桥周家,无愧享有耕读振家声之誉。至于周士都、周元勋、周元漉、周时叙、周协忠、周之帧,他们都挤进了贡士行列,取得了功名资格。此外,周氏家族中,还有19人入选国子监,其中国学13人、荫监6人(还有太学生多人未计入其内)。

由此看来,郭璞偈言之传,还真的不是毫无根据,除板埠桥周氏,滨田彭氏、凰岗徐氏也都为鄱阳撑过门面。倘谓此说属假,至少也可算作伪托郭璞之名,解释如此文化现象。

番君庙碑孟頫书

有位张姓天津人，收有家藏旧拓赵孟頫《汉番君庙碑》帖册。册纵25.5厘米，横13.2厘米，每页书2行，行4字，字大盈寸，全碑共482字，拓片来源于鄱阳长沙王庙，可以说是稀世珍宝。因为写这帖的赵孟頫当时已经66岁，而且在写成后的第3年，便长辞人世。这块帖是赵孟頫晚年楷书的代表作，运笔酣畅稳健，结体宽博缜密，线条流畅滋润，风貌清秀恬静，楷中带有行书笔意，自具风格，是典型的“赵体”，遗憾的是碑石没有了。

赵孟頫(1254—1322)，字子昂，号松雪道人，又号水晶宫道人、鸥波，中年曾署孟俯。浙江吴兴(今浙江湖州)人。南宋末至元初著名书法家、画家、诗人，宋太祖赵匡胤十一世孙、秦王赵德芳嫡派子孙。至元二十三年(1286)，赵孟頫被行台侍御史程钜夫举荐，受元世祖忽必烈的礼敬，历任集贤直学士、济南路总管府事、江浙等处儒学提举、翰林侍读学士等职。累官翰林学士承旨、荣禄大夫。晚年逐渐隐退，后借病乞归。至治二年(1322)，赵孟頫逝世，年六十九。获赠江浙中书省平章政事、魏国公，谥号“文敏”，故称“赵文敏”。著有《松雪斋文集》等。

赵孟頫博学多才，能诗善文，懂经济，工书法，精绘艺，擅金石，通律吕，解鉴赏。尤其以书法和绘画成就最高。在绘画上，他开创元代新画风，被称为“元人冠冕”；亦善篆、隶、真、行、草书，尤以楷、行书著称于世。其书风遒媚、秀逸，结体严整、笔法圆熟，创“赵体”书，与欧阳询、颜真卿、柳公权并称“楷书四大家”。

赵孟頫自幼聪慧机敏，读书过目便能背诵，拿起笔马上能草就文章。他在14岁时，以父亲的荫庇补官，调往真州司户参军。宋灭亡后，便居家度日，潜心致力于学业。

元世祖忽必烈至元年间(1264—1294)，雄才大略的世祖皇帝，诏令臣属搜访“遗逸”。至元二十三年(1286)，赵孟頫在行台御史程钜夫的推荐下，从江南来到京师觐见元世祖。忽必烈看他才气英迈，神采焕然，有如神仙中人，很是喜

爱，封他为刑部主事，把他留在身边准备重用。第二年，将他提升为兵部郎中。至元二十七年(1290)，又升任为集贤殿直学士。

元世祖给赵孟頫的礼遇，使不想为元朝做官的赵孟頫感动。在为世祖草诏的时候，他略展才华，“挥笔立成”，而且也在铲除暴虐成性的桑哥丞相过程中小试锋芒，帮助了元政府，一展治国才华。然而，赵孟頫总是很好地把握着自己，他有一个直觉，应尽快远离这个险恶的环境，走为上，“力请外补”，在再三要求下离开了京师，出任同知济南路总管府事。在济南期间，佥廉访司事哈剌哈孙一向苛刻暴虐，赵孟頫不愿附和，他就借故诬陷中伤赵孟頫。元贞元年(1295)武宗即位，需要修订《世祖实录》，赵孟頫被召回京师。没多久，他辞官归里，回到了江南。

皇庆元年(1312)，元仁宗爱育黎拔力八达登基。这位皇帝非常欣赏赵孟頫，把他比作唐朝的李白、宋朝的苏轼，并再请赵孟頫出山，在受到赵的辞谢后，还专门在江浙、湖广、江西三省为赵孟頫设了一个职位，即集贤直学士、江浙等处儒学提举，代职统管学校、教养、钱粮等事务。仁宗称赞他操履纯正，博学多闻，书画绝伦，又精通佛、老的精髓，并经常给他赏赐。延祐三年(1316)，又提升他为翰林学士承旨。赵孟頫的受宠，遭到了一些人的嫉妒，他们从中进行离间，而皇帝爱育黎拔力八达却说：“子昂是世祖皇帝选拔的，朕特别以礼相待，安置在馆阁，从事述写著作，以传后代。”

元仁宗延祐六年(1319)，赵孟頫获准返回江南，不久爱育黎拔力八达又派遣使者前去赐送衣币，并请他返朝，这时赵孟頫因病没有能马上动身。三年后，也就是元英宗至治二年(1322)，赵孟頫因病去世。

《汉番君庙碑》是赵孟頫获准回江南那年写就的。

延祐年间(1314—1320)，治理鄱阳的元人感慨番君吴芮的德行，重修了“番君庙”。于是，由翰林侍学士、通奉大夫知制诰、兼修国史元明善撰文，翰林学士承旨、荣禄大夫、兼修国史赵孟頫书丹，资德大夫、中书右丞高昉篆额，成就了这块集元仁宗知名文人、书法家、达官精湛技艺于一体的碑刻。这块堪称元碑“三绝”的力作，成为我国书法史上的一个大观，并于延祐六年(1319)，由本郡人、荣禄大夫、大司徒、特封饶国公吴克已建碑。从此，一块翰墨至宝留存了600多

年,给中国书法,也给鄱阳留下了珍贵的一页。

赵孟頫与夫人管道升同为中峰明本和尚的弟子。赵孟頫精通音乐,善鉴定古器物,书法声誉很高。据明人宋濂讲,赵氏书法早岁学“妙悟八法,留神古雅”的思陵(即宋高宗赵构)书,中年学“钟繇及羲献诸家”,晚年师法李北海。王世懋称:“赵文敏公书多从二王(王羲之、王献之)法中来,其体势紧密,则得之右军;姿态朗逸,则得之大令;至书碑则酷仿李北海《岳麓》《娑罗》体。”此外,他还临写过元魏的定鼎碑及唐虞世南、褚遂良等人;于篆书,他学石鼓文、诅楚文;隶书学梁鹄、钟繇;行草书学羲、献,能在继承传统上下苦功夫。诚如文嘉所说:“公于古人书法之佳者,无不仿学。”虞集称他:“楷法深得《洛神赋》,而揽其标。行书诣《圣教序》,而入其室。至于草书,饱《十七帖》而变其形。”他是集晋、唐书法之大成的很有成就的书法家,同时代的书家对他十分推崇。他在中国书法艺术史上有着不可忽视的重要作用和深远的影响,在书法上的贡献,不仅在于他的书法作品,还在于他的书论。他有不少关于书法的精到见解。他认为:“学书有二,一曰笔法,二曰字形。笔法弗精,虽善犹恶;字形弗妙,虽熟犹生。学书能解此,始可以语书也已。”“学书在玩味古人法帖,悉知其用笔之意,乃为有益。”在临写古人法帖上,他指出了颇有意义的事实:“前人得到古碑帖数行,专心学习,便能闻名于世。何况《兰亭集序》是王右军(王羲之)满意的书法。如果不停地学习,怎么会担心书法胜不过别人?”这些都可以给我们重要的启示。

赵孟頫的传世书迹较多,有《洛神赋》、《道德经》、《胆巴碑》、《玄妙观重修三门记》、《临黄庭经》、独孤本《兰亭十一跋》、《四体千字文》等。传世画迹有大德七年(1303)作《重江叠嶂图》卷、元贞元年(1295)作《鹊华秋色图》,图录于《故宫名画三百种》;皇庆元年(1312)作《秋郊饮马图》,现藏故宫博物院。

赵孟頫的书法,虽学李邕,却以王羲之、王献之为宗师,所写碑版较多,圆转遒丽,以书法造诣高深闻名天下。有人讥讽他的书法为奴书,说他的书法滑媚而无创新,宁做古人的奴隶。实际上正是他主张复古,才尽得古人笔意,最后自创赵体。他痴迷书法到性命不顾的地步。有次乘船,他在船上写《洛神赋》,风暴骤起,船几乎倾覆,赵孟頫仍泰然自若,什么也不顾地舞笔弄墨。又正是这种锲而不舍的追求精神,才使他成为继唐代柳公权、颜真卿、欧阳询之后的楷书大家。赵孟頫的画主要师法董源、巨然，人物、鞍马学李公麟。他用书法技巧写古木竹石，自称“石如飞白木如籀”，他变革南宋院体格调，开创了元代画风。

赵孟頫的著述主要有《〈尚书〉注》，他深得律吕奥妙，并著有《琴原》《乐原》。赵孟頫的诗文清邃奇逸，读后使人有飘然出尘之想。他的篆刻也很守法，以“圆朱文”著称。明代史官杨载称赵孟頫之才被他的书画所掩盖，知道其画者，不知其文章，知其文章者，不知其经国济世之学。可以说，赵孟頫以赵体字征服了元朝皇帝，同样又令清代各天子刮目相看，由衷倾倒。乾隆皇帝一生都在亲临赵体，谓之“流丽中具整肃”。以至在700多年后，赵孟頫与姜夔一样，成为离地球不远水星环形山的被命名者之一。

鄱江楼载洪武事

鄱阳自有记载，上下已越3000多年。在这漫长的历史时间里，历经秦、汉、魏晋、南北朝、隋、唐、五代、宋、元、明、清这么多朝代，而亲自驾临的皇帝，信史中只有明太祖朱元璋。这段历史在《明史·太祖本纪》中有记载："太祖乃自将舟师征陈友谅。戊戌，克安庆，友谅将丁普郎、傅友德迎降。壬寅，次湖口，追败友谅于江州，克其城，友谅奔武昌。分徇南康、建昌、饶、蕲、黄、广济，皆下。"旧《鄱阳县志》则这样记载："太祖克江州、幸鄱。至东门外，御书城隍之神，祀以少宰。"又"鄱江楼"条："明太祖幸鄱阳，登楼见父老，有年九十者，上说，以为守臣保障之力。"从这些记载中证实，朱元璋不但到了鄱阳，而且在南门城上的鄱江楼上接见了老百姓的代表。尤其值得称道的，在驾幸鄱阳楼之后，他才取得了鄱阳湖大战的胜利。

朱元璋是明朝的开国皇帝，字国瑞，世居沛（今江苏），后来迁徙到濠州钟离（今安徽凤阳），小名重八、兴宗，皇号洪武。

朱洪武在鄱阳的传说最多，而且都是关于他和陈友谅鄱阳湖大战的传闻，这场战争，诚如他自己诗中所写的那样："一色山河两国争，是谁有福是谁倾。我来觅迹观音阁，惟有苍穹造化宏。"（《征伪汉幸上钟观音岩》）

朱元璋在驾幸鄱阳楼的头一年，取得了大败汉帝陈友谅的胜利。江西全境和湖北东南部，归入了朱元璋版图，形势的发展对陈友谅越来越不利。就在到鄱阳的第二年（1363）四月，气急败坏的陈友谅决定孤注一掷，竭尽全力，做灭亡前的最后一次挣扎，举兵包围了朱元璋占据的洪都（今江西南昌），鄱阳湖的一场激烈水战由此展开。

战争发生前，陈友谅主将张定边攻陷饶州（今江西鄱阳），张士诚主将吕珍破安丰（今安徽寿县），杀死了刘福通。刘福通是红巾军领袖，朱元璋一度是红巾军成员。因为念旧的原因，朱元璋在军师刘基不同意北上的情况下，率部将徐达、常遇春营救安丰。还没有等到朱元璋击败吕珍回师，陈友谅率60万大军，带上家属和文武百官，倾国而来，准备荡平东南。陈友谅考虑，金陵有刘基留守,于是决定攻打洪都。当时驻守洪都的,是朱元璋的侄子朱文正和部将邓愈、赵德胜等。尽管陈友谅日夜攻打,城里仍死守不放。陈友谅见攻城不下,便派兵攻占了吉安、临江(均属江西)等地,切断了洪都与外界的一切往来,洪都成了一座孤城,处境十分危险。这时,朱元璋在北方的战事也不顺利,他率兵到北方时安丰失守,韩林儿逃到滁州(今安徽)。后经过顽强攻打,终于攻克安丰。这时洪都被围的消息也传到了朱元璋的军营,出于战争发展趋势的转变,朱元璋只好撤军南还,安丰再次失守。这时朱元璋的另一支劲敌张士诚,又在安丰被元军收复的时候,乘机进攻了朱军占据的东阳、义乌、衢州(均属浙江),形势对朱元璋极为不利。

七月,朱元璋亲率20万大军援救洪都,陈友谅退至鄱阳湖迎战。双方兵力对比悬殊,陈友谅拥兵60万,大舰数艘;朱元璋军队只有20万,用的都是小船。结合敌我双方的特点,朱元璋根据刘基的策略,决定采取火攻克敌。七月二十一日,双方在鄱阳湖激战。朱元璋按照刘基的建议,在鄱阳湖北湖的泾江口和南湖嘴留下了一支兵马,胜可断陈友谅退路,败可给自己留活路。七月二十三日,朱元璋大军由松门进入鄱阳湖,陈友谅从洪都撤兵来战,经过58天激战,危在旦夕的洪都终于化险为夷。

七月二十四日,陈友谅与朱元璋在康郎山(今属江西余干)相遇。陈友谅指挥大舰摆开阵势,舰首舰尾相连像座水上城堡。朱元璋派徐达、常遇春、廖永忠、俞通海等部将,分率20队战舰,带足弓弩火器迅速出击。经过激战,朱元璋初战获胜。正当双方激战时,汉将张定边见本营渐渐处于劣势,立刻出动所有战舰,向朱元璋乘坐的大舰扑来。朱元璋的大舰慌忙撤离,慌乱中陷入沙洲,被敌舰包围。朱元璋这边虽有大将程国胜、陈兆先、宋贵等人拼死保护,毕竟寡不敌众,面临被俘的危险。在这关键时刻,朱元璋手下有位长得极像自己的部将叫韩成,他主动为主公代难,便穿上朱元璋的战袍,跳船投水而死。张定边以为朱元璋真的死了,马上派士兵打捞尸体,好回去报功。就在这个时候,徐达、常遇春等杀来,常遇春一箭射伤张定边,救出了朱元璋。

七月二十五日,陈友谅又让人把所有大舰用铁索连接成组,以排山倒海之势再次向朱元璋大营冲来。朱元璋派几十名能在水中潜泳的士兵,架着7只特制的渔船,飞快地划近大舰,然后乘着东北大风,把装满硫黄火药的小船引爆,

使陈友谅的汉军遭受重创。关于这场战斗,《明史·太祖本纪》描写得非常详细:“会日晡,大风起东北,乃命敢死士操七舟,实火药芦苇中,纵火焚友谅舟。风烈火炽,烟焰涨天,湖水尽赤。友谅兵大乱,诸将鼓噪乘之,斩首二千余级,焚溺死者无算……”

七月二十七日,陈友谅又整军而出,与朱元璋展开最后决战。陈友谅发现,朱元璋的座船主桅涂有白色标记,便嘱咐部将、士兵全力攻打这艘战舰。两军交锋,陈友谅的将士只顾寻找朱元璋的座船,给朱部大将廖永忠可乘之机,他从侧翼向陈营发起进攻。陈友谅全力攻打朱元璋座船,调集大炮和高明射手向朱的座船开炮。座船被击碎,陈友谅以为朱元璋已经被打死,没想到朱元璋却在别的船上出现。汉军不战自乱。短短4天时间过去,陈友谅死伤将士达40多万。

八月,陈友谅粮草断绝,进退维谷,准备逃奔武昌。九月九日,陈友谅率残部杀出重围,到达泾江口时,被刘基埋下的伏兵阻击,陈友谅中箭而死。

鄱阳湖大战为朱明王朝的建立奠定了基础,而洪武皇帝驾幸鄱阳留下的敕文,也给这方土地增添了光彩:

> 帝王受天明命,行政教于天下,必有生圣之瑞。受命之符,此天示不言之教,而人见闻所及者也。神司淑慝,为天降祥,亦必受天下之命。所谓明有礼乐,幽有鬼神,无理人心,其致一也。朕君四方,虽明智弗类,代天理物之道,实罄于衷。思应天命,此神所鉴而简在帝心者,君道之大,惟天与神。有其举之,承事惟谨。某处城隍,聪明正直,圣不可知。固有超于高城深池之表者,世之崇于神者则然。神受于天者,盖不可知也。兹以临御之初,与天下更始。凡城隍之神,皆新其命。眷此郡邑,灵祇所司,宜封曰鉴察司民,城隍显佑公。显则威灵丕著,佑则福泽溥施,此固神之德,而亦天之命也。司于我民,鉴于郡政,享兹祀典,悠久无疆,主者施行。(《饶州府城隍敕》)

其实,朱元璋这篇敕文是登基前的一个舆论宣传。古代帝王都以天命自喻,这种天命论带来的效果,是自己的名正言顺。不管怎样,即使是朱元璋这般天命论的宣传物,从积极方面看,也还是看重和认识到鄱阳的地位,认识到这片土地在当时和今后对大明王朝的作用与贡献,所以,他叮嘱冥冥中的神灵,司于我民,鉴于郡政。

靖难之变胡闰忠

明惠帝朱允炆建文四年(1402)夏天,鄱阳县城十八坊(古称硕辅坊)一个叫胡家桥的地方,一改往日的平静,顿时鸡飞狗跳,村民哭天抢地,撕心裂肺,惨不忍睹。这是鄱阳历史上绝无仅有的一次遭受皇家抄家灭族的血腥恐怖事件。这次事件的主事人胡闰,家人和族人共有 217 口惨遭杀戮,47 户受到牵连,其中 41 户在监狱与充军地死绝。

胡闰(约 1339—1402),字松友,出身平民,自幼潜心儒学,博览群书。成年后,在城西番君庙中讲学授徒。胡闰秉性刚直,以苍松自许,曾在庙壁上绘《苍虬出壑图》并题诗:"幽人无俗怀,写此苍龙骨。九天风雨来,飞腾作灵物。"元至正二十一年(1361),朱元璋征陈友谅至饶州,谒番君庙,见壁间字画,问祠中人:"此谁诗画?"庙祠里的人回答:"里中儒生胡闰。"朱元璋便在行军帐前召见了他。朱元璋开国后,洪武四年(1371)郡举秀才,朱元璋授胡闰为都督府都事,迁经历。建文帝登基后,认为胡闰率直真诚,迁右补阙,旋进任大理寺卿。

明太祖朱元璋在位时,把儿孙分封到各地做藩王,藩王势力日益膨胀。因太子朱标早逝,洪武三十一年(1398)皇太孙朱允炆继位,是为建文帝。建文帝与亲信大臣齐泰、黄子澄等,采取一系列削藩措施。与此同时,也在北平周围及城内部署兵力,又以防边为名,把明太祖第四子燕王朱棣的护卫精兵调出塞外戍守,准备削除燕王。朱棣于是在建文元年(1399)起兵反抗,随后挥师南下,史称"靖难之役"。

建文帝起用老将耿炳文统兵北伐,又派李景隆继续讨伐,而建文帝缺乏谋略,致使主力不断被歼。朱棣适时出击,灵活运用策略,经几次大战消灭南军主力,最后乘胜进军,于建文四年(1402)攻下帝都应天(今江苏南京)。

燕军进入南京后,朱允炆在皇宫放火,朱允炆本人不知所终,此后他的下落成为谜团。

朱棣入城后,翰林院编修杨荣迎于马首,说:"殿下先谒陵乎?先即位乎?"一句点醒朱棣。次日(建文四年六月十四)起,诸王及文武群臣多次上表劝谏,

朱棣不允。数日后(六月十七),朱棣谒孝陵,并于当日即皇帝位,是为明太宗(后改为成祖)。重建奉天殿(旧殿被朱允炆所焚),刻玉玺。朱棣不承认建文年号,将建文元、二、三、四年改为洪武三十二至三十五年,次年改为永乐元年。凡建文年间(1399—1402)贬斥的官员,一律恢复职务;建文年间的各项改革一律取消;建文年间制定的各项法律规定,凡与太祖相悖的,一律废除,使一些有利于民生的规定也被废除,如建文二年(1400)下令减轻洪武年间浙西一带的极重的田赋,至此田赋又变重。

朱棣在靖难之役获胜后,向京城(今南京)军民发布公告:"固守封地的藩王,因左班奸臣挑唆,导致骨肉被其残害,所以不得不起兵诛杀他们,以此来扶持江山社稷和保安亲藩。今次拟定的京城奸臣,有罪者不敢赦免,无罪者不敢诛杀,如若误伤受到牵连又祸及伤亡,绝非靖难本意。"

建文四年(1402)六月二十五日,朱棣先召方孝孺起草即位诏书,方孝孺不从,被灭九族;又传胡闰、高翔上殿,两个人闻知建文帝已经死了,都穿着孝服,面对着宫门大哭。朱棣命令胡闰换去孝服,胡闰不从。朱棣命力士敲碎他的牙齿,胡闰仍然不服从,于是将胡闰吊死,浸在石灰水中,剥皮以干草填充,悬挂于武功坊,接着将他全家及族人斩杀。当时胡闰的儿子传福才 6 岁,被发往锦衣卫充幼军,后谪戍边,继被"宽宥"为民,61 岁病死,也没有儿女,因此胡闰家成为绝户。胡闰还有一个 4 岁的幼女郡姐,被一位功臣的婢女收养。郡姐终身不嫁,后来被放回鄱阳,贫苦无依,人们争着送她钱谷,说:"这是忠臣的女儿。"明世宗嘉靖初(1522),饶州提学副使邵锐将胡闰祠于学宫。万历元年(1573),明神宗朱翊即位,对包括胡闰在内的死难诸臣进行旌表。十三年后,神宗再次降旨,原被罪诸臣,除齐泰、黄子澄之外,凡受到株连的统统查勘核实,具奏豁免。圣旨由兵部移交各省,饶州府官将文告贴于邑门时,突然狂风顿作,将文告卷向天空,两个时辰后方落向县衙正堂中衢。人们以为此乃胡氏显灵。邑人史桂芳为此写了《英风纪异》一书,并赋诗悼念。

万历恩诏颁布后,饶州郡守杨际会,行文有关道院为胡闰立祠,定名忠烈祠。同时,在长沙庙巷对面的胡家桥胡闰故居处建一石坊,名"天地正气坊"。

明代思想家李贽将胡闰事迹编入《续藏书·逊国名臣卷》。李贽对于凛然的忠烈之士不胜感慨,在《逊国名臣记序》曰:"呜呼,为臣不易,读之真令人心

死矣。”

此外，众多建文旧臣如卓敬、暴昭、练子宁、毛泰、郭任、卢植、戴德彝、王艮、王叔英、谢升、丁志方、甘霖、董镛、陈继之、韩永、叶福、刘端、黄观、侯泰、茅大芳、陈迪、铁铉等，史称：“忠愤激发，视刀锯鼎镬甘之若饴，百世而下，凛凛犹有生气。”他们的家属和亲人也被牵连，死者甚众，流放、被逼做妓女及被其他方式惩罚的人也不少。直至明仁宗即位后，大部分人始获赦免，余下的人的后代却迟至明神宗时才获赦免。在大肆诛杀之外，当月，朱棣将魏国公徐辉祖下狱，后释放并削其爵位。辉祖死后，其子嗣复魏国公爵。黄观被朱棣所嫉恨，其状元的身份被革去。

方孝孺惨遭凌迟灭族，但此事出于野史，未见于正史。野史称方孝孺大书“燕贼篡位”，朱棣见他宁死不屈，威胁他说：“你不怕被诛九族吗？”方孝孺义正词严地斥责说：“即使诛我十族又怎样？”朱棣怒不可遏，于是大肆搜捕方孝孺的亲属，还包括他的门生和朋友（即第十族）。他们在方孝孺面前一一被杀害。被杀者共达八百七十三人，而方孝孺则被腰斩于南京聚宝门外。

史简精编五家集

在明末清初,有鄱阳人史简编辑了一部《鄱阳五家集》,文集共15卷,收录了自宋末至明初5位乡人的诗词,这部书后来被收入《四库全书》。内有黎廷瑞的《芳洲集》、吴存的《乐庵遗稿》、徐瑞的《松巢漫稿》、叶兰的《寓庵诗集》、刘昺的《春雨轩集》。民国初年胡思敬,又将它列入《豫章丛书》进行重刊。

史简,字文令,号芝麓樵夫,著有《书经旨要》6卷、《越芝堂日记》2卷。而五位诗人的生平,大致如下:

黎廷瑞(1250—1308),字仲祥,号芳洲,南宋理宗淳祐十年(1250)生,利(丽)阳镇(原属鄱阳,20世纪70年代划归景德镇)人。他是南宋度宗咸淳七年(1270)张镇孙榜赐同进士出身的,授官广东肇庆府司法参军,因为有资格的人多,实际职务少,所以需要排列顺序,排队候补,结果没有挤上趟。南宋灭亡后,他在家幽居十年,种梅养兰,寄意山水,以吟诗唱和为娱。所交的朋友,都是当时的名士。从元世祖至元二十三年(1286)起,当了五年本郡的学官,此后退休,更号俟庵,弹琴著书,不再出山,直到病故,葬于凰岗马家坞。有《芳草集》5卷。

吴存(1257—1339),字仲退,号月湾渔者,他出生在黎廷瑞进士及第那年,凰岗人。从小学识卓著,少有英名,居住地有名的先生们,包括年长他22岁的黎廷瑞等,都愿意与他交往。他出生后父母双亡,由祖母抚养成人。吴存自幼习读程朱理学,其授业老师为齐梦龙,齐的老师是沈贵宝,沈的老师为德兴人董铢,而董则是朱熹的嫡传弟子、得意门生。元仁宗延祐元年(1314),朝廷开设科举考试,县尹三次请吴存参加乡试,他都予以推辞。总管看见牒文上没有吴存的名字,很是惶恐地说"不可无吴先生",非要他参考,果然中选,并授饶州路学正的职务。不久,调宁国路(治今安徽宣城)教授。延祐七年(1320),被聘任主持江西省乡试,官至饶州路鄱阳县主簿。著有《本义折衷》《程朱易传》《乐庵遗稿》《巴歙杂咏》《鄱阳续志》《鄱阳新志》《四书语录》《月湾诗稿》等。《全金元词》收录他的词30首,其中《水调歌头·浙江贡院》入选《元明词三百首》,《霜天晓角·蛾眉亭次韵》入选《豪放词》。

徐瑞(1255—1355),字山玉,号松巢。他的先人是在平定黄巢之乱时落籍鄱阳的,以后成为鄱阳鹊湖(原属凰岗,后划归景德镇)的望族。徐瑞工于诗,与吴存、黎廷瑞住处相隔不远,书信互致,唱和相答。他们既是文友,又是志同道合者。元仁宗延祐四年(1317),以明经行修,被推为本县书院的山长,没多久便归隐回家。从此巢居松下,花晨月夕,吟诗作赋,逐年笔记,留下《松巢漫稿》,松巢的字号就是这样来的。

叶兰(生卒年不详),字楚庭,号醒渔。据说他死时年纪很轻,才 30 多岁。叶兰在元朝时担任过太常寺礼仪院奉礼官,后来随父亲去了浙江。他父亲叶懋,有才识,喜欢作诗,官至大中大夫、嘉兴路总管。元朝称府为路,总管相当于知府。叶兰是个才子,文名很高,善于歌赋。他的作品,人们评价为清润古雅。元朝灭亡后,曾经任过元朝廷官员的周伯琦,应朱元璋的召见进京,叶兰赠诗周伯琦说:"觅得神鳌休便休,不须重上钓鱼舟。回头更向溪上望,明月芦花别是秋。"周伯琦回到鄱阳后,深深体会到叶兰所说的道理,于是推荐叶兰。朱元璋下诏,叶兰拒绝。朱元璋再召,叶兰乘船至一个名叫石桥的地方,溺水而死,以生命的终结谱写了一曲忠诚的壮歌。他的诗,慷慨激越有金石之声。"草色遥空暗楚雨,柳丝拽岸垂淮烟""孤灯焰冷青垂壁,短发愁凝白满梳",这些诗,千百年读下来,犹凛然而有生气,有《寓庵诗集》存世。

刘炳(1331—1399),今写作炳,字彦炳,以字行,号山懒云翁。洪武初献书言事,授中书典签,出为大都督府掌记,除东阿知县。阅两考,引疾归。代表作为《满江红·寄水北山人徐宗周》(徐是凰岗人)。名列《明史》,是以刘菘为代表的明代江西派,又称江右诗派的代表人物之一。所著《春雨轩集》,也称《刘彦炳集》,为他的门人所编,宋濂等作序,杨维桢为他点评。

被一代大思想家王船山极力称颂的刘炳,是鄱阳的一大骄傲。王船山说刘彦炳之"高华……绝壁孤骞,无可攀蹑,人固望洋而返;而后以其亭亭岳岳之风神,与古人相辉映"。刘炳之诗,或明快如春水,或庄肃如远山,或如行云出塞外,或如雷霆注空间。可谓有明一代诗中奇才。

《鄱阳五家集》最令人亮目的是,除刘炳之外,其余四人都有东湖十景的咏唱。其中,黎廷瑞作有《东湖诗十首》,可惜仅存三首,现存的三首,没有像其他三个人那样分景咏唱,但内容已经涵盖了景意。吴存、徐瑞两人的十景景名完全一致,叶兰与前面两人不同的是"松关暮雪",吴存、徐瑞的叫"江城暮角",其

他九景相同。可是东湖十景在此前或此后,都没有人这样集中地咏唱过。而前三位的共同点就是很有个性,而且爱好吟诗作赋,寄情故乡山水。咏景的四人中,除叶兰之外,前三个人都不满元人统治。这从徐瑞的《双塔铃音》中可以看出:"浮屠双笔仰书天,檐铎吟风破曙烟。似为众生说般若,兴亡莫问劫灰年。"结合历史,鄱阳之有东湖十景,实际上就是这些文士们,借雅意湖山之情,怀南宋朝廷之旧,抒爱国主义之绪的结晶。说直白一点,它实际上是受西湖十景的影响,发思古之幽情,抒眷宋之真心。杭州西湖是中国最美丽的湖,它有十大景观:苏堤春晓、平湖秋月、花港观鱼、柳浪闻莺、双峰插云、三潭印月、雷峰夕照、南屏晚钟、曲院风荷、断桥残雪。而西湖十景,又恰恰成于偏安南方的南宋朝廷中期——宁宗赵扩执政期间(1194—1224)。当时,"十景"成风,除此之外,还有"钱塘十景",与西湖十景并称为西湖双十景。毕竟当时的杭州是"国都",尽管是"临安",却还是"安"。国都形象不仅体现在灯烛辉煌、笙歌达旦、纸醉金迷上,还要体现在楼阁高筑、亭榭散布、名胜点缀中,于是有了西湖十景。

公元1275年,元兵占领了鄱阳。从此,这片土地不得不开始接受中华另一个民族的贵族政权的统治。然而,这个现代中国人能接受的现实,在南宋的遗老遗少们看来,是一件让人痛心疾首、无法容忍的事。那些长期受儒家思想教育、程朱理学熏陶的读书人,在既无力反抗又缺乏勇气以死明志的情况下,只好借山水以寄托自己的一腔爱国热情,这是古已有之的事。尤其是黎廷瑞、吴存、徐瑞三位,他们的人生足迹已经表明,生为宋民,当为宋鬼,不事二主,不做贰臣。由此可见,东湖十景发端于南宋,定形于元代,最后完成于元末。而将《鄱阳五家集》收入《豫章丛书》的胡思敬,也不是一般人。

胡思敬(1869—1922),字漱唐,号退庐,江西新昌(今江西宜丰)人。光绪乙未(1895)进士,次年补殿试,选翰林院庶吉士。历任吏部考功司主事,辽沈道监察御史,广东道监察御史。民国初年,江西学术界公推他为江西省教育会会长,他坚辞不就。定居南昌后,仍经常出入书店,后来馆藏达40万卷,特别是各县县志尤注意收藏。他"益肆于学,日至书肆搜求经籍。老仆负囊从其后,无所不收,盖亦无所不读"。时藏书达二十万卷,全部携回南昌,在东湖滨筑室,楼上称"问影楼",楼下为江西私立退庐图书馆,对外开放。后又继续充实藏书,馆藏最多时达四十万卷。他编辑的《豫章丛书》,共收唐宋以来江西历代名人著作经、史、子、集一百零三种,六百九十四卷,二百六十六册。

郡州府学屡迁址

旧县志说："鄱当楚尾吴头，背山环水，气象多阴，民无悍戾之性。其言清越，其习以礼信相敦，阖教至肃，为七邑冠。民多稼穑，市务居积，工艺杂异乡人，不为淫巧；族无贵贱，皆知诗书；训子诵读之声，络绎不绝巷陌。"自古以来，读书是鄱阳人的优良传统。

鄱阳自三国东吴时分豫章立郡，尔后又为州、府之制。郡始见于战国时期。秦统一天下设三十六郡。后汉起，郡成为州的下级行政单位，介于州、县之间，州已成为一级行政区划，形成州、郡、县三级制，魏晋南北朝时沿用。隋朝废郡，以县直隶于州，鄱阳则称饶州。隋炀帝时为郡县二级制，唐高祖又改郡为州。之后中国历朝不再设郡，唐代的大州称为府，仍为州级。宋太宗太平兴国二年(977)，尽罢天下节镇所领支郡，从此全国诸州直辖于中央，州的长官称知州事，简称知州。元代的州有的属于路，有的则属于省，即直隶州。明朝称府，清承明制。县城是历代郡州府治所在地，这就有了郡、州、府和县学之分(不包括书院)。

郡、州、府学，自西晋虞溥办学至饶州府消亡，一直都在变化。在大多数人看来，郡、州、府学无疑是现在的博物馆，因为那里有座文庙。这种认定浅看似是合理，事实上又不尽然。从县志中断断续续发现，现在的文庙只是大清王朝之后建的，明朝时这块地方一度是淮靖王府。明以前是安国寺，由陶侃后裔住处演变为祭祀场所。那么，明朝府学包括文庙在哪？旧县志说也在桃源山，于是留下一个谜团，桃源山的起止范围包括哪些地方？郡、州、府学与淮王府怎样交叉，府学还是淮王府所占时间长，中间是不是还有个共存时期，等等，都需要从已有的资料中循着踪迹寻找。

据旧县志载，鄱阳最早的郡学主办者是西晋的虞溥，他因陋就简，重在教学内容和质量上下功夫，所办的校舍很简陋，甚至连向孔夫子行大礼的礼堂——文庙也没有。这样一座既具规模又很实际的学校，生员多时达七百余人。那么，它坐落在芝城何处？旧县志"文庙"条说："在治西(今黉门下)。初，晋太守虞溥，内史王廙继建(在今灵芝门)。"黉门下在何处？查现在芝城的巷弄及街道地名，没有这个地方。

2007年,笔者从十八坊的枫子桥搬到现滨洲花园居住,当时一位刘姓灵芝门人,成了我们的邻居。因为他年轻时每天赶牛去河南岸放牧,经常在管驿前我家门口过渡,久而久之,认识并熟悉了,所以在闲聊时他告诉我,他家盖新房子开挖宅基时,发现一对大石狮。为了利益起见,他将这对石狮子砌在自家儿子的院墙中。对他这个"秘密",起初我并不介意。后来研读县志,觉得大有文章,结合小时候对这块地方的印象,我对这一带地貌和当时城区结构有了新的认识。

首先是桃源山,它包括的范围,应该是灵芝门以西,也就是原连杆厂,现阳光花园(城隍庙)以东,至五一小学的大片地区。当年这一带应该是郡(州、府)重要机构的落脚地,依据还是旧县志:"府治在城南木家山,世传晋郭景纯所迁。"(杨升《府治记》),"饶州文庙""在治西(今称黉门下),初,晋太守(虞溥),内史王廙相继建(在今灵芝门),梁太守柳恽(通志作鄱阳相)增修"。从这些信息中看到,东晋以前,这一带应是郡治行政与教育重地。

从鄱阳湖的变迁看,东汉(三国)后,现鄱阳湖区的豫章郡东北,与鄱阳郡西部正在发生变化,受气候和地质影响,整个湖区正处在不稳定时期,无形中对建筑地段的选择,提出了一定要求,因此重要建筑物包括庙宇,多建在地势较高的山丘上。桃源山既不高又不低,且又离郡署不远,于是成了重要机构包括庙宇的首选,郡州学在此设址,并历经两晋、南北朝、隋唐。

北宋景祐间,范仲淹守饶,言"以东湖为砚,妙果寺塔为笔,督军台为印,在东湖边建府学,二十年后必出状元",于是张谭完成了范仲淹郡学移址的夙愿。东湖十景之一的孔庙松风,就是新移学址在东湖北岸形成的一道风景。可惜这所府学在元明兵燹之中圮毁,"其旧址鞠为丘墟,旁近之民,冒为己业",不仅荡然无存,就连归属权也变更了。好在尚有一地名可以稽古,那就是妙果寺的学门口。查这一带,除建国后芝阳师范据此以外,别无他校,可见这个并未引起多大重视的地名,居然是处可以证实曾经诞生本县文状元的所在。

时间到了明朝,朱元璋下派第一位郡守陶安来到芝城守饶,在他的力主下,又在桃源山麓改建了府学,府学的位置几乎又回到了晋时的郡学原址附近。这点明朝程文宪《中州行录》中有一则故事可以佐证:"明府学基,古报恩寺,即今天宁寺也。元时寺僧游湘蜀间,抄化大木创治之,绀宇雄伟,但未设佛像耳。大明兵至,凡文庙不毁,僧借宣圣牌位置殿中,得免。后生徒道以为郡庠,既而为奏取者三,而克戒者二,此可见圣祖崇儒重道之盛事也。宣德中有僧书对于方丈云‘万向广厦归文士，一榻闲云卧老僧’，有士人竟以‘文’字易‘寒’字。”由此可见，元明之季，桃源山有两座名寺，山之西乃报恩寺，山之东为安国寺。报恩寺改作府学，安国寺旧址先是府署临时办公场所，后辟为淮靖王府。再具体一点，府学建在今新民路灵芝门段以西，而文庙广场即原粮食局、现五一小学、鄱阳宾馆、中医院和金山步行街一带，则是在安国寺基础上扩建的明淮靖王府旧址。

当鄱阳走进清朝，府学又发生了变化。明朝灭亡后，淮靖王府旧址所在的桃源山，被新政权清王朝作为饶州府文庙，也就是府学。这事发生在康熙八年(1669)，饶州知府翟凤翥，作为大清顺治帝的臣属，出任守牧。在清廷的批准下，将明初时移至滨洲门附近天宁寺故址的饶州府学堂，迁到了桃源山明淮靖王故居。“岂惟准址空萋萋，圣朝兴学黉空辉。”至此，桃源山开始了新的一页。

清初，由于抵制“剃头易服”斗争发起人都是读书人，于是清朝廷便对汉民族的读书人使出两手政策：一方面在政治上给予残酷压迫，对有反清情绪和叛逆思想的文人、著述，大兴文字狱，诛其身、灭其族、焚禁其书、株连其朋党，进行严酷的镇压；另一方面却网罗、利用科举制度招纳人才，以致出现了这样一种奇怪现象：这边府署、县署摇摇欲坠无钱修缮，那边饶州知府翟凤翥向朝廷请示，将淮王府遗址改建为府学，很快就得到批准。

新的饶州府学在桃源山落脚后，当然就与昔日的八景风格迥异。以大成殿——今天依然存在的文庙为中心的新架构，给予了后来人新的记忆：号房(宿舍)两边排列，魁星楼高耸东南，大校苑居号房正南，泮池点缀金水桥下，前殿正对大门。

大成殿占地478平方米，高14米，坐北面南，面宽五间，进深三间，抬梁式殿堂结构，琉璃黄瓦，飞檐翘角，五彩斗拱，歇山转角，殿内描金绘彩，斗拱盘旋，十二根朱漆木柱，均需双手合抱。殿前，祭台高垒，石级盘旋，气势森严；殿后，古槐盘根错节，浓荫蔽日，铜铃、枝叶遇风作响，如虎啸龙吟，其规模在全县独一无二。整个大殿雕梁画栋，造型别致，结构精良。

如此环境，为大清王朝的两百多年间的饶州七县，输送出大批人才，仅鄱阳一县则有58名进士。

我们现在改作博物馆的“黄瓦”，就是从那个时候建成的。1949年新中国建立之前，这里只是府学遗址，除文庙，俗称黄瓦，后改做博物馆之外，还残存魁星楼、廊庑、学生宿舍等建筑。

饶州繁华多会馆

20世纪50年代以前，在傍依饶河那条叫河街的麻石街上，阁檐紧连，万瓦甃鳞，铺店布列，间无隙地。高高矮矮的房屋，宽宽窄窄的门脸，形形色色的招牌，面河伫立。隔街的河中，樯橹穿梭，舟楫络绎，百货归墟，千帆安泊。那时，在左家巷口的东侧，有座土库屋状的广东会馆。顺着饶河往下，又有湖南、福建、婺源、徽州、瑞州、南昌、抚州、都昌、青阳等九座会馆，其中除青阳会馆设在城内、徽州会馆躲在中河街之外，其余八座，统统临水。

会馆是明清时期，以工商业者、行帮为主体组成的，出于同乡友情，相互邀请，筹措资金，购置房产，保持着浓厚的地域观念，联络乡谊，为本帮商人提供方便，代表商人与官府交涉商业事务，带有一定封建色彩的团体。中国最早的会馆，是徽商在北京设立的歙县会馆，建于明嘉靖三十九年(1560)，由旅京歙人杨忠、鲍恩首倡。在《歙县会馆志》中有这样的文字记载："吾歙为秦旧县，黄山练水，世毓名贤，程朱遗范，渐摩熏染，情谊深而风俗厚，虽侨居寄籍他郡邑者，类皆不忘其乡，依依水源木本，矧京师为冠盖所集，可无会聚之区，以讲乡谊而崇古道哉。"随着时间的推进和商贸的扩大，徽州人建立会馆，标志着徽商集团的形成，为徽商开辟了立足、发展之地。湖北汉口新安会馆，为旅汉徽商提供行商便利，扩充路径，开辟码头，置买店房，形成"新安街"，并石镌"新安街"；苏州吴江市盛泽镇徽宁会馆歙县人与相邻的宁国府属邑合办，有房产、田产、义家和供装卸货物用的驳岸，会馆规模宏大，仅馆舍建筑就造了20多年。

明清徽商鼎盛时期，徽商会馆遍布全国，大至苏州、杭州、澳门、广州等大都市，小至农村小镇，均有会馆设置。而南京一地，就有徽商会馆多处：马府街有新安会馆，太平街栏杆桥、上新河各有徽州会馆，钞库街有新歙会馆等。

鄱阳最早出现的是徽州会馆，创建于万历年间(1573—1620)，又称新安会馆，是徽属州县旅居鄱阳集会居住的馆舍。主要是为徽人举办公益事业，会馆经费由徽商提供。鄱阳徽州会馆的选址，在临近新桥的中河桥。以时间看，徽州会馆应是最早的；从地段看，它似乎与最热闹的东门口有段距离；从发展的眼光看,徽商起点很不一般,他们在选址上,更多考虑的是徽商的发展扩大空间。这点可从后来的商业布局证实,鄱阳的徽商,基本是在新桥以下,东门口以上。

明崇祯十四年(1641),随着都昌人瓷器生意的兴起,紧挨永平门的瓷器巷口,建起了都昌会馆并形成了特色街弄——瓷器巷。

进入清朝,会馆开始在鄱阳加大了兴建步伐。先是以烟叶为主要经营商品的福建商人,在新桥东侧的施家巷口,建起了天后行宫的主体建筑,规模宏大,前后五进,雕梁画栋,高大轩敞。南面是大殿,大殿正中供奉天后圣母塑像,高台石基,以细作方石和青砖为承重墙,额曰"天后宫",它列鄱阳诸多会馆之首。

康熙二十三年(1684),本同属一个徽州,民国后划归江西的婺源人,在徽州会馆东南,与施家巷隔桥呼应的华光巷口,建起了婺源会馆。于是十里河街,居然有两座同属一个州的会馆,可想而知,那时徽商对鄱阳多么看重。

清雍正十一年(1733),抚州会馆问世。这座会馆坐落在离东门口不远的务巷口,即后来改为航运局的地方。坐北朝南,建筑十分壮观。抚州会馆额曰"昭武书院"。从"昭武书院"的别称看,这座会馆起初是江右帮(除饶州人自身)合建,包括南昌、临川、吉安、抚州、瑞州等府县籍人集资建成的,所以在会馆内设有抚州公所。后来随着抚州与南昌帮商人的资本势力扩大,先后又建起了南昌和瑞州会馆。

南昌会馆额名"万寿宫",又名"洪都书院",建在与抚州会馆不远的中和巷口。万寿宫是江右商帮的标志,也是江右商帮财富与实力的象征。而南昌人据此,是他们的地利。在国内,万寿宫既为旅外乡人开展亲善友好、祭祀活动的场所,又是商人、待仕或者下台文人们议事与暂住的地方。万寿宫祀祭许真君,古时江西作为传统儒家文化的大基地,江右商帮自然会受到儒家文化的影响,敬仰那些为民除害、清正廉洁的英雄,而生性聪颖、治病救人、为官清廉的许真君,便受到百姓的爱戴。当时有民谣称"人无盗窃,吏无奸欺。我君(指许真君)活人,病无能为"。许真君死后,便在他的故居建立了"许仙祠",自明初以来,在各省省会以及京都几乎都建有万寿宫,在全国城乡可说是星罗棋布。天津的万寿宫,建在闹市区,其规模与南昌的万寿宫不相轩轾。汉口的万寿宫,是一个布局严谨、错落有致的庞大建筑群,其色彩之富丽、雕刻之精细,为南昌万寿宫所不及。鄱阳的万寿宫建筑也壮观、雄伟,前后共四进,前有戏台,右为别墅,左为同

善祠。

瑞州会馆与南昌会馆、婺源会馆毗邻，建在这座会馆中间的桑家巷口。瑞州是今高安市古称。明洪武二年(1369)改瑞州路为瑞州府，府治高安县(在今江西省高安市)，明初领高安、上高(今江西上高)二县。瑞州会馆稍小于其他会馆，前后三进，后鄱阳镇文化宫占其地址而建。

清同治四年(1865)，湖南湘阴(今属湖南岳阳)、湖潭、湘乡(今属湖南湘潭)在鄱寓居的商人，在新桥徐家巷上首，建起名为公所的三县馆舍，前后三进，规模较小。1945年，三县旅鄱人士开会商定，改为湖南会馆。

建得最晚的是广东会馆，清光绪年间(1875—1908)建，共三进，因年久失修，后两进全部坍塌。

在10座会馆中，最让人百思不解的是青阳会馆。青阳会馆于清道光十五年(1835)，建在德化桥下首街南，是唯一建在城内且不临水的"驻外机构"。南向，面对城墙，后通正街。

青阳是安徽省池州市下辖县，位于长江中下游南岸、皖南山区北部，东临南陵、泾县，南连石台、黄山区，西交贵池区，北与铜陵市接壤，地势南高北低，有2100多年历史，境内有九华山。九华山位于青阳县境西南，佛教文化源远流长，地方戏曲"青阳腔"被誉为京剧鼻祖，是首批"国家非物质文化遗产"，佛俗说唱是青阳腔的主要组成部分之一。目连戏、傩戏、九华民歌被广为传唱。青阳山水灵秀，不仅是兵家必争之地，也是道教、佛教建立道场，传经弘法的好处所。宗教的兴盛，是青阳腔在青阳产生和发展的一个极为重要的因素，特别是宗教祭祀、九华山佛教活动，目连戏的上演推动了青阳腔的发展与传播。由于目连戏中充斥着鬼神形象和宗教内容，因此它的演出场合也渐由单纯的祭祀鬼神，扩展到民间祈福禳灾、驱疫避邪等各个方面。戏剧是佛事活动中不可或缺的一项内容。青阳腔由皖南发展到省城安庆、赣、鄂、川、湘等地。明代万历年间(1573—1620)，青阳腔红遍全国，影响了目连戏、徽剧、黄梅戏、川剧、赣剧、京剧等戏曲的形成和发展，并与中国几十个地方戏曲剧种的产生和发展有着亲密的血缘关系。青阳会馆的创建，莫是与此关系密切？

希贤立德查培继

“希贤希圣希天，尚友诗书，其揆则一；立言立功立德，名山俎豆，不朽者二。”这是“希贤书院”的一副名联。

希贤书院，在鄱阳镇茶场（条）巷（现辟为饶州大道部分）。清康熙二十四年（1685），当任饶信九道的道员查培继接任时，三州刚刚平定，他将精力放在对老百姓的安抚上，尤其以兴办学校、淳清风化为首务。四年时间里，在士民中产生了良好影响，百姓将他兴办的学校请愿立为生祠，但未获得批准。接着以杨钺为首的学生，要求改为查公讲堂，仍遭他拒绝，于是改为书院，并于其中祀奉自汉以来官于三州的名宦十四人：汉九江守宋均，晋彭泽令陶潜，唐彭泽令狄仁杰、饶州刺史颜真卿、江州司马白居易，宋知饶州范仲淹、王十朋，南康知州周敦颐、朱熹，乐平县令杨简，明江西巡抚王守仁、副使葛寅亮、饶州知府张有誉，清知府翟凤翥，后增设查培继为十五人。

查培继（1615—1692），海宁查氏第十一世。初名继超，字随庵，更名培继，字王望，号如圃，又勉斋。室名“玉海堂”“如圃草堂”。清世祖顺治九年（1652）进士，官广东东莞知县，迁兵、户、刑三科给事中，出为江西按察副使。曾由科员出为饶九南道，当时，“建义塾，禁淫祀，慎芦课，捍水患，拯饥民。捐俸修白鹿洞书院，时时与诸生讲学，兴贤育才，造就实多”。

清代海宁查氏大都博学多才，不但通经史，能文章，而且善书画。查培继同样如此，他在康熙十八年（1679），以毛先舒《填词名解》四卷，王又华《古今词论》一卷，赖以邠《填词图谱》六卷，《续集》一卷，《仲恒词韵》二卷，汇为《词学全书》一编，为后世看重。此外，还著有《玉海堂集》。查培继的书法造诣较高，他的书法泥金扇面墨迹，被海盐人视为珍宝。

查培继和与他相关的海宁查氏，是历史上的名门望族，尤其在近现代，至今仍有后裔鼎足中国文坛。2018 年 10 月 30 日病逝的金庸，就是这个家族的成员。

海宁查氏为江西婺源人，其始祖查瑜，是元末为避兵乱，于至正十七年（1357），偕妻儿等驾舟顺着新安江、富春江、钱塘江这条水路，离开了赣东北山区，来到浙北杭嘉湖平原的嘉兴落脚，不久由朋友介绍，到海宁园花里龙山（今海宁市

袁花镇)任西席(家庭教师)的。查瑜发现龙山一带依山面海、土地肥沃,民风淳厚,与故里婺源相似,而且邑名海宁与祖籍休宁的旧名相同,于是正式定居并恪守祖训,以耕读为业,诗礼传家,从此为海宁查氏奠定了基础。由于查氏家风崇文,明清两代查氏考取举人、贡生、进士者133人,其中进士及第者有23人之多。

在查氏众多人物中,有几个顶级人物不得不提。

一是与查培继同辈的十一世查继佐,即大名鼎鼎的查伊璜,人称东山先生,多才多艺,博学强记,继往开来,经史百家与艺术无不精通,是明末清初海内闻名的一位奇才。康熙二年(1663),史上惨烈的“文字狱”之一的明史案结案,庄廷鑨被开棺戮尸,庄家被抄满门,涉案者被杀70人,其中凌迟者18人。查继佐同样被株连,不过他得到地方大员吴六奇的营救,得以脱罪。而吴六奇身为提督,敢于为查继佐开脱,一说因他小时候做叫花子,遇到查继佐,查待之极厚,故不忘旧恩;也有人说,查继佐在惊天大案中安然无恙,也得益于他的自我辩白,他向当政者坦言,倘或犯于所忌,间有非所宜言,因此救了自己和亲友多人。十一世查家人中除了查继佐外,查培继、查璇继都有文名。

十二世查慎行(1650—1727),清代诗人,当代著名作家金庸先祖。初名嗣琏,字夏重,号查田;后改名慎行,字悔余,号他山,赐号烟波钓徒,晚年居于初白庵,所以又称查初白。康熙四十二年(1703)进士;特授翰林院编修,入直内廷。康熙五十二年(1713),乞休归里,居家10余年。雍正四年(1726),因弟查嗣庭讪谤案,以家长失教获罪,被逮入京,次年放归,不久去世。查慎行诗学东坡、放翁,尝注苏诗,是清初著名诗人,与施闰章、宋琬、王士祯、朱彝尊、赵执信并称清初六大诗人。查慎行受经史于著名学者黄宗羲,受诗法于桐城诗人钱澄之,表兄则是清朝有名的词人朱彝尊。据其家族族谱记载,朱彝尊是查培继的外甥,查慎行是查培继的族侄,但关系很近,查培继任江西地方官员时,查慎行入为幕僚。自朱彝尊去世后,查慎行成为东南诗坛领袖。查慎行的诗歌创作代表了当时宋诗派的最高成就,成为宋诗派的典范,对清代诗坛产生了广泛而深远的影响。查慎行70岁时,受江西巡抚白近薇邀请,到南昌修《江西通志》。查慎行著有《他山诗钞》《敬业堂诗集》等诗文。《西江集》便是其一。《西江集》收录查慎行在康熙二十二年癸亥(1683)十月至二十三年甲子(1684)三月之间半年内的诗,当时他在查培继幕中,查培继以按察副使出巡江西饶九南道,饶九南道衙署设在鄱阳。查慎行从新安经祁门、景德镇抵达鄱阳,并写下《登饶州鄱阳楼八韵》和《晓渡鄱阳湖》。

其实，清代查氏中杰出文人，远不止查继佐、查慎行两人。即使到了近代，以一个世纪以来的中国家族文气盛况看，除了浙江绍兴周家，就该算海宁查家了。以排名次论，周树人、周作人两人的文化成就，都在前三或前五名之内；而查家的诗人穆旦（查良铮）、武侠小说家金庸（查良镛），加上查家的亲戚徐志摩等人，相比周氏兄弟不遑多让。穆旦不仅有现代诗歌的旗手或代表人物称号，更有百年中国第一诗人的美誉；金庸虽然一度被论者评为“金钱的庸人”，但他的武侠精神惠泽华人社会数代人几十年，其作品发行据说早已超三亿册；金庸的表兄徐志摩生前同样领一代风流。

金庸武侠小说《鹿鼎记》，五十联回目，全都是集自查慎行的《敬业堂诗集》。用金庸自己的话说，查慎行是自己的先祖，“所以要集查慎行的诗，因为这些诗大都是康熙曾经看过的，康熙又曾为查慎行题过‘敬业堂’三字的匾额。当然，也有替自己祖先的诗句宣扬一下的私意”。

至于诗人穆旦，那也是一个声名显赫的人物。穆旦是笔名，本名查良铮（1918—1977），另号梁真。1929 年考入南开中学，中学毕业后，以优异成绩同时被三所大学录取，最后选入清华大学地质系，入学半年后改读外文系。1937 年抗日战争全面爆发后，随校西迁到昆明西南联合大学继续学业。在校期间，写了许多风格独特的诗篇。当时，闻一多编的《现代诗钞》中，就收有他这一时期的诗作四首。1940 年大学毕业后留校任教。抗战中期，出于“天下兴亡，匹夫有责”的爱国之心，他毅然抛弃了相对安定舒适的大学教师生活，投笔从戎。到缅甸，担任军队翻译工作，出生入死，备尝艰辛。抗战胜利后复员，并出版了第一部诗集《探险队》，此后又出版《穆旦诗集》和《旗》。“肃反”运动中，被作为“肃反对象”，折腾了半年多，才算过“关”。1957 年，又因说过“谢绝参加鸣放”的话，被人检举揭发，险些被划为“右派”。最后，因为入缅抗日这段历史，加上 1957 年 5 月出版的《诗刊》上发表《葬歌》（一首写知识分子决心改造思想与旧我决裂的诗）和 1958 年在《人民日报》发表文章，被戴上“历史反革命”帽子管制三年，撤销教职，在南开大学图书馆劳动。1977 年因心脏病猝发而逝世，终年六十岁。1981 年，穆旦的错案得到彻底平反昭雪。

查家良字辈中，人才济济，除上述两人外，尚有数十人之多。为此，我们当为查氏家族曾在鄱阳留下的印记而庆幸。

雍正墨存"福"字厅

鄱阳镇五一广场农贸市场西北是五一小学，包括五一小学以南至原人民医院东门一带，旧时称王府山。关于王府山，其意有二，一是指明淮王府所在，再是与清初雍正朝的王传密切相关，五一小学南院，基本是王传家所拥，王传造府堂于其间，地处淮王府之东，于是有了如此雅号。

王传(1661—1725)，字绍薪，号约斋，横涌郭母尖村人氏，康熙二十六年(1687)举人，康熙三十年(1691)进士，历官庶常散馆吉士、检讨、翰林院侍读、国子监祭酒、国史纂修官等职，康熙五十一年(1712)任山东学政。雍正继位后，升为白讲官、起居记等显职，成为皇帝近臣，为皇帝日常言行起居做记录。

雍正二年(1724)农历腊月二十八，春节将临，大清皇帝胤禛(雍正)，在养心殿召见王传，赠赐王传一御笔大"福"字，并对王传说："岁月维新，三阳渐泰，朕笔书一大福字赐尔，使尔全家增福也。夫致福有道，首重民生，尔等尽心竭力，使百姓家家有福，则尔等之福日多，而朕受福于无穷矣。"随后，王传上奏章谢恩："龙章恩施臣下举家，在天复地载之中，念切民生，万国仰和风，甘雨之泽恩，举目而铭心，悬之堂上，将传家而寿世，贻之子孙。"于是，王传将这个"福"字制成大匾，高悬在家乡鄱阳王府山住宅，以表示感激皇恩浩大之泽，自己无比感激之情，从此便称作"福字厅"。

王传得到如此殊荣，是因为他曾经担任过雍正皇帝的老师。当然，雍正赐福，除了师生情谊之外，恐怕更多的还是王传对清廷的忠诚。

王传年幼时体弱多病，却非常聪明。家中特地为他延师受教，因此经史百家，无不通晓，春秋两闱，一路通畅，由秀才、举人到进士，春风得意，连捷甲第，由庶吉士进而入翰林院为侍读，专门教授皇室诸王子。

王传任翰林侍读时，雍正皇帝还年幼，当时是王传的学生，王传对他总是认真讲解经籍，后来升任为国子监祭酒。国子监是元、明、清三代国家设立的最高学府和教育行政管理机构，又称"太学""国学"，清代国子监总管全国各类官学(宗学、觉罗学等除外)，设管理监事大臣一员；祭酒，满、汉各一员；司业，满、蒙、

汉各一员。另设监丞、博士、典簿、典籍等学官。也就是说王传拥有了国子监机构中汉人担当的主要职务。更为重要的还是在康熙朝时,国子监的监生都是皇亲国戚、达官贵人们比较优秀的子弟。王传在国子监任职期间,他不但前后三次参与了全国进士考试的评选,而且在评选过程中,因为秉公办事,对试卷评论卓有见地而获得好政声。

清世宗雍正元年(1723)即位后,对王传既尊敬又信任,便将他召入内廷,任南书房侍读,仍留在身边当"师傅"。

雍正皇帝名爱新觉罗·胤禛(1678—1735),即清世宗,清朝第五位皇帝,定都北京后的第三位清帝,蒙古尊称为纳伊拉尔图托布汗,康熙帝第四子,康熙六十一年(1722)继承皇位。

雍正帝善于治国,懂得韬光养晦。他尊释教道学,与诸兄弟维持和气。登基后反对因循守旧,为清除改革道路上的思想障碍做了一定工作。在位期间,重整机构并且对吏治做了一系列改革,如为加强对西南少数民族的统治,实行改土归流,并且大力整顿财政,实行耗羡归公,建立养廉银制度等。特别是雍正七年(1729)出兵青海,平定罗卜藏丹津叛乱。在整顿吏治方面,雍正在中央创立密折制度监视臣民,并废除议政王大臣会议,设立军机处以专一事权,而且改善秘密立储制度。雍正帝在位期间勤于政事,自诩"以勤先天下""朝乾夕惕"。他的一系列社会改革,对于康乾盛世的连续具有关键性作用。

王传既是雍正的臣属,又是他的师长,在处理两者关系时,既战战兢兢,也忠心耿耿。雍正元年(1723),朝廷特设恩科取士,于是派他去山东主考。王传果然不失雍正所望,所录取的举人,都是山东当时具有真才实学的名流,人誉之为"先生榜"。说来也巧,出榜那天,当地久旱逢雨,所以人们又称作"甘霖榜"。王传回京复命,将情况一说,深得皇上赞许,并大笔一挥,亲题"讲幄清班"(意为第一流的老师)四个字,做成匾额赐赠,给予了王传最高殊荣。

"讲幄清班"匾额后来制成三块,京城与鄱阳王府山王宅各有一块金字匾,另一块是王传故乡郭母尖的石匾,匾额中间是御宝大方印,四边是凸起雕刻的九龙戏珠。后来,郭母尖门的楼上仍保留着这块石匾。

王传在任南书房行走职务时,仲夏的一天,雍正赐给王传一把御扇,上面题写胤禛亲作的五律一首:"花洞脆阴阴,仙坛离杏林。漱石春谷冷,捣药夜窗深。

石上开仙酌,松间对玉琴。戴家溪水住,雪后去相寻。”不但把王传喻之为仙侣,甚至皇上想亲幸鄱阳一趟。这把御扇,王传当然视之为至宝,从不轻易让人一看。

过了几年,王传父亲病逝,他丁忧回乡服丧。服满,他母亲年事已高,要求王传在家奉养,王传便家居鄱阳十五年。其间,恬淡自得,不仗皇势凌驾于人,不以位尊敛财豪占。雍正乙巳年(1725),王传在家病故,终年六十五岁。讣告至皇上,雍正颇为伤感,破格“谕祭”(古代规定,三品以上官员方能享受,王未至三品,所以破格),“谕祭”文中,对王传教学时的尽职尽力予以了褒奖。

王传为官时,心系桑梓,在枧田街置有山场田产,死后葬在枧田街甲山上。2004 年 4 月,后人将其墓移迁到老家郭母尖紫荆山安葬。

瓦屑正名史珥功

> 鄱地以瓦屑名者，莫著于瓦屑泠。若坝，若墩，则传者盖寡。考饶郡城西二十里为尧山，泛彭蠡者，数十百里间，隐隐可见。延袤十里许，总谓之尧山。山在番江北，南岸迤东，有水斜出通江，即瓦屑泠支流也。泠上数里许为双港，亦在江北岸。港一而名双，盖江自东南趋西北，随北折而南，望之若二港然也。港南皆萑苇芰荷，无民居。北有泽名青湖，志称青山湖，出口处有桥，则民居所自起也，烟火断续，抵博士湖口，小溪尽焉。溪左冈名龙王山，上有浮图卓立，舟行者所共知也。右二三里为夏漾湖，盖瓦屑泠对岸矣。

这篇成于18世纪中叶的《续瓦屑泠考》，不仅为此前300多年的移民指明了准确根亲地点，也为300多年后的一种文化热留下了伏笔。瓦屑玲，原名瓦屑坝，地处又对巷对面，四望湖西岸，为莲湖乡所属。它的地理方位、得名由来，都在史珥的《续瓦屑泠考》中，介绍详尽：

> 双港诸村，随步异名有桥头、庙前、赤墈、软樯里、王家嘴、赵家湾、夏家园、博士湖诸村，姓则有余、有陈、有邹、有杨、有王、赵、董、张、彭。是地也，厥土赤埴，旧有陶薮，今姑苏陶人，往往称其先世为双港旧陶，以避黄巢乱徙吴。据此，则瓦屑名村，应在五季以后矣。其屑坚厚近寸，历风霜不泐，土中掘出，则有如盆者，如百壶罂、如甓者、而罂为多，间有如琉璃瓦者。其积而为阜，纡而为冈，垒而为路，竖而为樯，倾而为厓，罗而为茔，辟而为基，蓺而为圃，或蚴蟉如长虹，或丛聚纷纭如蝌蚪，或散布如落花，如鱼鳞，久与汉寝唐陵，供凭吊于日落湖乎之外。而风雨所摧剥，波涛所吞啮，不知几年，瓦屑固如故也。乃所谓瓦屑泠者，正在对岸之西南。间尝泛舟南溯泠三里许，犹仍瓦屑之名，濒泠有赤阜，虽烟火寥寥，而废壁断垣，往往有焉。赤阜西南又有地曰莲河，原泽相半，周廻二十余里。繇是以观，今之泠，应是蒙当时墩坝以为

号,及后墩坝名渐隐,而泠独传。亦易诗书之始,止有施孟梁杨,与齐鲁燕大小夏侯诸家。迨费易毛诗、孔氏书传皆后出,而名独传天下,后起者足以掩乎前,大抵然矣。石虹先生(姓张,名希良,有瓦屑坝考,旧志失载),谓彭靖诸大姓,皆繇洪武初徙实江淮,而鄱阳一府为多。盖鄱当明兴,率先纳土,民罹稍浅,大姓之多,想原于此。而鄱阳称府则正太祖初取饶时事,意其徙皆择豪右,如汉募民田塞下,实关中,必如楚,屈景齐诸田始中徙。则瓦屑墩坝,虽不敢遽名其地,而东北不越双港,西南不越莲河,断可知也。"叶堪舆"(石虹考中人)乃指余干湖滨,微有瓦屑者当之,真微乎微者矣。至若曾子避越寇所居,越之伐鲁,应在併吴后,则余干已为越地,何有避之而反入境内者?又谓研朱渍蛙,曾子时书惟简册,何朱可点点矣,何以蛙遂至今,色如丹砂?岂伏羲画卦台畔,亦将马尽负图乎?术士附会可知。顾鄱有儒堂,志称以曾子固读书其地得名,所产竹叶作墨点,名曾子竹,云:洒墨遗迹,则曾子或因子固而伪。然渍朱丹蛙,洒墨黟竹,悠悠之口,是一是二,存而不论可也。乃若瓦屑延袤,地将十里,为坝为墩,土人当犹有识其旧号,而平日所未深考者。则大父旧隐居犹在青湖,先子一抔,实在尧山。双港诸村,路所经繇,尚当就故老而问之。

毋庸置疑,这是篇详细而准确的考证,让20世纪80年代历史学家对中国历史上的一次重大移民有了确凿而有力的佐证:"安徽桐城、宿松、潜江、怀宁等安庆市的属县中,有很多人是瓦屑坝移民的后裔。"正是这篇考证,让几乎失忆的移民点后裔,找回了先人留下的遗憾,有了叶落归根的欣喜。

瓦屑坽("坽"通"泠",为生僻字,唯清《康熙字典》中有载),是明朝的重要移民点,现安徽桐城、宿松、潜山、怀宁等安庆市所属县和湖北潜江、麻城等地,有大量的瓦屑坝移民后裔。这些人在明朝初期,沿昌江、乐安河、信江及众多的支流和鄱阳湖顺水而下;有的经饶州府所在地鄱阳县城,渡饶河而抵,最后在瓦屑坝集中,登舟北上。多数人就近在安庆府属县定居,少数人迁往安徽别的地区及其他省份。可惜的是,这些史实在官方的史书中几乎没有记载,而移民后裔及他们的家族对此则念念不忘。清康熙年间,官居大学士之职的桐城人张英说:“吾桐(城)潜(山)接壤,相距百里许。余先人自鄱阳(今江西)瓦屑坝徙于桐,始祖贵四公。潜亦同时同地并来鄱阳,始祖贵七公,徙居潜山青山焉。”有人统计,桐城县的63种族谱,其中20%的家族始祖,来自鄱阳瓦屑坝,瓦屑坝是这些地区移民后裔一致认同的根。就是这么一个重要的移民点,因一字之差,而自清朝起就引起争论。那就是坝和埒的区别。史珥根据史料及实地考证,指出瓦屑埒就是当年的瓦屑坝。

《续瓦屑泠考》的作者史珥(生卒年不详),字师戬,号汇东,县城西隅(今鄱阳镇西门)人。

史珥出身于书香门第,是明朝鄱阳著名的宿儒史桂芳的后裔。史桂芳(1518—1598),字景实,号惺堂,明嘉靖三十二年(1553)进士,起家歙县令,征为南京刑部主事,升郎中。出知延平府,以忧归;再补汝宁,迁两浙盐运使。归乡后,在县城西门居家三十余年。是明晚期较有影响的学者、诗人、古文家。后人赋诗称赞他:“碣石风霜历几春,遗文千载见精神。芝山蠡水今犹昔,三百年来无此人。”他记载胡闰遗事的《英风纪异》被收入《四库全书》,《惺堂文集》也在《四库全书》中存目。

史珥的祖父史乘古是史桂芳的长孙,编辑《鄱阳五家集》的史简是史乘古的季子;明亡后绝意进取,筑室青山湖,不与清室相交的史白,是史乘古的第五个儿子。史白有子名大壮,而这个史大壮,就是史珥的“大父”,也就是伯父。

史珥自幼接受良好的家教,由于酷爱学习,聪明异常,在少年时,凡是伯父即兴的命题,他都能立刻写出来,所以在十五六岁时补上了生员,乾隆十二年(1747)中举人,乾隆二十五年(1760)回到鄱阳奉养继母。他精通经史,博览群书,擅长诗文,爱好考证,是个学者型的儒士。他回乡后经常以经学者的身份到名山主讲。他的治学主张对整顿学风,推行实用教育有很大影响。在从事教育的同时,史珥对乡邦文化进行潜心研究。尤其对鄱阳的风土人情、名人逸事进行了认真搜集和整理,并把地方志和刻刊本中没有写进去的有价值的资料辑录成篇,作为考察和纠正讹误的依据。他的著名考证文章《续瓦屑泠考》,是一篇至今仍有较高参考价值的文献。

史珥的不少著述,对述史修志,考证鄱郡遗事、民风有很大的帮助,在清乾

隆之后的《鄱阳县志》纂修中,他的考证占据一定的分量。

史珥一生著述很多,考证有《四史侯质》8 卷,《鄱郡史事考》4 卷,《四史剿说》16 卷,《胡忠烈公遗事》2 卷,《塞游记》2 卷;文集有《艺润书院随笔》20 卷,《汇东且存文集》4 卷,《且存诗》4 卷,《存旧录》4 卷,《睡馀集》2 卷;此外尚有《年谱》1 卷。

史珥除上面的著述之外,还有一本为清朝廷的禁书,那就是《汇东手谈》。这本书列为禁毁之书,不是书写得不精赅,关键是关系到当局的喜恶,清代自乾隆起开始推行极端文化专制,结果使大批优秀古代文化典籍遭到毁灭和流失,危害之深,至今仍让人感到痛心和惋惜。

调疾饮食章穆辨

章穆(约1744—1814),字深远,晚号杏云,鄱阳(今江西)县城北关人。

章穆一生酷爱读书,尤其爱好算法和医学。这位年轻时中过秀才的儒医,弃学从医之后,锲而不舍地钻研医学,成为一位学验俱富的医家。在后来50多年岐黄济世的生涯里,不但"指下活人无数",治好了不少病者,而且还将行医中所悟与古代医家意会纂写成书,指导后人。除《调疾饮食辨》外,还有《四诊述古》《伤寒则例》《医家三法》等医著。此外,也写有历法、数学、礼乐志等书稿多部。可惜其他的书籍已经失传,唯存《调疾饮食辨》传于后世。1983年,我国中医古籍出版社为抢救一批即将失传的孤善本医籍,影印出版了《中医珍本丛书》,鄱阳清代名医章穆的《调疾饮食辨》是其中之一。

章穆读书涉猎很广,经、史、子、集及稗官野史、说部全书,无不诵读。他读书还有个特别的习惯,不论酷暑严寒,每夜必手抄五百字,经年累月,从不辍断。章穆记忆力非常惊人,不论什么书,也不管是几千字的文章,只要看过一二遍之后,便能背诵并牢记在心。一次,他的姻亲王定远先生来访,两人兴趣来了,比赛数典故。你来我往,两人不知不觉中谈了7天7夜,所谈的典故居然都没有重复。也正是他的博识和强记,为后来纂写医籍积累了深厚的"资本"。

章穆是在20岁左右开始行医的。尽管在古代的读书人中流行着"不为良相则为良医"的高雅说法,也同样盛行着"秀才学医如菜作齑"的卑视议论。章穆从事中医,既不为前者所诱,也不为后者自贱。他认为,人以性命为重,医为治病救人,属济世的行为,病家将性命交给医生,医生理所当然责任很重,所以要求医术从精。正因为这一点,他"穷医理,证古法",把平生读史所得"百代兴衰治乱事"的感悟灵活地运用到调治人体损益的方面来,以平常的心情审视,以非常的习性治疾,敢于探索,敢于涉险,使医术精益求精,成为"多治奇疾"的高手。

乾隆末年,一位来饶州任职的知府,到任后不久便患了一种怪病——干咳不已,于是四处请医,但累治无效。后来,得知本县章穆是个不错的医生,便派

人把章穆请到府衙为他诊治。章穆走进府衙，只见庭院有致，亭榭错落，大堂肃穆，后院清静，非民居可比。章穆进到知府书房，不等坐定，便望切起来，他一边切脉一边观望，见知府气色不差，脉象也可以，只是咳嗽不止，沉思一会儿后，提笔写下这样的处方："亲兵四名，黄牛一头，麻绳两根，破碗一只。"府台一看，脸色顿时阴沉，这哪是治病的，纯粹是开玩笑。章穆假装没有看见知府的脸色，只对师爷说，照我的处方可以药到病除。知府半信半疑，只好叫师爷依章穆处方行事。不一会儿，四个亲兵牵来一头黄牛，章穆指挥亲兵捆起牛的后蹄，将牛倒悬于大堂侧的屋梁上。很快，倒悬的牛从嘴里不断吐出牛涎，他又叫亲兵赶紧用碗去接，待到涎有半碗时，端至书房，叫府台大人用水送服。这个时候，章穆装着若无其事的样子，与师爷东拉西扯起来。也就是半餐饭的工夫，知府忽地感到喉咙顺畅，咳嗽立刻停止。于是脸上阴云一扫而光，满脸和蔼地连称章穆是神医，果然名不虚传，药到病除，要求讨教究竟。章穆这才笑着说明了缘由：原来，章穆望切知府病情时，抬头看见书房不远处有口古井，井旁有丛芦荻。再看府台酽茶不离，心中已经明白。府台是去年中秋到任的，过了不久便咳嗽，揣测是荻花飘进茶里，随茶饮进喉头，刺激气管的结果。牛吃百草，牛涎有化草的功用，所以药到病除。

一天，章穆正在家中为人看病，忽然门外传来一阵悲切的号哭。章穆清楚，又有垂危病人的家属求医。来者果然说他家中一位新婚才两天的后生，突然全身浮肿，呼吸急迫，昏迷不醒，危在旦夕。章穆安排好别的病人，便急匆匆随患者家属来到他们住处。走进病人家中，章穆心中已知一二。看过病人，又四处转转，便对病人家属说，这种病来得凶险，不过没有性命之忧。只是一条，怪病怪医，你得依我的方法诊治，要不另请高明。当时章穆的名气已经很大，病人家属知道有救，便连声说，一切依先生，一切依先生。章穆嘱咐他们急速到棺材店，买回一具刚刚架好，四面都露缝隙的棺材，又叫人把病人放进棺材，盖上盖，让病人躺在里面。同时他再三交代，任何人不能吵闹，不能偷看。照道理说，棺材是病人大忌。章穆知道，病人病情不轻，救人如救火，若不采取特殊治疗，说不定会耽误病人性命，为救人他也就顾不上犯不犯忌。这样过了一夜，第二天一早，章穆赶到病人家中，吩咐人掀开棺材盖，只见病人双目睁开，口中喊道："我好饿！"全家人一看，顿时喜出望外，忙将病人扶出。经过几天调理，患者痊愈如初。于是人家问及章穆这是什么病,章穆笑着说,这人是漆中毒。病人是新郎,家境好,家具油漆一新,病人患有生漆过敏症,而且非常严重,杉木能解漆毒,无奈中只得用此法来治病。

章穆治病,学习古人又不拘泥古人,崇拜典籍又不唯书是命,重视临床实践和实地观察,喜欢独立思考和探索究竟。他在编写《调疾饮食辨》一书时,一方面以李时珍《本草纲目》为主线,全面系统地介绍药用食物的训诂、产地、性味、功用和宜忌;一方面又根据自己的感知识见,发现前人的错误,凡有疑问的,他考古证今,纠正偏差,指责弊端,不随声附和。凡是对的,坚决肯定;错的,大胆更正;模棱两可的,说出自己的见解,表明自己的态度。他的医著不沿袭别人所说,不故作惊人之笔,做到考辨精审,治学严谨,往往有很多真知灼见,常常有独到之处,受到后来人的推崇。章穆一丝不苟的治学精神,既来源于他的博识广闻,更源自他的崇高医德和婆心济世的仁爱之情。他常说,著书立说,"如金在沙,非淘之汰之把沙淘尽,这样才能淘汰见金"。他认为"著书立说就要吃苦,好比探明珠,不到合浦深处,哪里能得到最珍贵的骊龙之珠"。

《调疾饮食辨》是章穆年届七十之时,不顾严暑三更,几易其稿,心为济世,志在活人的结晶。

章穆家原先家境还好,藏书也多。后来,天灾人祸,加上他只善中医而不善理财,只济世而不损人,家境渐渐衰落。尤其是曾经丰富的藏书,在经过一次火灾,数次水灾之后,几乎散落殆尽。写《调疾饮食辨》时,他急需典籍查阅参考,然而手头已经极少这样的书,在没有办法的情况下,他只好凭着自己的记忆来引证参考。《调疾饮食辨》成书之后,他特地说明这个原因:"书中所引医家论说,动关实用不敢稍有舛讹,其经、史、子、集四库中典故,及稗官、野史、说部、丛书,不过借为考据,之中偶然涉笔成趣。篇章、地名、人名、朝代,不无间有纰缪。盖此书成于晚岁,学业久荒,又卷帙散亡,无片纸可供獭祭,惟读书谅其昏髦而已。"一部20多万言,6卷计6大类,收载食用食物653种。"凡五行百产之精""一饮一食之微",无不可收罗的《调疾饮食辨》,上穷天文日星岁序历算,下究草木虫鱼山海珍馐,蔚为食物大观医病用的鸿篇巨制,典借精确,辞畅理明,文采熠熠,妙如随笔。无怪乎后人不得不感叹章穆是名医乎,儒子乎。

章穆治学严谨,行医立德,为人耿介,无愧于真正儒医之称。他屡屡告诫病

人以生命为重,切莫欺瞒医师。对不听医言而偷食以致误丧自家性命的人,他常常在惋惜之后,又深恶痛恨。他清楚是这些人给医生蒙受了不白之冤。因此,他视诊时不但严肃认真一丝不苟,而且又格外“刻薄”。章穆对食物禁忌强调得特别严,临终前自己撰写一副这样的挽联:“非有冤仇,规友尽言生棘刺;别无暴殄,读书彻夜费兰膏。”上联表明自己对于病人和朋友非冤非仇,但说话要求都很严格,下联说自己一生没有其他爱好,只喜欢读书作文章,而且不怕费油熬夜。在这副自挽联中,自己的性格、爱好跃然纸上,济世苦心也隐在墨中。章穆晚号“杏云”,所谓杏云,就是自己是杏林所在的一片云彩,他要用自己这片转瞬即逝的云彩,去荫庇病人,这既是他在垂暮之年撰著医书的宗旨,也是他一生为人的苦心。“药饵之误,罪在医;饮食之误,罪在病人。”“律以食医调食之旨,医者亦不得辞其责也。”开错了药,那是医生的错,不禁忌嘴,那是病人的责任,但医生必须告诉病人的禁忌。

章穆一生被人誉作“生佛”,却又无法逃脱贫穷的厄运。他的《调疾饮食辨》,是在他死后10年,即道光三年(1823)才付梓刊行的。这本在别人的帮助下刊刻的书,因为经费拮据,以至翻刻不多,流传很少,几被漫漶。难怪章穆生前曾哀叹:“士之不幸而有才,女之不幸而有貌。”诚如他认识到的:“翠死因毛贵,龟亡为壳灵。不如无用物,安乐过平生。”在那个时代,何止章穆是如此遭遇。

章穆72岁时无疾而终。有同县后学赞叹:“先生学贯古今,而名出里闬,独赖此书之存,将来流播远近,使其明夫古人之意,而不为世俗所惑。”不期果被斯人言中。

两个周彦同名缘

在鄱阳县博物馆,有6块黄庭坚书写的《此君轩碑》石刻残片。这些石刻,原本8块,为清朝中期收存在鄱阳古刹荐福寺的文物。碑刻为黄庭坚手书的诗,从句式错落、韵律协调、音节流美的诗句中,尚能品味北宋书法大家黄庭坚超逸绝尘、跌宕生姿、气脉奔腾的行草风韵。而这些碑文来到鄱阳倒也曲折离奇。尤其是诗作者的受赠诗人,与收藏者居然同是"周彦"两个字。

清嘉庆二十四年(1819),鄱阳人周彦,为陈继昌榜同科进士。周彦原名孚,号润东,历官兵部主事、御史。道光八年(1828),华东发大水,淮南、徐州等六县灾情严重,周彦上疏请求朝廷赈济,并呈疏河十策,使很多无辜百姓免遭了生命危险。为此,他得到朝廷赞赏。道光十二年(1832),台湾张丙、陈办的天地会,起事反抗清政府。朝廷命双眼花翎、一等轻车都尉、福州将军瑚松额为钦差大臣,与参赞哈琅阿前往清剿,周彦辅佐瑚松额将军,平定了这次反叛,以功接任台湾知府(今台湾台南市)。在台湾期间,周彦一面继续清除天地会余党,一面修筑港口,建造战舰,加强防守。与此同时,又推出办学校、书院,建立保甲制,加大义仓存储等举措,深受台湾人敬仰。为此,台湾人为他建造生祠,塑像祀祭,以表示感激之情。不久周彦升迁,担任浙江宁绍道台兵备道。任职期间,他也如治理台湾府一样,捐建"云石小房书院",以培养人才,并著有《知不足文稿》《稻花吟诗集》。《此君轩》真迹,就是他在任职兵部时得到的黄庭坚墨宝,致仕后的周彦为使乡里增辉,便捐出镌成了石碑,矗立在荐福寺,希望成为一个永久的珍藏品。

黄庭坚(1045—1105),字鲁直,号山谷道人、涪翁,分宁(今江西修水)人,文学家。黄庭坚是治平四年(1067)进士,以校书郎为《神宗实录》检讨官,迁著作佐郎。他是苏轼的门下,又与苏轼齐名,人称"苏黄"。黄庭坚与秦观、晁补之、张耒被称作"苏门四学士",开创江西诗派的领袖人物,在书法上与苏轼同名,为北宋书法四大家之一。黄庭坚擅长行草,起初以周越为师,后来取法颜真卿及怀素,受杨凝式影响,尤其得力于《瘗鹤铭》,用笔以侧险取势,纵横奇倔,风韵妍

媚,自成格调。

黄庭坚在荐福寺石刻《此君轩》的全称,应为《戏用题元上人此君轩诗韵,奉答周彦起予之作病眼空花,句不及律,书不成字》。在诗作之前,有自注说:“元符二年,自黔移戎留江安作。”而荣州嘉佑寺《此君轩》有黄山谷自跋:“予既追韵作此诗寄周彦,周彦抄本送元师,元师得余手墨,因为作草。”黄山谷还借跋谈写草书的心得,说在他那个时代,文人都喜欢写草书,但因不得古法,以致提起笔来左缠右纠,不去琢磨规律。他们写草书,又不与蝌蚪、篆、隶同法同意,弄巧成拙。需要提醒注意的是,黄山谷在这里提到的周彦,与鄱阳周彦是两个人。鄱阳周彦是清朝人,黄山谷所说的周彦是北宋人,他姓王名庠,字周彦,为苏东坡的侄女婿,他和黄山谷交情很深。王庠也是个有才气的人,他在宋徽宗崇宁元年(1102)举八行,考定为天下第一,皇帝赐号为廉逊处士,任命他为潼川府教授,并赐进士出身,他辞谢不接受。元上人法号祖元,他是荣州嘉佑寺的和尚,很会操琴,与王庠是堂兄弟。徽宗建中靖国元年(1101),祖元得知受贬遇赦的黄山谷,从黔州(今四川彭水)返戎州(今四川宜宾),将经过泸州(今四川)江安绵水驿时,特地从荣州跋涉几百里路程,专门来到江安看望老友。黄庭坚对此非常感动,于是写下这首诗。

还在哲宗元符二年(1099),黄庭坚曾经写了一首诗寄祖元,诗名为《寄题荣州祖元大师此君轩》,鄱阳现存的碑刻残块,借用的是这首诗的诗韵。因为祖元在嘉定寺内种了不少毛竹,《晋书·王徽之传》说:“尝寄居空宅中,便令种竹,或问其故,徽之但啸咏,指竹曰:‘何可一日无此君耶?’”此君,实际上指的就是毛竹,祖元因此而命名。黄庭坚还为祖元的专程看望写了一首诗,那就是《戏用题元上人此君轩诗韵奉答周彦起予之作病》,诗文是:“此道沈霾多历年,喜君占斗斸龙泉。我学渊明贫至骨,君岂有意师无弦。潇洒侯王非爵命,道人胸中有水镜。霜钟堂下明月前,枝枝雪压如悬磬。敝帚不扫舍人门,如愿不谒青洪君。来听道人写风竹,手弄霜钟看白云。平生窃闻公子旧,今日谁举贾生秀。未知束帛何当来,但有一筇相倚瘦。欲截老龙吟夜月,无人处为江山说。中郎解赏柯亭椽,玉局归时君为传。”这首诗则是鄱阳“此君轩”的全部碑文。

黄庭坚一生诗作很多,约1900多首。他的诗直接与鄱阳相关的很少,唯早期有五言长诗《送吴彦归番阳》,诗很长,有60句,300字里面有这样的句子:

“吴郎楚国材，幽兰秀榛莽。彦国吐嘉言，子将喜标榜。平生钦豪俊，久客慕乡党。虚斋延洒扫，薄饭荐膋鲞。诗句唾成珠，笑嘲惬爬痒。春夏频谢除，曾未厌来往。”从诗意看，吴彦似是与黄庭坚进京同考相识的朋友，这首是吴彦落榜后回鄱阳前夕黄庭坚写给他的惜别诗。黄庭坚还写有与鄱阳湖相关的诗，如《宫亭湖》《伯时彭蠡春牧图》等。他长期在四川做官，并没有到过鄱阳。

鄱阳的周彦，是在清宣宗道光十四年（1834）致仕回到家乡的。这一年，鄱阳东湖荐福寺西侧的“颜（真卿）范（仲淹）二贤祠”重建即将告竣。这次重建自道光四年（1824）开始，当时荐福寺“莫莫堂”僧人在取得府守同意后，着手募集资金，经过十多个年头，才破土动工，并历时两年建成。“颜范二贤祠”建好，恰逢周彦游寺，有人提议请他写记，于是他在第二年，也就是道光十五年（1835）正月，写下祀文，其中有这样一段：“若颜范二贤祠，明嘉靖初始建于荐福寺后。万历改建于荐福寺右，然不久俱废。寺僧胜山见荆榛满目，颜亭并无其基，慨然以修复为己任，募金集腋，伐石鸠工。不数年，祠宗一新。前建鲁公碑亭，后翼以青云阁。将圆寂时，出橐中金谓居士培元曰：‘盖终其事，吾无憾焉。’培元不食其言，次第工毕，龙石以俟书。道光戊戌，值予归田，导游荐福寺，得谒二贤祠，因碑祀请。予重二贤治行，为唐宗以来楷模，不仅为荐福寺显，而胜山以方外崇善，不吝修废举坠，是可嘉也乎。”

周彦献《此君轩》墨宝为碑刻的善举，无形中让鄱阳又多了一件名贵珍宝和一桩趣闻美谈。

湘军忠烈黄淳熙

黄淳熙(1817—1861),字子春,江西鄱阳枧田乡丰田村人。道光二十七年(1847)进士,湖南即用知县,历署绥宁、会同知县。咸丰九年(1859),石达开率太平军侵犯湖南,骆秉章檄淳熙募勇千六百人防省城,时出剿贼,并以剿太平军之功升知府候补。咸丰十年(1860)擢升道员,统领果毅营三千人。后从骆秉章剿贼四川,战殁,诏赠布政使,赐恤,加赠内阁学士,谥忠壮。

道光二十六年(1846),黄淳熙考中丙午科举人,次年联捷成丁未科进士,位列张之万榜三甲第二十六名。以即用知县分发湖南,先后代理会同、绥宁等县县令。

黄淳熙由于为人刚直,不苟言笑,加上遇事据理力争,不肯屈就,因此较难适应官场。当时,上面索要防务兵饷,屡请,不给上面。他回应说"县令只应死于贼,不应死于兵",这样的话,使上司觉得他有点可怕。他也有自知之明,于是称病辞职闲居,闭门读书,博涉书史,研求郡国利弊,于方舆险易无不洞悉。咸丰三年(1853),从湖北到湖南担任巡抚的骆秉章,知道黄淳熙才大堪用,坚持起用。咸丰七年(1857),骆秉章委任黄淳熙为湘乡知县,在五个月的短短时间里,湘乡的教化大行,于是骆秉章拟专疏荐达。不久,黄淳熙以父忧解任。离任时,当地百姓为他立去思碑,并绘巡城、临乡、征输、升堂四张图,歌颂他的德政。没有多久,应骆秉章之召,募勇千六百人保卫省城,屹然为长沙保障。当时鄱阳已被太平军占据,于是他将全家移居湘乡。曾国藩筹办浙江军务,曾亲自登门,请其参与军事,婉辞不就。

咸丰九年(1859)春,太平军石达开部进兵湖南,黄淳熙应骆秉章征召,募集乡勇一千六百人,协防长沙。石达开部由宝庆(今湖南邵阳)转战湘西的岭东,分兵攻击处在湘粤桂边界的江华,黄淳熙赴援,击败太平军将领何文彪等,进而追击至江蓝厅(今湖南江华码市)敌营。同年九月,驰军百余里,在湖南、广东交界的牛尾岭、杉木根、黄马寨等地焚毁敌营,歼灭赖裕新部。因功晋升知府,等候补缺。咸丰十年(1860),率师防堵永州、道州、绥宁、靖州等地,连战连捷。十

一月，追剿彭大顺部，收复宜章、桂阳两城，经新任湖南巡抚翟诰保奏，擢升道员，所部增至三千人，号“果毅营”。前任湖南巡抚骆秉章，已于同年七月奉旨前往四川督办军务，镇压李永和、蓝朝鼎的反清起事。

骆秉章(1793—1866)，原名骆俊，字吁门，号儒斋，广东花县人。晚清湘军重要将领。骆秉章自少勤学，道光十二年(1832)进士，选庶吉士，后被授为编修，迁移为江南道、四川道监察御史等职。因办事清正，深得朝廷信任。外官任湖北、云南藩司。道光三十年(1850)，被任为湖南巡抚，入湘十载，位居封疆，治军平乱，功绩卓著。

咸丰二年(1852)，太平军入湖南，骆秉章以防守不力，被革职留任。后以守长沙有功而复职，并为清廷所倚重，旋署湖北巡抚。咸丰三年(1853)，实授湖南巡抚，任上支持曾国藩办团练，又聘左宗棠为幕僚，事无巨细，皆听从左宗棠所言。咸丰十年(1860)奉命督办四川军务，率军入川。咸丰十一年(1861)任四川总督。同治元年(1862)，骆秉章派重兵防守大渡河，断石达开后路，石达开被围于安顺场，之后石达开请求和谈，骆秉章佯称答应，后将石达开俘虏，解至成都凌迟处死。清廷授以太子太保衔。同治六年(1867)病逝，赠太子太傅，入祀贤良祠，谥号文忠。与曾国藩、左宗棠、李鸿章等人并称“晚清八大名臣”。咸丰初，清政府为筹措镇压太平天国运动和捻军起义的巨额军费，加紧了对滇、川农民的压榨。苛捐杂税，横征暴敛，敲诈勒索，诬良为盗，阶级矛盾日益激化。咸丰九年(1859)七月，云南昭通破产农民李永和、蓝朝鼎等在家乡牛皮寨聚众起义。10月，李、蓝率义军六七百人由滇入川，连克筠连、高县、庆符(今高县北)诸县，以“打富济贫、除暴安良”为号召，深得四川人民拥护，队伍迅速发展到数千人。至咸丰十年(1860)十一月，活动于四川各地的李、蓝起义军已达三十余万人，声威正盛。翌年五月，骆秉章授四川总督，派黄淳熙统领果毅营率三千余人赴援。不久，湖南撤防，黄淳熙即率领所部三千人入川。

咸丰十一年(1861)五月，奉命督办四川军务的前湖南巡抚骆秉章，率湘军五千余人溯长江到达四川万县(今重庆万州区)。此时，李永和部将张第才、何国梁等正率起义军三万余人围攻顺庆府城(今四川南充市)。黄淳熙遵骆秉章命令，率果毅营三千余人舍船登岸，从万县经梁山、大竹往援顺庆。起义军闻讯，主动撤围，沿嘉陵江南下，转攻定远(今四川武胜)。六月十八日，黄淳熙率

部湘军赶至距定远 7.5 公里的姚店,遭遇顺天军,分三路向起义军发起突然袭击。起义军仓促应战,伤亡惨重,何国梁战死,次日顺天军余部向北往潼川撤退,余部退往二郎场一带,与另部义军数千人会合,利用谷深树杂的有利地形设伏等待,在二郎场与援军会合,并在此屯驻。黄淳熙立功心切,于五月十四日(6月 21 日)夜打听到顺天军行踪,连夜率兵追赶,黎明时到达二郎场附近,兵分三路前行。黄淳熙率军追至万古场,不见起义军行踪,便下令连夜追赶,行至燕子窝时,突与起义军遭遇。起义军佯败退走,黄淳熙又驱军奋力追赶,逼近二郎场,令各营分兵左右两路搜剿,自率中军策应。

二郎场地势险绝,四山壁立,湘军分兵不久,起义军伏兵四起。湘军被逼于阡陌小路之间,彼此不能相顾,陷于被动挨打的局面。黄淳熙考虑整个部队的安全,急督将士竭蹶力战,左冲右突,杀三四百人。不想义兵稍却即合,愈集愈密,黄淳熙于是解散关防并口授亲兵,让其归报,告诉他义兵主要是捉拿我。黄淳熙指挥挚友丁九祥等退却后,策马赴敌,就在他纵马突围时,马匹陷入泥沼。黄淳熙坐在地上,但仍奋步大呼,手刃十数义兵。此时他自己也血盈袍袖,伤重晕倒。义兵趁此蜂拥而至将他押至空场。等他醒来,敌人令其下跪,黄淳熙瞋目怒喝道:“逆贼,岂有堂堂太守肯为汝屈以求苟活耶!”黄淳熙骂声不已,激怒义兵,终被肢解,遗体被焚毁。

黄淳熙不仅身体健壮,孔武有力,而且与士卒同甘苦,有勇有谋,临机应变,所以总是取得胜利。他当地方官数年,凡是他亲手规划的事,都高瞻远瞩,皆为久远之计,而不苟且邀誉于一时的“政绩工程”。在平时,黄淳熙生活简朴,无事闲居,青袍布服,徒步往来,没有一点官架子,也从不搞官排场。闻悉黄淳熙死讯,军民莫不痛惜。朝廷闻讯,赠布政司衔,享骑都尉世职,并诏顺庆府城及殉难处所建立专祠。他的事迹,经骆秉章的奏章,交国史馆采用选入列传。

清末县儒王廷鉴

清道光二十三年(1843),鄱阳油墩邹家岭的生员王廷鉴,乡试中举,成为举人。一天下午,有位远地游馆(就是寻找贤士)的人,扬言要与王举子比文赛诗。王觉得这种事很无聊,叫家人把门关上,不予理睬。那游馆之人见状仍不放过,便丢下一句诗说:“门内有才何须闭!”心想,你只不过是个幸运者而已。这人根本就没想到,他的话音刚落,院内也抛出了一句:“寺旁无日不当时。”就这一句,让游馆者折服了。因为这句回诗,一语双关,话中有话。游馆者见这位举人果然不凡,便倚着他家门墙而立,等待主人开门求教。待到王家人开门时,见那人尚未走,而且貌衣不俗,非无赖之辈,于是将他请到厅堂,相邀而叙。这位王廷鉴,就是后来主修鄱阳同治县志的编纂人。

王廷鉴(1815—1887),字蓉芗。他父亲王凤翔,字德辉,芝阳书院肄业,知府和山长都很看重他,但他不看重功名,回到家中,“讲贯经义,寒暑无阻”,只教自己的5个儿子。

王廷鉴排行老三,自幼随父读书,颇有天分。10岁时以哥为师,背诵经籍,从不偷懒;12岁已经经书史籍、诸子百家无不通读,乡试中举名列17。咸丰十年(1860)会试房考,进士及第,奉旨分发直隶(今河北省)即用知县。但他对从政兴趣不浓,便要求从教,改任本县芝阳书院山长,主持书院讲席,传授经义诗赋。由于他博学多才,文章诗赋无有不善,讲课深入浅出,议论精辟,受到学界赞赏。

同治年间(1862—1874),江西安排编修《江西通志》,移文各县预修县志,以备采录。同治十年(1871),时任鄱阳知县的陈志培,特邀王廷鉴和程迓衡任总修,并从孝廉、明经、茂才中挑选13人,担任分修、校对、督梓,另配13人负责各路采访。历时5个月的厉兵秣马,县志告成,陈志培、王廷鉴各撰志序。

同治《鄱阳县志》一经付梓,便得到行家里手一致好评,全志分卷首、卷末、正文分类共24卷,图文并茂,归类适体,绽古贯今,流畅可读,既具时代性,又凸显地方特色,被誉为“江西第一志”。其特点有五:一是集思广益,笔出公心,褒

贬秉直,不徇私情;二是惜墨如金,“文从乎省”,精赅简要,清楚透彻;三是提纲挈领,纲清目晰,内容广泛,搜罗详细;四是触角广阔,不吝细微,“事宜乎增,无间穷乡僻壤”;五是重视资料,不漏不滥,不“泥所见而壅所闻”。同治县志修毕,王廷鉴又投身《饶州府志》的编修。

王廷鉴才思敏捷,出口成章。还在未取功名,初教师塾时,人们怀疑他的能力,入塾学生不多。迫于无奈,他只好登门游说。一日,来到后塘一户人家。户主外出,他信步走到塘边找到那位事主,劝她让孩子入塾受教。谁知那人正在洗菜,爱答不理地一边将挑出的黄叶抛向塘中,一边有意影射说:“洗青菜,去黄叶,先生不要。”王廷鉴听见,心中虽然气恼,却不慌不忙地观察四周,见有人在厅堂切剖西瓜,便展开笑颜回答:“剖绿瓜,吃红瓤,老籽(子)必留。”妇人听过,这才知道王廷鉴的利害,见他名不虚传,便起身请他到家中就座,不但答应让自己的孩子入塾,而且愿意帮助他招收生童。

王廷鉴不但才华横溢,而且记忆力惊人,有过目不忘的本领。同治年间,游城朗埠人请他主修家谱。修谱完毕后,村里突然发生火灾,就连刚刚修好的谱牒,也全部叫火魔吞噬。功亏一篑,村里人焦急万分,不知如何是好,于是找到王廷鉴。谁知王廷鉴胸有成竹地说:“这事好办,谱是我主修的,我看过好几次,你们叫人拿纸笔墨砚来,我抄给你们就是。”他果然凭着自己的记忆,将那部已经没有依据的宗谱,按照修好谱的面貌恢复,并且一丝不差。为感谢王先生,朗埠村村民送了他一幢棋盘屋的木料。王廷鉴利用这些材料,在邹家岭村建造了一幢又高又大的八柱棋盘屋。

王廷鉴博学多才,学识广渊,在严谨治学时,尤其注重对后辈的培育,即使在重男轻女的封建社会,对女同胞也一视同仁。当时,鄱阳有个才女姓吴名筠仙,结了本诗集,他看过后,极力推介,并写下《题筠仙诗集》诗:“士家才节羡兼诗,金石心传金石辞。庾信文章成老境,虞卿着作本愁思。凌霜菊艳淡弥水,傲雪梅香清更奇。谈议只今之刘柳,剧怜道韫有谁知。”特别是最后一句,借咏雪之典,以东晋才女谢道韫之才来赞誉吴筠仙,确是难能可贵。

王廷鉴虽然爱才怜弱,但身上充满了读书人的傲骨。他主持芝阳书院期间,新任饶州府知府到任,闻他名气,又碍于级别,未登门拜访,只投一书柬和一首咏牡丹诗相赠。王留下来人,随即步原韵和赠。翌日,新知府又以原韵再赠,

王廷鉴不但同样押以原韵，而且旁征博引，借题发挥。就这样两人一唱一和，前后赋诗100多首，王廷鉴的诗含蓄蕴藉，均有所指，并非一般的应酬诗可比。到后来，新知府搜肠刮肚，无能再答，只得放下身份，升轿亲临书院拜访。

同治十三年（1874），王廷鉴受家族人委托，续撰《王氏宗谱》。在修谱时，王廷鉴不满足停留在一般过程——家族人丁登记，而是重在规范族人行为，以更好地传承中华文明美德。为此，他立以下十条家规，要求子孙后裔，男性不得“恃强以凌弱”“恃富以吞贫”“计利以伤义”“徇私以妨公”“恃勇以凶暴”“淫纵以辱门庭”，女性不得“淫纵以坏家法”“奢侈以殄天物”。同时强调，要教育子弟读书，对读书有前途者，“务宜优礼之”，并且提出了“务宜依礼公处，无得偏执己见，无得假公济私，无得以尊长卑幼”的处理争讼原则。

王廷鉴著有《槐杏山房文集》，收录一生的作品。他编写的《梅影楼传奇》以咸丰三年（1853）鄱阳知县沈衍庆、代知县李仁元为抗太平军而殉难的事件为线索，所构拟的戏曲作品题材新颖，语词精妙，颇受同代人青睐。王廷鉴享年72岁，晚年加同知衔诰授奉政大夫。

浅绛彩瓷鄱阳扬

19 世纪中叶，一种名为浅绛彩瓷的新工艺使景德镇的陶瓷工艺美术更上一层楼，以至这个时期的制品成为当今收藏界热门的交易物。

浅绛彩就是借鉴元代画家黄公望绘制山水的技法，以浓淡相间的黑色釉上彩料，在白瓷釉上绘制纹饰，再染淡赭和极少的水绿、草绿、淡蓝等彩，经低温烧成后，极具中国水墨画的效果的一种彩绘。这种起源于清朝道光、咸丰时期的彩绘技艺，从同治、光绪到民国初约 50 年间，将中国书画艺术的“三绝”——诗、书、画，在瓷器上得到了较为完美的表现，创造出瓷画的全新面貌，成为景德镇具有创新意义的釉上彩新品种。这种彩瓷集瓷器、国画、诗词、书法、篆刻五种最具中国化和书卷气的艺术于一体，第一次集体有意识地署上创作者的名款和纪年，形成中国陶瓷史上的两个重大转变，即瓷上绘画，由御窑匠人和民间匠人向文人的转变，由“描”向“写”的转变，从而将瓷绘变成了真正意义上的个性创作。一批有个性且在纸绢画上有不凡功力的文人画家，一反官窑程式化的描摹手法，在瓷上挥洒笔墨，尽情抒写胸中意气，创造了中国瓷绘艺术史上的一个高峰。

可就是这样一种瓷艺的革新，不但使鄱阳介入其中，而且一度为其发展做出了不可磨灭的贡献。鄱阳自古是饶州（鄱阳）郡、州府治所在地，陶瓷重镇景德镇所在的浮梁县，在两千多年里，一直归饶州府管辖。因此鄱阳这块土地，人杰地灵、俊彦代出，是历史神韵与文明发达和谐交融的地方。深厚的文化底蕴，加上与景德镇近在咫尺的距离，使得同光时期的景德镇瓷绘艺术在鄱阳熠熠生辉，既孕育了新粉彩瓷器的奠基人潘匋宇，也为浅绛彩绘凝集了不少文人雅士，如晚清刻瓷艺术大师黎瑛、黎勉亭父子。除此之外，在晚清近千名浅绛彩瓷画师与匠人中，因其作品的雅致、文气，而被浅绛彩瓷收藏者称为“浅绛四文士”中的顾海林和张肇源，更是使得鄱阳名闻遐迩。顾、张二人创办的云林阁绘瓷，不但影响了当时的同行者，而且赢得了“云林阁二君子”的声誉。

先说张肇源。

张肇源，字云生，他与父亲张拱陶都是鄱阳书画名家。张肇源工花卉，间或也作山水画。同治五年（1866），景德镇御窑厂重建，浅绛彩瓷器横空出世，达官贵人、文人雅士以这种新型陶瓷品种作为赠贺之物的风气，也刮到了鄱阳。令人耳目一新的书画入瓷风尚，促使张肇源加入了绘制浅绛瓷器的队伍。从一名传统的书画家到一名彩瓷工艺美术画家，张肇源身份的转换，得益于鄱阳浓厚的陶瓷绘画氛围。光绪年间（1875—1908），他在鄱阳创立"云林画室"，活跃于晚清民国时期。瓷坛不少艺人和张氏有师承关系，珠山八友之一的毕伯涛就是张肇源的高足。后来画工超绝的新安派画家张肇源与才华横溢的扬州派画家顾海林在鄱阳相遇，他们顺应书画入瓷的新风，在人杰地灵的鄱阳共同创办了一家瓷画社——"云林阁"："云生肇源，海林宝珊。"云林阁由此而生，并在浅绛彩瓷的创作史上，共同谱写了一段佳话。

当时，作为饶州府驻地的鄱阳的绘瓷，无疑与饶州府官员关系密切。张肇源的代表作是件琮式瓶绘松鹤延年图。松鹤延年是人们喜闻乐见的吉祥题材，也是中国陶瓷绘画的传统纹饰之一。在这只琮瓶上，张肇源以细腻的笔触绘古松三棵、仙鹤两只、怪石两块。从琮瓶的四面看，每一面都独立成画，四面连在一起又构成一幅完整的图画。遒劲的枝干，苍翠的松枝，使人不得不想起《诗经·小雅》中"秩秩斯干，幽幽南山。如竹苞矣，如松茂矣"的诗句，而神态悠闲的仙鹤则表达了人们青春永驻、健康长寿的愿望。这个琮瓶是柱臣先生所作，这位柱臣乃是当时的饶州府学训导黄树楠的字号。而送给虎臣三兄的春燕图水盂，则真实见证了"张肇源所画瓷器多小件，极精致"的记载。在这个盈高仅寸的小器物上，张肇源用轻快明丽的笔调绘一只春燕、一簇柳枝，题款"杨柳风轻燕子来"，使人如沐春风，心清气静。瓷器上的虎臣三兄，很可能便是皖南名人、晚清文学家、书法家陈艾。饶州知府弼良，把它们携带到北京，赠送亲友，都以瑰宝视之。

张肇源的父亲张拱陶，字菊樵。自幼聪颖善读，刚学画画，下笔如有神。无奈家中贫寒，他做起了小生意以至放弃作画。但他仍然坚持诵诗读书，只要有空，便登山临水，猎取到诗情画意后才归返。他的诗一写出，人们便争相传吟："举酒使我醉，一醉即酣眠。梦中见庄周，蝴蝶何翩翩。觉来盼檐际，酒星光在天。"（《饮酒自娱》）他的画苍劲秀润，尤以山水见长，题画也有寄托，令人玩味

不已。著有《菊樵吟稿》行于世。

顾宝珊(1845—1894),字海林,江都(今江苏扬州下辖区)人,清末画家。顾宝珊的祖父顾图河,是康熙榜眼,清代扬州文学流派的代表人物之一,而且还是桐城学派创始人方苞的恩师。顾宝珊出身于文人世家,自幼接受传统文化的启蒙与教育,常年感受文化名人的熏陶,他凭着自己深入细致的观察和反复不断的摸索,由冥悟而获得了艺术创作的灵感,无师自通,成为一代画家。顾宝珊工山水、花卉、果品、鸟兽,其笔意颇近白易山人。代表作是《春江草堂图》。春江草堂,是他少年时代读书的地方,他根据朝夕相伴的居所的风物景致,泼墨创作了这幅画作。光绪初年,这种浅绛彩瓷刚刚出现不久,顾宝珊就受邀至张肇源的"云林阁",客串创作了一批浅绛彩瓷的作品,如鸳鸯荷叶圆板、"荷香淡荡晚来风"笔筒、"停车坐爱枫林晚"笔海等。其中,尤以一对山水人物帽筒构思精妙,不可多得。这对帽筒,左边一只是月色下的芦荡与小船,题款为"水绕芦花月满船";右边一只是萧疏寒林、飘逸老者、烂漫小童,题款为"水醉上林春"。整个画风简约,颇得倪云林"逸笔草草,只求神似"之妙。画中,水、月、苇、树、船、人组成一幅和谐的美景。顾宝珊在鄱阳的这些浅绛彩瓷作品,与当时的张肇源、吴徵、汪松如、王言纶等一起,为江西及景德镇的浅绛彩瓷的生产与发展做出了探索性与开拓性的贡献。

在浅绛创作群体上,饶州(鄱阳)与徽州、南州(泛指南方地区),享有三州鼎立之说。除张肇源、顾宝珊之外,鄱阳画家群中又有张筱耕、张吟浦(号吟浦居士,所见作品极少,但人物、山水、花鸟皆精,培育出了汪野亭等一代大家。字迹全由本人书写,很有特点),及署名鄱阳古南的马庆云、李金章、徐子祥、余玉田、安九氏、子明氏等浅绛画师。此外,还有唐基桐、芝泉等,也客串其内。

在客串人中,有对籍贯新建的黎竹庵、黎勉亭父子,更是让人刮目。

父亲黎竹庵,又名黎瑛,御窑画师,刻瓷匠师。擅长画淡彩山水。他"用瓷土仿博古图塑成鼎、彝、盂、钵等,并在上面雕刻云龙螭虎之类,极为生动。瓷胎杂以黑色,自成纹理,望之如大理石雕品"。他的青花以及青花釉里红瓷器,创作水平极高,在那个时代无人可以匹敌。

儿子黎勉亭,号守澹斋主,生于清代末年,少年时随他父亲黎竹庵学习绘画,后主攻瓷画,擅长瓷板画,山水、花卉、人物俱佳。他绘制出的瓷件,有纸绢画风貌。黎勉亭艺术生涯的一个里程碑，是他以重金购买了一套西洋金刚石，并开始刻瓷生涯。他用高碳钢、钻石等工具，采用刻、錾、刮、磨、凿等金石工艺，制作各种画面的刻瓷：老辣遒劲的线条，风儒骚客形神兼备，名山秀水色彩斑斓，花鸟草虫妙趣横生。作品结构严谨，气质沉厚高古，文人风味颇浓，是当时文人画派称雄瓷坛的领军人物。他采用磨、琢、雕、点、钻等技巧，结合中国传统的艺术技法，成功研制出具有极高艺术价值的雕刻瓷板画。由于采用了先雕后润色再入窑烧制的工序，雕版作品具有阴阳向背、经久不褪色的特点。时有好谀者，重金请黎氏刻制袁世凯的头像，当袁氏见到神采飞扬、与照片无异的瓷板像后，大为惊奇，即由工商部长电召黎氏入京，授以工商部主事职，令其刻英王乔治像。黎氏历时五月，始造像成功，袁氏将其作为国礼赠予英王。

黎勉亭刻瓷作品大口径笔筒，题款是"竹林七贤"。笔筒上，竹林松柏、亭台楼阁，掩映在云雾仙境般的通景山水之中，七位贤士谈玄论道，或对坐，或骑行，或赶路，人物刻画轻松自如，就连撑船之人、挑担小童也描绘得生动可人、栩栩如生，令人不禁感叹他的精湛技艺和独具匠心，不负"神刻仙錾"的美誉。此后，黎勉亭任职九江中央银行行长，1949 年于台湾病逝。

在较长一段时间，黎氏父子一度活跃在鄱阳。

志敏火种燃鄱阳

“血染东南半壁红，忍将奇迹作奇功。文山去后南朝月，又照秦淮一叶枫。”这是20世纪80年代，老一辈无产阶级革命家叶剑英元帅，挽祭革命先烈方志敏的题诗。

方志敏，江西弋阳人，清德宗光绪二十六年(1900)生，无产阶级革命家。

方志敏年轻时便投身于中国人民的革命事业。1922年，年仅22岁的他，便加入了中国社会主义青年团(共青团前称)，第二年加入中国共产党。第一次国内革命战争时期，他在江西领导农民运动。1927年，蒋介石发动了“四一二”政变。国共合作破裂，方志敏转入地下斗争，领导弋阳、横峰农民起义，开展土地革命，组织工农政权，创建了赣东北革命根据地和工农红军第十军，并历任中共县委书记、特委书记、省委书记、省军区司令员、闽浙赣工农民主政府主席、红十军政治委员。

1927年，方志敏先后4次来到鄱阳开展革命活动。

还在“四一二”反革命政变的那天，在南昌开展革命工作的方志敏，撰写了一篇《李烈钧原来如此》的文章，揭露蒋介石指使李烈钧破坏江西农民运动的罪行。很快，江西省委做出了决定，在全省各地掀起农民运动高潮。6月，方志敏根据省委决定，第一次来到鄱阳，传达了党的“五大”会议精神，指示鄱阳党组织加强对农民运动搞得比较好的珠湖、肖家岭等地的领导。他亲自深入珠湖雨田、牛路口等地召开千人群众大会，又前往游城、古县渡华山等地开展革命活动。在游城村前的油榨坦群众大会上，他鼓动人心的演讲，引起了广大贫苦农民的共鸣和响应。6月，回到南昌的方志敏，遵照组织决定，准备去吉安、吉水、安福、莲花四县巡视工作，开展农民减租运动。

方志敏将要离开南昌的前几天，接到组织通知，同意他和另一位志同道合的革命者缪敏结成伉俪。按照习惯，结婚是人生中的大事，可是他们的婚礼却那样简朴，那么随意。新婚之夜，当时的江西省委及有关负责人罗亦农、彭湃、冯任等，来到方志敏夫妇的住所。墙上唯有一幅彭湃书写的“拥护中共政策方缪双方奋斗到底;努力加强下层工作准备流血牺牲”的大红对联让人感到有点喜庆气氛之外,其他一切如常。罗亦农他们说是来祝贺婚礼,实际上以打麻将做掩护,开会研究方志敏到农村的任务和工作方法。对这次婚礼,方志敏后来在狱中回忆说:“就在去吉安的前几天,我与我妻——缪敏同志结婚。我们的婚礼很简单,只是几个同志吃了一餐好菜饭就算了。”婚后没几天,方志敏便去了赣西。

1927 年是白色恐怖笼罩江西大地的岁月。8 月中旬,在赣西开展工作的方志敏,突然间与省委失去了联系。然而,当他闻悉“八一”起义胜利的消息后,精神极其振奋,便决定返回弋阳“重起炉灶,再来干吧”。

在返回弋阳的途中,方志敏第二次来到鄱阳。一到鄱阳,他便在饶河的一条小船上,以省委农委书记、特派员的身份,会见了鄱阳县委负责人李新汉。方志敏凭着敏锐的革命嗅觉意识到,斗争一天比一天残酷,武装斗争将是革命的必由之路。因此,他和李新汉商谈了在革命危急时刻如何领导农民坚持斗争的问题,考虑到革命斗争的发展需要,方志敏特地与李新汉谈到了警备团的枪支。国共合作时,鄱阳由共产党组织牵头,建立了一支有几十条枪支的县警备团,团长为李新汉。“四一二”政变使方志敏对革命形势有了清醒的认识,要夺取革命胜利必须武装夺取政权。于是他指示李新汉,要抢在国民党采取行动之前,把这支武装转移出去,至少要把武器保存好。根据方志敏的指示,李新汉准备以到鄱北剿匪为名,把队伍连人带枪拉到弋阳的磨盘山。就在这关键时刻,因国民党的党察和叛徒告密,李新汉的团长之职被撤掉了。但由于事前做了充分的准备,警备团里 23 支较好的枪支,依然妥善地转移到了党组织手中。

党的“八七”会议后,方志敏第三次来到鄱阳。他不但参加了鄱阳党组织在鄱阳镇风雨山召开的秘密会议,而且巧妙地将李新汉他们保存在古县渡的 10 支枪支安全地运到了弋阳,成为后来弋横暴动的一部分主要武器。

1927 年 10 月,方志敏第四次来到鄱阳,这次来鄱阳是接受党组织的安排,回到赣东北担任横峰县的区委书记。10 月,他领导弋阳 3000 多名农民举行了秋收暴动;11 月,又发起了横峰楼底蓝家为起点的横峰年关大暴动。

1928 年 1 月上旬,在方志敏的领导下,有七八万农民参加的弋横大暴动震惊了江西大地。

1934 年 12 月,根据党中央安排,中国工农红军第十军在方志敏的领导下,组成抗日先遣队北上抗日。害怕抗日情绪高涨的蒋介石,对共产党的抗日主张不择手段予以打压。就在方志敏即将北上时,蒋介石以重兵实施围堵。1935 年 1 月 29 日,方志敏因为叛徒告密,在怀玉山高竹山(又名高竹坑,为江西玉山所辖),不幸被敌人抓获。在敌人的监狱里,方志敏以一个共产党员的凛然浩气,坚贞不屈,在严刑拷打、高官引诱面前,表现了"富贵不能淫,贫贱不能移,威武不能屈"的崇高气节。他在生死关头,写下了许多动人的文字和豪言壮语。

方志敏一生酷爱读书,他生前的卧室里,挂有一副他自己书写的对联:心有三爱奇书骏马佳山水;园栽四物古松翠竹白梅兰。这副对联反映了方志敏的爱好和高尚志趣,他的儿女也分别以松、竹、梅、兰取名。

方志敏 1931 年当选为中央工农民主政府执行委员、主席团成员,同第二、三次"左"倾机会主义路线做过坚决斗争。中国共产党第六次全国代表大会上,他当选为中央委员。

1935 年 7 月,方志敏在南昌英勇就义,死时,年仅 35 岁。他著有《清贫》《可爱的中国》《狱中纪实》等著作,给后代留下很大影响,同时也永远活在鄱阳人民心中。

如梦相负潘缉光

在瓷都景德镇，珠山八友之一的刘雨岑，是妇孺皆知的陶瓷美术大师。他能够声名大振，达到如此艺术成果，有两个人给予了他一生极大的帮助。他们就是陶瓷工艺美术大师潘匋宇和他的弟弟——大名鼎鼎的清末民初文士潘缉光。

潘缉光，名学明，晚以字行，号白庵道人，人们习惯称他为“缉光先生”。生于清同治年间（1862—1874），卒于1936年。清光绪二十九年（1903）乡试中举，曾任江西省议会议员。工诗词古文和书法金石篆刻。

潘缉光世居城西十八坊，祖父潘梦鳌，名声很好，且又注意自己的形象；父亲潘士芳、叔父潘士芬，兄弟俩都是秀才出身，不仅精通诗文，而且擅长字画，并以此著世。出身于书香世家的潘缉光，秉承家风，自幼便能诗善文。然而，他在当时最享誉的是书法，初学法帖，后来参以北魏碑意，很有自己的特色。潘缉光平时作书，以行草为多，尤其擅长小书简和题跋。潘缉光的另一成就是金石鉴赏和篆刻印章。他家备有《金石索大全》等金石方面的书籍，所治印章，力摹秦汉，古远盎然。不仅如此，他对古印收藏也有研究，并辑有《白庵藏印》《白庵印存》两册。刘雨岑得到他在古文、诗词、金石、书法等方面的教诲，并为后来自己在陶瓷工艺方面的发展打下了良好基础。

潘缉光为人潇洒但又谨慎，因此思想保守。大革命时期，作为省议会议员，他对时局突变很不适应，虽然也服从了当局，却又流露出自己的违心。由于长期受制于封建教育，对待共产党人则显出了他格格不入的一面，因此他站在革命的反面，成了革命的对象，并受到革命者的抨击与惩处。

尽管如此，但潘缉光毕竟是鄱阳近代不可多得的文人，他的文学造诣，特别是写诗填词，使当时与后代的词家不得不折服。他写的古文诗词，字字珠玑，敲金戛玉，掷地有声。

门巷百年事，燕子语宁丁，旧人何处如烟，骚雅一星星。布素晴窗点笔，备墨临池遣兴，略约记生平。尺璧明珠怎，怜取者时名。尽天

涯，飘故低，苦交并。如君选事，不教萎落似秋英。留得庐山真面目，用此故家乔木，吾辈岁寒警。更有告畴感，倦眠益分明。

这首《水调歌头·赠友人》，是潘缉光于1936年，应前任商会会长王瑾光之请，为一帧扇面而填写的词作。全词深沉精辟，既无雕琢之嫌，又非泛泛空谈，蕴藉精微，亲切感人。

在词的后面，另附他的跋："瑾光仁光兄求便面，曾辑皆同邑人，颜曰：'乡贤。'辑中以周松亭、张拱陶两先生辈行最老，而周先生山水名特著，云生先生工家鸟，润色浓艳，先叔次珊公则淡雅一路。邑中艺术家不仅此，而所得仅此，收藏亦不易。书家落落，示益可和矣。丙子四月潘缉光并识。"从附跋中可以看出，他对鄱阳清代书画界乡贤周松亭、张拱陶二人的艺术成就，是鼎力推崇的。

周松亭，名家钧，清光绪朝官至御史的周承光祖父，以书法显世。周承光(1847—1897)，字黎青，号紫垣，光绪八年(1882)举人，光绪十二年(1886)进士。先是充补镶黄旗汉教习、建昌府学训导，后改授翰林院庶吉士、散馆授职编修，历充国史馆协修，历山东道监察御史兼署福建道监察御史。书宗欧阳询，有法度，无馆阁气。晚年益精进。年五十二卒于京。张拱陶，画家，他的画苍劲秀润，尤以山水见称，题画也有寄托，令人玩味不已，著有《菊樵吟稿》行于世。他儿子张肇源，工花卉，间或也作山水画。所画瓷器多小件，极精致。饶州知府弼良携带至京，赠送亲友，都以瑰宝对待，在清末鄱阳瓷绘艺术界占有重要地位。

潘缉光作为清末的孝廉，可算是鄱阳的翘楚，他对待前辈仍然很恭敬。尽管这时候他年事已高，并就在这一年病逝，仍不自以为大。

无计留春住。莽天涯，美人名士，一般迟暮。欢宴无端歌舞罢，过了风风雨雨。只算是，萍沤相聚。奁镜当年谁得似？伴朱歌、白日堂堂去。同悼惜，情如许。孤鸾影里愁千绪。尽长辞、樊笼雾勒，回旋旷宇。莫漫空衾伤薄命，随分樽前际遇。说甚的，英雄儿女。海燕有时同止宿，岂苍苍、如梦终相负。多少话，为君语。

这是潘缉光遗存的另一首词《贺新凉·情眷》。这首词虽是写男女情事，却一改缠绵悱恻、哀婉低回的词风，反以风骨为长，笔透空灵，疏隽沉雄，借儿女情长，寄寓了深沉的人生感慨和忧时叹世的情怀。

可惜的是，潘缉光的诗文自己不当回事，随作随毁，从不考虑收集成册，流传后世，故散佚殆尽。然而，一个显名的人物，除了文字记载能恢复他的风貌之外，人们对他的印象和影响等口头记忆，往往也丰富多彩。据传，他在楹联的构思上别出心裁。最典型的是他代侄儿挽其岳母的一副联文，其上联为“是能守内则典型，本来戒旦鸡鸣，四德允符中垒转”，下联为“莫漫问婿乡车马，客里秋风雁到，三山望新海门潮”。就撰写这副对联的难度来说，它有两个方面：一是侄儿岳母非至亲，关系不密切，情难到位；二是如道人家，叔翁之辈，下笔颇费斟酌，言过不能服众，情重有失体统。而他从妇道大处着墨，引经据典，以《诗经》“戒上鸡鸣”，意即贤德如人警戒丈夫早朝，和西汉刘向《烈女传》典故完成上联；以女婿羁旅浙江，死者怀念女婿，女婿思念岳母之人伦情表述，使联文倍加亲切。

潘缉光虽处在特殊的历史时期，但他身上却充满了古代文人的凛然正气和风骨。他从不与那些乡曲劣绅势焰熏人的官僚交往，甚至拒之于门外而后快。对于那些假允斯文的土财，他也常常嗤之以鼻。据传，某年农历年底，一财主出四百银圆，求他写一副对联，以光门第。潘缉光对此人略有了解，知其为富不仁，秽声四播，不愿与之相交，便以病推辞，拒绝所请。其实，潘缉光家境不裕，四百银圆非小数，但他决不失为人之道。正因为这种清正耿介，使得鄱阳学者无不对他心悦诚服。

民国二十五年(1936)，潘缉光病逝于乐平。举行丧礼时，他家的屋前屋后，挂满了示人学士赠送的挽联。其中较有代表性的两幅，一为饶敏撰的：千里违公，只隔关山未隔梦；半生念我，既哭严亲又哭师。另为老秀才周沛然拟的：他乡作客，化鹤归来，萧瑟动江关，一路凄凉名士影；故土多秋，骑鲸仙去，苍茫赴蓬岛，数声欸乃孝廉船。

珠兰茶香越大洋

早在唐代，鄱阳就以茶出名，不过那时候是浮梁茶，而不是真正的鄱阳茶。到了近代，鄱阳协和昌茶叶店太少双狮珠兰花茶，才使这个古县享受了名茶的声誉。汤色清碧、鲜醇柔和、兰香馥郁、芬芳沁人的特色，使人赞不绝口。它在色、香、味上所保持的名茶品质，使之获国际巴拿马博览会奖。

清朝同治年间，一位俞姓婺源思口龙腾人，在学徒业满后，萌起在鄱阳开设茶叶店的念头，在亲友的资助下，终于想方设法在新桥正街租赁店面，打起锣鼓开了张。不想开张不久，这家县城唯一的茶叶专业店，很快受到人们青睐。茶楼酒肆对它经营的婺源炒青绿茶产生了浓厚的兴趣。那些过往于鄱阳的船家商客，也都知道了协和昌商号，俞老板的生意日渐兴旺起来，日积月累，他便在龙腾老家购置一个不大的茶庄，并开始自种自制婺源炒青绿茶。

正当俞老板在自己的事业上得意的时候，唯一的儿子却染上了恶习，眼看含辛茹苦好不容易挣下的家业，就要被不肖之子毁于一旦，正深感悲观失望之际，亲侄子俞杰然突然闯进了他的生活。通过几年观察，俞老板发现侄儿既精明能干，又灵活节俭，便毅然决然地将所有的家业统统交给了他，自己干脆退下，这时已是光绪年间。

俞杰然接下伯父家业，成了协和昌茶叶店的第二代老板。他从小学徒，后跟伯父经商，不但谙熟茶叶的种植，对制作和经营也很内行。他知道伯父家产来之不易，更被老人的厚爱所感动，因此兢兢业业，一心要使俞家的事业发展壮大。俞杰然于是认真总结伯父的经营经验，发现伯父之所以能够从无到有，关键是仰仗鄱阳的地理优势。

婺源在浮梁之上，它的茶叶除小部分由祁门转江浙处，大部分都由鄱阳输出，尤其是清代，无论是鸦片战争前由广州出口茶叶，还是鸦片战争后由上海出口茶叶，鄱阳都是祁门、婺源、信州等茶叶产地输出的必经之地。同时，俞杰然还看到，伯父交给自己的这份产业，无论是资本，还是制作技术、经营技巧，都与本乡同行难分高下，唯有在鄱阳设店占有的地利才略高一筹。他认为发挥鄱阳地理优势,才是占据了壮大实力、扩展祖业的战略高地。于是他把租赁的店面买下,并将范围逐渐从铺面往后延伸,与此同时又在制茶技术上大下功夫,在制作花茶上做起了文章。

宣统二年(1910),俞杰然在婺源龙腾老家建起了"馨样实习花园","种珠兰、茉莉数千盆为制茶之用",成为婺源制茶史上第一个花茶制作者。

俞杰然的长子成家后不久病逝,他便把希望寄托在次子俞仰清身上。还在俞仰清十五六岁时,俞杰然便开始致力培养他,而俞仰清对茶分外留心,18岁进入协和昌和婺源永利茶庄后,他的才能便逐渐得到发挥。当时他家花茶还在试验阶段,他便留心父亲的技术,并对珠兰与茉莉的入茶进行了比较,最后选择珠兰作为自家花茶制作的主要原料。

珠兰学名金粟兰,是常绿小灌木,初夏开花,花为黄绿色,较小,花期与摘茶的时间相近,香味久远,芬芳醉人,入茶较之茉莉又别具风味。起初,协和昌的珠兰花主要在"馨祥花园"种植。后来俞仰清发现,离龙腾20多里远的安徽黟县渔涟村的珠兰花,质地最佳,遂决定以渔涟珠兰花作为主要花种,每到花期便雇人将制好的绿茶翻山越岭挑到渔涟窨花。果然,在1915年巴拿马国际博览会上,这种问世不久的以渔涟珠兰花窨出的茶叶,不失所望地拿到了奖牌。

俞杰然当家的时候,在他伯父祖业的基础上还做了两件大事:一是扩大了龙腾老家的茶庄,名之为"永利茶庄",它是协和昌茶叶店茶叶来源基地;二是在湖北沙市开设了协和昌分号,珠兰茶正是通过这个分号,辗转到了美洲,后来在巴拿马博览会上获奖的。俞仰清接手经营后,又先后在上海、南昌、九江、婺源等地开设办事处,协和昌的茶叶通过这些经销点走向国内外市场。

协和昌的茶叶,原先是手工制作的,1927年俞仰清以一年的收入购置了全套的制茶设备,其中木炭动力机3台,抖筛机1台,切茶机1台,抽水机1台,六角形滚筒车色机16台,继其父作为婺源第一个花茶制作者之后,他又以第一个机器制茶者的身份被载入了婺源制茶史。

近代技术设备使俞仰清的雄心和信心勃发,20世纪30年代初,他在鄱阳协和昌茶叶店后面盖起了厂房,购置了另一套制茶机器,建立了比龙腾更大的茶厂。从此,鄱阳协和昌集制茶、销售于一身,成为俞家茶叶经营的主要所在。为了减少环节,他请来了花师,在鄱阳种养了数千红珠兰花,珠兰花茶这才开始在

鄱阳正式生产。由于永利茶庄生产的茶叶远不能满足制茶所需,俞仰清便由自种自制转向收贮加工。随着生产能力和经营的扩大,他深感精力不足,于是便在同乡中物色管理人员作为委托代理人,职工由三四十人增至100多人,茶叶年销量也在五六百担之间。

就在协和昌的事业蒸蒸日上的时候,日本侵华战争爆发,茶叶销售顿时一落千丈,婺源不少茶商因举步维艰而宣告破产,连国民党的“中茶”公司在婺源的机构也关门大吉。婺源茶叶面临前所未有的困境,永利茶庄也遭受同样的厄运,俞仰清权衡利害,思虑再三,决定以缩短战线来渡过难关。他忍痛将湖北沙市的协和昌分号关闭,又把龙腾老家的茶庄抵押于人,举家西下,集中全力经营鄱阳的协和昌茶叶店。除茶源受影响外,鄱阳因受水利之惠,生意还能勉强维持。为了不使制茶中断,他另辟新途,周旋于邻近鄱阳的余干、万年等地收购新茶,经过精心加工,也做出了可与婺源茶叶相媲美的珠兰花茶。

由于制茶技术的高超,加上鄱阳湖湖防的松动,协和昌在日寇侵华期间虽然受到一定影响,但毕竟比婺源老家那些茶商们幸运得多。这时候俞仰清对地理之利有了新的认识,婺源渐渐地离得远了,眷属子女全都在鄱阳落户,他自己也成了鄱阳人,协和昌也真正属于鄱阳了。

协和昌作为专营茶叶的商店,颇具特色,它的主营产品,全是自己制作,品种繁多,花色齐全。为了有别于他人和别的品种,它把自己制作的茶叶,按档次归为五大类并分别以不同商标区分,即协和昌、馨祥、永馨、恒大、恒益。此前,它只有一个商标,统曰瑞云,后来又将协和昌珠兰茶精,改用太少双狮商标。这种商标印得很精致,黑底金字,中有圆形图案,双狮分立球旁,字环球绕,寓珠兰花茶誉满全球之意。双窨花茶则以馨祥商标为记。这两种花茶都是协和昌茶叶店的上品。协和昌茶叶的包装也很讲究,一律用杉木方箱装茶,内有一层锡箔防潮保鲜。木包装有两种,一为100斤装,一为50斤装。此外还有锡箱装的精品,产品以内销为主,外销量也不少,对象主要是美国、日本、南洋等地区。

1949年鄱阳解放,协和昌作为鄱阳的重要商号迎接了鄱阳的新生,并与广大工商界一道,为恢复发展本地的经济做了努力。可惜的是,1954年鄱阳发生特大洪水,协和昌茶厂苦心经营的那些珠兰花钵被冲洗殆尽,从此珠兰花茶中止了生产。如今,它只能和协和昌这个商号一道,给人留下美好记忆。

彩绘名家潘匋宇

翻开近代景德镇陶瓷工艺美术史，鄱阳人潘匋宇一家应该是占据了一定的重要地位。这个家族自潘匋宇始，连续数代，为景德镇陶瓷美木事业的发展做出了贡献。

潘匋宇(1887—1926)，字鼎钧，号澹湖外史，署款以字行，又名转晦，清末民初的绘瓷名家，亦被称为景德镇现代彩绘的奠基人。工虫鱼花卉，画室名“古欢斋”。

潘匋宇出生在鄱阳的一个书香门第，父亲潘次山，亦善于绘事。潘匋宇从小耳濡目染，在潜移默化中继承了父亲的技艺。1911 年，江西省第一甲种工业学校在鄱阳开办，潘匋宇出任该校国画教师。景德镇“珠山八友”中的刘雨岑、程意亭、汪野亭都出自他的门下。

潘氏世居鄱阳，执教之余，常于假期客串景德镇彩瓷，凡花鸟、人物、山水各科，无一不精。他的画作清淡雅丽，花鸟、人物重在神韵，从不刻意求“工”，人们称赞他的画为“直足逼南田之室，而奇秋岳之席”。潘匋宇画的粉彩小件，无论人物、山水、花卉都是精品，笔法极为秀丽明朗。由于家境清贫，江西省第一甲种工业学校迁出鄱阳后，于是他旅居景德镇的珠山，以饰瓷为业。

由于潘匋宇出身于书香门第，画作很有书卷气。虽然他的山水作品不多见，偶尔一见的山水画作，常常让人想到宋人笔法：双勾绘枯树老槎，取景则以北宋宗室子弟赵令穰为师。赵令穰以画平原小景、池坂坡塘而独树一帜于两宋画坛。而潘匋宇的山水取景，空阔旷远，大块留白，显示出关山无尽之意，一抹云山横亘天外，坡塘老树隐于烟霭之间。近景则以细致精丽之笔，绘三两人物或是泛舟，或是憩息林间，笔墨无多，却又令人有山岚弥漫、天穹苍茫的感觉。

潘匋宇绘彩瓷，擅长粉彩，出自他笔下的彩瓷作品，无论是人物还是山水、花鸟都甚精湛，笔法清新奇丽。他画技如神，能在高不盈寸、口极细小的薄胎花瓶中，探笔入内壁，绘写金鱼藻荇之类的画，画好成型后，注水其中，无数游鱼各有其姿态，跃跃欲活，逼视以为真。他精制的陶瓷作品，参加在美国芝加哥、费城的博览会并获优奖，为国家、为景德镇赢得了一定的国际声誉。

20世纪20年代，潘匋宇绘制的《松寿图》瓷板画被收藏家鉴定为民国初年水平最高的浅绛彩。这件作品的画面，是松柏枝上有一只绶带鸟。他运用工鸟兼施的笔法画松柏，笔力顿挫遒劲老练，以表现松柏苍老挺健；中锋点染树苔，寥寥几笔而已，极见意兴；以绿彩勾勒出根根松地，与干枝梢末浑然一气。枝上绶带鸟画法细腻入微，点染色泽清艳悦目，形态极佳。松树与绶带鸟的画意蕴含“不老长青”“寿长延年”的气运，成为力作之一。潘匋宇后转画粉彩，更是名噪南北，其声誉世代相传。经他制作的饰器，多为小品，且画工细致，须戴显微镜方能看清着笔。因此他的作品比较昂贵，但人们仍争着购买而不得。北京、天津、上海的瓷商，有的先付定金，等到一两年后才能拿到订件。1923年，军阀曹锟曾出重金聘潘彩绘文具。因为他业务繁忙，耗神费力以致英年早逝，年未四十而卒。可惜的是他遗留的作品十分罕见，弥足珍贵。

潘匋宇的侄子潘庸秉(1900—1961)，陶瓷美术家。潘庸秉年少时便随陶瓷美术名家叔父潘匋宇习画，14岁那年考入省第一甲种工业学校专攻陶瓷美术，毕业后受聘于江西陶业学校任教。他能娴熟地运用陶瓷美术的各种技巧，早在20世纪30年代，其陶瓷美术作品在国内外就有一定影响。1925年，在北京瓷业公司任绘瓷技师，其间遍访名师，并经常到名胜古迹写生临摹，认真研究古代名画家的作品。经勤学苦练，技艺日精，所画山水人物、花鸟走兽等幽雅隽永，自成一格。他设计的陶瓷器型画面具有明丽清新、格调高逸的特点。他的作品先后参加过全国美展和参加美国、比利时、巴拿马等国展出，并多次获奖。新中国建立后，潘庸秉先后担任过轻工部陶瓷研究所副所长、中国美术家协会理事、省美协副主席、市美协主席、《陶瓷美术》总编辑等。主要作品有釉里红金鱼盘、蓝釉堆雕鸡挂盘、天青云鹤新茶具、纯青釉堆玉青果壶、长条山水瓷板画等。1958年人民大会堂建造时，在江西厅中央，陈放着潘庸秉和潘文锦发明的颜色釉堆雕工艺——“天青云鹤”工艺面嵌天蓝釉地、白釉堆雕瓜果瓷板圆桌一对，以“瓜果满桌，香飘万里”的意蕴，体现了祖国的美好。

潘文复(1938—2001)，潘庸秉之子，高级工艺美术师。1958年考入景德镇陶瓷学院美术系，成为首届学员。1962年毕业分配到景德镇艺术瓷厂美研所，曾任艺术瓷厂总工艺美术师、艺术瓷厂厂长、香港合资企业“艺宝陶瓷有限公司”中方代表、副总经理，中国工艺美术协会高级会员，景德镇美协理事，1978年被授予景德镇“陶瓷美术家”称号，1990年国家人事部授予他“国家级有突出贡献的中青年专家”。这位自幼生长在陶瓷美术世家的工艺师，受家庭影响，又得益于名家张志汤的培育，加上他秉承天赋、好学求进，大学毕业不久便成功地创制了高温色釉粉彩，开拓全新的陶瓷装饰语言。他擅长高温色釉装饰，有厚实的传统粉彩瓷画功底，善于表现山水、人物、花鸟，作品既体现材质的自然美，又具有工笔瓷画的意趣。1983 年经有关部门鉴定创制的粉红、淡绿、淡蓝、淡黄五彩玲珑釉，获江西省科技成果二等奖、轻工业部科技进步三等奖。潘文复的代表作品《金色桂林》300 件梅瓶，参加在上海举办的第二次全国陶瓷艺术展览，并于 1978 年获景德镇陶瓷美术作品评比一等奖，现藏景德镇陶瓷馆。潘文复潜心创作，陶醉于挥毫运笔间，先后创制了《井冈山》《春雨》《桂林山水》《山村新貌》《丽人行》《西厢听琴》《黄山》《晚霞印象》《牵牛花》等大型色釉装饰瓷。“色釉粉彩”的研制、“仿古瓷”的研制这两项成果，为企业取得了可观的经济效益，并赴香港、日本、美国参加陶瓷展览并现场表演。2001 年，潘文复在景德镇因病辞世。他女儿潘兆青、潘兆军，都是现代景德镇著名的工艺美术师。

潘兆青，1965 年生，江西省高级工艺美术师、中国工艺美术协会高级会员，政协景德镇第九、十届委员，景德镇市第十一次妇代会执委。1984 年从景德镇陶瓷学院毕业后，在景德镇市艺术瓷厂特种工艺研究所，师从父亲潘文复和母亲田慧棣，从事陶瓷美术创作、研究，主攻青花、斗彩及高温色釉彩绘，题材以山水、花鸟、人物为主。潘兆青秉承家学，汲古创新，创作设计中注重运用陶瓷工艺、材质，勇于创新，融传统技法与现代装饰为一体。作品构思精巧，意境深远，手笔细腻，别具工细隽秀、清新雅丽的画风。摘取过数十枚专业评比奖章和奖牌，陶瓷作品参加过北京、上海、香港等地的展览展销，部分作品被美国、加拿大、日本、韩国等国内外博物馆收藏。

潘兆军，高级工艺美术师。1986 年中专毕业，进入景德镇市艺术瓷厂特艺所潜心随父母学艺，主攻釉下青花及高温色釉彩绘。1992 年又毕业于中国书画函授大学国画系。在父母悉心、严格的教导下，她秉承家学，继承传统，苦练技法，仿制了一大批高档官窑仿古瓷。其中仿成化鸡缸杯等被外商批量订货，汲古创新，兼收并蓄，显示其奠定了扎实的艺术功底。她在创作设计中注重运用陶瓷工艺材质，融传统技法与现代装饰为一体，构思精巧，手笔细腻，别具工细隽秀、清新雅丽的画风。作品多次参加日本、美国、香港及东南亚的展览，颇受海内外人士赞赏并被珍藏。

刘雨岑的鄱阳缘

20世纪40年代，享有千年声誉的瓷都景德镇，鹊起了八大陶瓷画家，当时称为“珠山八友”。这八大画家画风各一，各有所长，如王琦、汪野亭的山水，王大凡的人物，田鹤仙的梅，徐仲南的竹，邓碧珊的鱼，程意亭的翎毛等。其中有一位年纪最轻，以翎毛、花卉、虫草见长的画家，他就是刘雨岑。

刘雨岑(1904—1969)，原名“玉成”，又名“雨城”，斋名“觉庵”，别名“澹湖渔”，晚年取号巧翁，含7月7日出生的意思。

刘雨岑出生于鄱阳县鄱阳镇下正街一户铜匠家里。他父亲兄弟6人，都从事手工业，后有一叔父由打铜业转到瓷业方面来，于是家中多了一名陶瓷艺人。刘雨岑受这位叔父影响，对瓷艺一往情深，便考入设在鄱阳镇的江西省立甲种工业学校(省立饶州陶业学校)，攻读饰瓷科。从此，他跨进了瓷艺大门。在陶业学校，刘雨岑得到了鄱阳籍老画家、陶校美术教师潘匋宇的细心指导，绘画技艺大进。无论工笔或写意画，构思都很精妙。而指导老师潘匋宇之弟潘缉光，又是鄱阳鼎鼎大名的清末举人，古文、诗词、金石无一不精。刘雨岑在潘匋宇老师家受业的同时，得到了潘缉光老师的指教，在古文、诗词等方面得到了很好的熏陶和教益，并为日后作画时辅以的题跋、印章等书法技能奠定了基础。

20世纪20年代，刘雨岑从陶业学校毕业不久，便来到号称“中国瓷都”的景德镇谋生。在景德镇今珠山东路原名叫中心厂前，觅得一间小店铺，作为自己作画及兼售零星瓷器之用，取名“益群画室”(建国后改为“雨岑画室”)，开始了长达40余年的瓷艺生涯，并成为著名的“珠山八友”之一。刘雨岑从参与创立“陶瓷美术研究社”，到自由组合“月圆会”，他不断研究陶瓷画艺，专门从事釉上粉彩花鸟画技法。他所绘制的瓷器，以尺二条幅、花瓶、五件头文具、餐具、挂盘等为多，间或也绘制大件。题材多以寿石、鸲鹆、孔雀、白头翁、黄鹂、锦鸡、雄鸡等为主，配以不同季节的花草树木，互相映衬。他所画的鸟雀，俯冲向背，花木参差隐显，都恰到好处。他绘制的小件或大件，构图精审，敷色生动，浓淡雅致，韵味十足。他的作品除继承我国传统画技巧，还兼西洋画之长，熔中西画于一炉，所以他的画件能使观赏者沉浸在美的高度享受之中，把玩不已，击节三叹。他画传统的翎毛，不拘泥古法，若如仿照院本，应将羽翮绒毛细描细写，一笔不苟，但他画翎毛，往往是工笔兼写意，注重花鸟生态，布局简洁，设色清雅，甜润华滋，不但形态逼真，而且出神入化。这既能达到格调高雅的结果，又能省去许多细烦功夫，收到事半功倍的效果。香港艺术馆馆长朱锦鸾，曾撰文评价刘雨岑20世纪40年代的几件作品："简洁利落，令人难忘"，"可以看到潘訇宇的影响，都属南宋花鸟画中'折技'的技法"，"捕捉自然界里永恒的一刹那时空，把真善美凝结成画"。

刘雨岑的瓷画不但在取材、构图、设色上显示了与众不同，常为论者称道，他在粉彩技法上的革故鼎新，更赢得了广泛的声誉。他摒弃了先勾画花头轮廓，再用油料多层次浇染的传统技法，直接用"玻璃白"点出花朵的形象，然后以含色料酌水笔加以点染，使彩料浓淡自如，形成国画小写意的效应，这就是他吸收清代花鸟画家恽南田、任颐的"没骨法"而创作的"水点法"。绘出的花卉，艳丽鲜活，别具神采，尤其是"水点牡丹花"，构图以少胜多。色彩既没有火气又不淡寡，写实而又有变化，常为行家采购收藏。最值得一提的是他创制酌水点碧桃花画图，曾被我国外交部定为驻世界各国使馆的装饰用瓷，而他也被人尊称为"水点大师"。

抗日战争时期，刘雨岑回到鄱阳，寄寓下正街萧宅多时。在此期间，他在鄱阳福建会馆举行了一次个人画展，百余幅大小条幅纸画给故乡人留下了深刻印象。

20世纪50年代中期，刘雨岑担任中国轻工总会陶瓷研究所前身——景德镇陶瓷研究所艺术室副主任期间，经常到全国各地参观、考察、临摹、写生，通过与关山月、傅抱石、朱屺瞻、潘天寿、林风眠、唐云等国画大师的接触交往、合作绘画，学习了他们的长处，拓宽了视野，开阔了胸襟，使画艺更上一层楼。

20世纪50年代后期到60年代初期，是刘雨岑在瓷艺上画技取得成就的高峰期。他设计出的数十种日用瓷画，被大量复制生产。他的陈列瓷，屡屡被《景德镇瓷器选集》《中国陶瓷·景德镇彩绘瓷器》等大型画册和全国多种报刊选登。他创作绘制的众多墨叶描金花卉画面，分别装饰在特定的瓷盘和异形瓶上。薄胎装饰《黄雀》画面，更别具一格。有的作品分别在16个国家展出，有的

被北京故宫博物院收藏。1958 年,北京人民大会堂竣工后,为凸显江西厅的特点决定以瓷器为主时,当时的景德镇市委书记赵渊邀请刘雨岑到北京,参加研究设计江西厅的艺术陈设布置,他为此提出了许多有益的建议。

刘雨岑很注重培养瓷艺人才,自 20 世纪 40 年代起,先后在浮梁县立陶业学校、珠山国瓷艺专、东方艺专等学校任教,并培养出多位江西省级工艺美术大师。

刘雨岑为人器宇不凡,稳重豁达,平素衣履整洁,待人接物有礼数,好与文人墨客交往。早在 20 世纪 50 年代末,他就被景德镇市人民政府授予"陶瓷艺术家"的荣誉称号,并担任景德镇市美协主席、中国美协江西分会副主席、景德镇市政协副主席。刘雨岑对国画、诗词、金石等都有研究,书法造诣很高。他的行书题跋,端庄而不滞,潇洒而不浮躁。他的题词落落大方,简洁得体,广为文人雅士赏识,这些都是他研习欧阳率更体根基较深的缘故。他创制的粉彩瓷盘画《牡丹图》《杏花春燕图》《鸲鸽海棠图》《墨叶描金菊花图》《春夏秋冬花卉图》以及装饰特定瓷瓶的粉彩《小禽桃花图》《白头碧桃图》《春江水暖鸭先知图》和装饰特定茶具的粉彩花鸟画图、国画《蔬果、菊花图》等,在国内外引起很大反响。

刘雨岑花甲之年时,中国著名戏剧家田汉先生来瓷都景德镇市,并为他赋诗一首:"南枝如雪馥雄关,又在先生笔底看。何止珠山留劲腕,早传春色留人间。"

鄱阳出生毕老虎

毕渊明(1907—1992),出生于鄱阳县鄱阳镇肖家架,别号至乐老人,因擅长画虎,人送雅号“毕老虎”。

“毕老虎”自幼受家学熏陶,从小就打下了古典文学和绘画艺术的良好基础。

他父亲毕伯涛(1886—1961),名达,字伯涛,号黄山樵子,祖籍安徽省歙县,寄居鄱阳县。毕伯涛为“珠山八友”之一,中国陶瓷美术大师,早年在鄱阳拜清末秀才,以金石、诗、书、画称著于世的鄱阳画家张云山为师。光绪二十五年(1899),14 岁的少年毕伯涛考取清末秀才,16 岁始在鄱阳教私塾,以图再试。清王朝被推翻后,其家道中落,科举废止,毕伯涛仕途无望,精神苦闷中又遇早年丧妻。为摆脱苦闷,他携一儿一女到景德镇解忧谋生。偌大的景德镇却令他无处安身,他们只好暂栖五龙庵与和尚为伍。两年中,他靠为寺庙抄经书、作楹联、写匾额兼为索画居士涂抹丹青糊口。五龙庵住持敬重毕伯涛的人品、画品,先后推荐他到城中某翰林、局长处做家教,安排其子毕渊明到一瓷业公司学徒画瓷。他在城中任教期间,经人介绍认识了王琦、王大凡并应邀加入“月圆会”,开始从作纸画转向画瓷。为有一个安定的作画环境,始租下一偏屋后堂,借房东一张八仙桌置于床头作画。尽管他所画翎毛不热销导致生活窘迫,却保持文人清高儒雅之秉性。毕伯涛在与“月圆会”诸君吟诗作画交往 1 年后,听闻鄱阳养父(毕伯涛曾过继大伯名下)病故的噩耗,启程回家守孝,长期中断参与“月圆会”的活动,使人误认为他不是“珠山八友”最早成员。守孝期满后返回景德镇,毕伯涛专心画花瓶、茶盘,仍以翎毛为主,爱画八哥、鸳鸯、绶带鸟,亦画过吴霭生的上等瓷胎。毕伯涛瓷画着色不多,仅绿、黄、黑三色,追求淡雅画风,寄托超尘脱俗之情怀,与当时景德镇瓷画主流不合,知音寥寥。作品曾在南昌瓷器店丽泽轩销售,以小件居多,最大件也仅 2.4 尺。由于作画不多,家境贫寒,毕伯涛未续弦再娶,全身心投入对儿子毕渊明的培养。他不仅督促儿子潜心作画练

书法,还十分注重培养儿子的文化底蕴,有计划地安排儿子遍读诸子百家,加强诗词歌赋的修养,并在篆刻上下功夫。在他的打造下,毕渊明终成景德镇享有盛名的书画大家。儿子成才后,他作瓷画日少,偶尔画些纸画陶冶性情。建国初期,他与景德镇另两位清末秀才,受聘为江西省文史馆第一批馆员,撰写整理前清史料,从此瓷画辍笔,应邀偶尔为省文史馆画些花鸟纸画。他在任馆员期间,不受礼、不吃请,十分本色,直至1961年去世。

毕伯涛饱读经史典籍,精通金石书画,无奈生不逢时,难以得求功名。毕渊明出生后,毕伯涛寄希望于儿子,在儿子咿呀学语时,便将蒙学的《三字经》《百家姓》当作儿歌,教他吟诵。后来,又让他潜记默读"四书""五经"。等到毕渊明稍长,毕伯涛耳提面命,教授他绘画技巧、金石治印、诗词题跋等知识。很快,毕伯涛发现了儿子的天赋,开始为他的前程进行筹划。其实,早就对陶瓷彩绘有一定专长的毕伯涛,只是因对文学书法的钟爱,而掩盖了他在这门技艺的光彩。眼看着儿子技艺大进,在思虑再三后,毕伯涛决定举家迁徙到景德镇,为儿子寻求施展才能的更广阔天地,从此毕氏举家落籍瓷都。到了景德镇,毕伯涛如鱼得水,活跃异常,画友相交,故旧夜读,耳濡目染,开阔了毕渊明的视野。当时,毕伯涛与名画家王大凡交谊甚厚,王爱毕渊明书画才艺,将爱女许配给他。后来,在毕伯涛、王大凡的倡议下,景德镇当时画坛名流汪野亭、刘雨岑等,又共同组织了以研讨画艺为宗旨的"月圆社"(后称之为珠山八友)。前辈的交往,后学的留心,给毕渊明极大启迪。这时,他不但对陶瓷釉面彩绘的山水、翎毛、走兽、人物、钟鼎、虫鱼等无所不能,无一不精,而且在画虎方面更有了精深独到的见解。一方面他掌握了张善孖画虎形态逼真之长,另一方面又兼具了高剑父画虎气韵逼人之势,尤其是所画狮虎的背景,或勾以悬崖峭壁,或绘以幽涧深壑,或草莽掩映,或月黑天低,总之,极尽衬托之功。况且,国画讲究画、字(题跋)、金石三位一体,毕渊明从小领悟真谛,运用自如,妙趣横生,使虎画倍加增色。

毕渊明不但以画虎著称,书法也很精湛。他年轻时师王梦梅书法,隽秀端庄,颇有功底;晚年又学汉碑、魏碑诸法贴,平整严谨,苍劲秀润。一段时间,他题写的店名遍及景德镇的街巷。

20 世纪 30 年代，毕渊明曾当过报人。那时景德镇报业盛行，如《赣北日报》《晨钟日报》《陶业日报》《群众报》，小小弹丸之地，报纸多达 4 家，竞争可想而知。而毕渊明同时被聘为《晨钟日报》《陶业日报》副刊编辑，其文学功底和才思由此可见。他所主编的副刊，内容丰富新颖，所采用的文章也流畅雅致，深得读者喜爱。无奈当时的舆论多受牵制，动辄得咎，在这种情况下，他只好辞去报馆职务，改从教育事业，先后担任浮梁县陶瓷职业学校、景德镇国瓷艺术专修学校教员。由于他博学多才，对陶瓷艺术颇有研究，且教学成绩卓著，不但深得师生一致好评，而且也为众多美术界人士推崇，因此被委以出任景德镇美术研究社副社长。

毕渊明作画，深得其中三昧：题跋，繁简得体，既不泥古，又不僻奥，竭尽诗情画意的和谐；作画，布局得体，胸有成竹，既不疏松，又留空白，情趣中给人遐思；治印，讲求得体，恣意自然，蕴苍浑中存尔雅，在丑拙中显古朴。在诗、书、画"三绝"中，他尤以画见长，名震瓷都。

20 世纪中叶，毕渊明曾画过 1.16 米长的横幅瓷板"老虎母子图"。此图设计精巧，构思别致，子虎依母，相亲相偎，看后令人顿生亲畏之感。虽说这种瓷板在现在不算巨大，但在当时的条件下能有此巨制，不能不引起轰动效应，所以标价高达 1.6 万元。价格不菲，让国人却步，但被外商看好，欣然买去。那时候，他在艺术瓷厂作画，就是小条幅瓷板画，标价也在 400 至 500 元，如此高价，从不使人言贵，只要上市，不久便会被人买空。大家知道，"毕老虎"的作品，很有收藏价值。他在字、画、金石方面全面发展，造诣很深，饮誉很高，作品难以满足市场所需。到 20 世纪 60 年代，毕渊明给自己立下一条规矩：所有作品，随岁增价，年长一岁，价增一百。1963 年所作的《猿猴图》原标价 300 元，到 1964 年则增至 400 元。尽管如此，人们仍不嫌"洛阳纸贵"，其作品畅销不衰。

20 世纪 60 年代中期，毕渊明一度从事农业。20 世纪 70 年代，中美关系解冻，美国总统尼克松访华，享有千年声誉的景德镇陶瓷，被选作馈赠美国总统尼克松的礼品。毕渊明受命精心绘制出以狮、虎、猴、鹿为主的四屏风，此外还设计绘制以狮、虎为画面的大型挂盘。这些艺术精品绘制完毕，"毕老虎"更是虎虎生风，威震江西。一些旅游、交通、宾馆……也就是对外开放的单位纷至沓

来，到景德镇艺术瓷厂订购"毕老虎"绘制的老虎瓷器。顿时，他的作品遍布省内外，甚至在火车车厢内有时也能见到他精心绘制的虎盘点缀其间。

1974 年，年近古稀的毕渊明获准退休。1992 年，毕渊明病逝于景德镇，终年 85 岁。他生前曾举办个人书画展 50 余次，每次展出，参观的人络绎不绝，流连忘返，给人极大的艺术享受。

毕渊明多才多艺，德高望重，深受人们拥戴。曾担任中国美术家协会会员、中国书法家协会会员、中国美术家协会江西分会顾问、江西省文联委员、景德镇市书画院顾问，还是江西省政协委员、政协景德镇市第六届委员会副主席。

人大会堂布展人

在江西省博物馆,陈列着1959年献礼人民大会堂的五光十色的礼物。据省博物馆专家介绍,这些礼物,是由当时江西美术工艺界中的"精美"作品组成:"这个创作群体中年纪最大的是当时57岁的胡献雅,年纪最小的是只有26岁的张松茂。包含了杨石朗、燕鸣、徐天梅、龚耀庭、程其勉、王锡良、吴齐等人,其中有民国时期已露头角、兼具深厚的国画创作功底和瓷艺素养的闻名艺人,无一不是名家。"这里所说的人中,除程其勉、张松茂之外,还有张松茂的哥哥张松涛及潘庸秉、刘雨辰、毕渊明等。

北京人民大会堂是历届全国人民代表大会等大型集会召开的地方,也是中华人民共和国党和国家领导人和人民群众举行政治、外交活动的场所。1958年10月动工,1959年9月建成。

北京人民大会堂除万人大礼堂、大宴会厅外,还分别建有34个省、市、自治区和特别行政区代表开会活动的会议厅,如"台湾厅""香港厅""澳门厅""江西厅"等,象征中华民族大家庭的大团结。江西厅位处大会堂的东门(正门)二楼,由一个大厅、一个小厅和一个工作间构成。江西厅共有六个开间,正中三间作为大厅,长26.6米宽11米,总面积约300平方米,大厅北侧辟一工作间,约有16平方米,工作间北侧两间作为小厅,约120平方米,大厅南侧与黑龙江厅相邻。

为了使各省、市的厅室具有各省市地方特色,1959年夏初,国务院决定全国每一个省、市政府,按北京人民大会堂的总体要求,进行厅内的总体设计、自行布置和装修。

当时,江西厅首次进行总体设计和美术创作,时间要求是一年(自1959年夏到1960年国庆节)。展厅特色:在政治上,反映江西老革命根据地对中国革命的历史贡献,和江西是革命摇篮的特点;在工艺上,突出江西的陶瓷艺术和漆器;在家具的制作上,突出使用江西的樟木。

是年7月,中共江西省委办公厅专门下文,组建"布置北京人民大会堂江西

厅办公室”。办公室主任由江西省手工业管理局局长、老红军沈衷担任，副主任由江西省文化局秘书室副主任、党组成员刘云担任，总设计师由美术设计师、建筑设计师施文起、沃祖全担任。为完成江西厅的美术创作，办公室在全省选调江西著名美术家，组成“布置北京人民大会堂江西厅国画组”。组长：吴齐。副组长：程其勉（鄱阳人）。选调的著名美术家有胡献雅、燕鸣、杨石朗、蔡锡林、余新民、陆洋等。其中，作为主体特色的布馆艺术品是景德镇的瓷器，因此景德镇市参与布置江西厅的陶瓷美术创作工作，具体任务由景德镇陶瓷研究所部分陶瓷美术家参加创作，主要有刘雨岑、潘庸秉、王步、毕渊明、王锡良、曾龙升、曾山东、张松涛、张松茂、龚耀庭、徐天梅以及各陶瓷厂的制瓷专家等。鄱阳的脱胎漆器工艺及制品，也在人大会堂江西厅得到了展示。

其中由鄱阳人创作制造的工艺品美术品主要有：

由程其勉、胡献雅、余新民创作的《红色安源》，以简练明快的画面，描绘了中国共产党在1922年领导安源路矿工人进行革命斗争的“路矿工人俱乐部”。

由景德镇陶瓷研究所副所长潘庸秉和潘文锦发明的颜色釉堆雕工艺——“天青云鹤”工艺面嵌天蓝釉地、白釉堆雕瓜果瓷板圆桌一对，置放在江西厅中央。

张松茂绘制的《新厂晨曦》《珠山远眺》等。

鄱阳脱胎漆器厂制作的脱胎漆器屏风等。

所有创作组成员全是名家：

副组长程其勉（1931—1993），鄱阳镇人。程其勉自幼酷爱绘画，20世纪50年代始，先后任景德镇文化站美术辅导员、江西省美术工作室美术创作员、江西画报社美术编辑、江西省群众艺术馆艺术室副主任等职。曾为中国美术家协会会员，江西省美术家协会常务理事兼秘书长，江西省文联委员，江西省中国画研究会副会长，一级美术师。1959年曾入中央美术学院华东分院学习，1960年至1961年任北京人民大会堂江西厅美术创作组组长。擅山水，所作用笔精练泼辣，苍劲雄厚，意境深远。作品曾多次入选全国美术作品展览，并被选送日本、尼泊尔、香港等地展出，并在《中国画》《人民日报》《江西画报》等发表。有的作品获江西省美术作品展览二等奖、优秀奖等，并为江西省博物馆、江西省纪念馆收藏。著有《山水画技法初步》丛书出版。传略辑入《中国美术家协会会员辞典》《中国现代美术家人名辞典》《中国当代美术家人名录》《中国当代国画家辞典》《世界当代书画家大辞典》《中国当代艺术界名人录》等。

刘雨岑（1904—1969），原名玉成，后改雨岑、雨诚，别署觉庵，别号澹湖鱼，60 岁后称巧翁，景德镇“珠山八友”之一，鄱阳人。初为潘匋宇弟子，后为朱受芝快婿，擅长陶瓷粉彩花鸟。早年受华喦的绘画艺术影响，中年深得任伯年的绘画艺术精髓，逐步形成清新雅丽的绘画风格。他强调花鸟画写生，注重画面变化的运用，从而达到了写实性与生动性的和谐统一。他晚年的作品，疏密虚实顺理成章，十分妥帖自然，再加上秀丽的书法和题款钤印巧妙的安排，作为画面不可分割的一部分来服从全局。这种“清水出芙蓉，天然去雕饰”的艺术手法使他的作品臻于神境。

毕渊明（1907—1991），别号“至乐老人”，毕伯涛子。安徽黟县人，出生在鄱阳，中国陶瓷美术大师。毕渊明幼承家学，秉父传艺工金石、诗、书画，精陶瓷粉彩翎毛、山水、人物、走兽、花卉、猴。尤擅画虎，有“毕老虎”之雅号，在国内外享有盛名。曾为中国书法家协会会员、中国美术家协会会员、省文联委员、江西省美协顾问、景德镇书画院顾问。1958 年毕渊明被景德镇市政府授予首批“陶瓷美术家”称号。

张松涛（1929—1993），现代景德镇的陶瓷美术家，中国美术家协会会员。号芝山友竹。鄱阳人，其弟为张松茂。张松涛 1944 年就读于浮梁县立陶瓷科初级职业学校。长期在陶瓷部门工作。历任艺术瓷厂厂长、陶瓷馆馆长、国家用瓷办公室主任、市美协副主席。擅长粉彩花鸟，喜作猫蝶、草虫、燕雀，尤喜画猫、画牡丹。关注油画、苏绣等艺术，取其所长，为我所用。重结构，讲气韵，追求纯真、质朴、和谐、向上的境界，富有时代气息。曾赴香港、日本交流展出，评价颇高。代表作有国画《春燕》《上游》，粉彩《柳荫双马图》九头茶具，《草虫图》扁壶，《情趣图》薄胎瓶，《群猫戏蝶》《梅花麻雀》《春风杨柳万千条》挂盘等。粉彩瓷板画《八猫》，藏景德镇陶瓷馆。张松涛曾任市政协委员、常务委员。1961 年由市政府授予“陶瓷美术家”称号。早年师从珠山八友之一的刘雨岑，在国内外有较高的知名度。

张松茂（1934—），张松涛之弟，别名芝山松茂，室名“雅月斋”，中国工艺美术大师。张松茂于 1954 年进入轻工业部陶瓷研究所，从事陶瓷美术研究设计，

1959 年由景德镇市人民政府授予首批“陶瓷美术家”称号，1988 年 4 月被轻工业部授予“中国工艺美术大师”称号，1994 年张松茂之家被评为“陶瓷世家”。系中国美术家协会会员、中国陶瓷美术学会理事、景德镇市文学艺术界联合会副主席、江西省第七届政协委员，曾任景德镇市政协第二、第四、第五、第六、第七、第八届委员。享受国务院颁发的“政府特殊津贴”。张松茂功底深厚，成就极大，是我国陶瓷美术界的全能画师，擅长陶瓷粉彩人物、山水、鸟画、雪景。张松茂师法自然、坚持写生、艺趣广泛、造诣精深，达到了“集众家之长，成一家之法”的艺术境界。他为美国布莱法福特公司创作设计的“北京颐园”和“四季花鸟”两套系列彩盘，行销世界各地。粉彩雪景瓷板画《三顾茅庐》，被中国工艺美术馆作为国家工艺珍品收藏，另一幅雪景瓷板画《三顾茅庐》以 150 万元成交，粉彩瓷板画《和靖咏梅》被一收藏家以 130 万元购藏，创当代艺术瓷高价纪录。张松茂曾应邀赴美国、日本、新加坡、马来西亚、韩国、香港、澳门等地举办作品展览和进行艺术交流、访问。张松茂的作品《紫归牡怀图》粉彩瓷板书，被当作江西政府送香港特别行政区的礼物。

陶瓷世家张德生

清末民初，家住鄱阳团林张村，一位叫张庆才的年轻农民抱着一丝改变命运的心理，徒步近百公里的路程来到了景德镇，从此由农民成了帮人打工、拖人力车、挑瓷坯的工友。更意想不到的是，他有幸认识了当时的陶瓷名人"珠山八友"之一的刘雨岑。这一经历竟影响改变了一家几代人的命运。1930 年，张庆才将儿子张德生交给了当时"珠山八友"之一的刘雨岑学画瓷器，张德生学徒期满后便留在刘雨岑身边帮工。

1939 年，张德生安定下来后，便将在鄱阳出生的儿子张松涛、张松茂从团林乘"饶划子"（小木船）带到景德镇一起生活。

抗战期间，南昌、鄱阳先后沦陷，景德镇由于交通不便，日寇军队未能进入，便动用飞机对景德镇狂轰滥炸，生灵涂炭，民不聊生，张德生一家的生活更是到了难以为继的地步。由于抗战，瓷器生意也无法做，张德生便带着两个儿子帮烟贩做手工卷烟。这种被称为"难民烟"的卷烟价格低廉，张家虽然也可以借难民烟赚取一点菜金，却无钱买米，因此一家人经常吃了上顿没有下顿。

抗战胜利后，形势有所好转，张德生便在街上租了一间店面，带着两个儿子做起了瓷器彩绘加工生意。刘雨岑等艺人画好的瓷器交给德生填颜料，十来岁的张松涛和张松茂则负责画边脚图案。久而久之，他们兄弟俩不满足做加工的活，便悄悄把送来加工的瓷器画面描摹下来，花卉、山水、翎毛、人物，什么画面好卖就画什么，自画自填自卖，生意逐渐好了起来。

解放前的景德镇御窑厂前，集聚了一批当地的画瓷高手、能工巧匠、名人雅士，如王大凡、汪野亭、刘雨岑、徐天梅、王锡良、曾复庆、万云岩、汪小亭、邹国钧、周驰毅等。他们有的善画人物，有的专攻花鸟，有的擅长山水、动物，有的则精通诗词、书法。年轻的张氏兄弟，业余时间便在这些老师们中间转悠，细心观摩，认真学习，日复一日，学到了不少绘画技艺和古诗文知识。同时通过借阅老师们所掌握的美术资料，使自己眼界大开，加上本身刻苦钻研，兄弟俩的绘瓷技艺日益提高，并且在后来为景德镇陶瓷美术事业的发展做出了一定贡献。

张德生的长子张松涛,1944 年毕业于江西浮梁陶瓷职业学校。景德镇市陶瓷美术家,高级工艺美术师。为中国美术家协会会员、省美协理事、市美协副主席。擅长花鸟、走兽等,先后赴日本、香港进行陶艺交流和作品展出,在国内外有较高的知名度。获景德镇市政府授予"陶瓷美术家"称号,先后担任艺术瓷厂厂长、景德镇陶瓷馆馆长、国家用瓷办公室主任、景德镇市美术家协会副主席。

张松涛早年师从景德镇"珠山八友"之一的著名画家刘雨岑先生,打下了深厚的传统绘画基础。他擅长花鸟、走兽,对陶瓷美术有强烈的兴趣,从不因工作忙放弃自己的艺术实践。他以近代中国画风格装饰陶瓷,多以粉彩花鸟画面为题材,笔力潇洒,用色清润,作品有秀丽雅致的特点。1954 年他为轻工业部创作出国展览瓷《粉彩双马柳荫》九头茶具,获市美协作品奖。国画《春燕》《上游》等作品获创作奖。《粉彩八猫》二尺大型瓷板画为景德镇陶瓷馆收藏陈列。

张松涛作品的另一特点,是富于时代气息,赞美新的生活,显示出奋发向上、振奋人心的精神境界。在他描绘的自然景物中,无论是活泼的花鸟还是生动的走兽,大都有一股朝气。如作品《春风杨柳》《松林寿带》《梅花麻雀》等瓷盘作品,代表了他的粉彩花鸟画的创新和发展,取得了较好的艺术成就,为人们所喜闻乐见。作品气势大,容量宽、章法新、重构图,并吸收了油画手法,确是耐人品味。

张松涛在从事陶瓷艺术创作的同时,还一直热心从事陶瓷美术工作,为发展艺术生产、组织大型创作、指导产品设计、搞好国家用瓷、扩大景瓷对外影响等方面做出了可贵的贡献。他一贯自谦是一名"陶艺舞台跑龙套的",而人们以他出色的工作、较深的艺术造诣称誉他是一位兼收并蓄的陶瓷艺术家。

张德生的小儿子张松茂,更是景德镇陶瓷美术界一位崭露头角的人物。

张松茂,号"芝山松茂",室名"雅月斋",中国工艺美术大师,任职于轻工业部陶瓷工业科学研究所艺术室,专职从事陶瓷美术创作和研究。

张松茂是 1954 年进入轻工业部陶瓷研究所,从事陶瓷美术研究设计的。他先后担任江西省政协委员、景德镇市文联副主席、中国美术家协会会员、中国陶瓷美术学会理事、景德镇景东陶瓷有限公司艺术总顾问。1959 年由景德镇市人民政府授予首批"陶瓷美术家"称号。1988 年 4 月,被轻工业部授予"中国工艺美术大师"称号,系中国美术家协会会员、中国陶瓷美术学会理事、景德镇市文学艺术界联合会副主席、江西省第七届政协委员。曾任景德镇市政协第二、第四、第五、第六、第七、第八届委员，享受国务院颁发的“政府特殊津贴”。

张松茂功底深厚，成就极大，是我国陶瓷美术界的全能画师。张松茂作瓷画亦作纸画，工人物画，擅画山水，兼长花鸟画、日用陶瓷花面设计、大型陶瓷壁画创作，并且都有上乘之作。曾连续两年去上海博物馆、南京博物馆、故宫博物院，临摹馆藏精品和传统纹样，吸收民间艺术中诸如青花、半刀泥、影青刻花、珐琅彩、剪纸、年画、石雕、木雕的工艺特色；借助摄影、油画的表现技巧，研习金石、书法。他艺趣广泛，技法精深，达到了“集众家之长，成一家之法”的艺境。他的作品光彩夺目，品位高、时代感强，在国内外享有盛誉。代表作有《春江花月夜》《花木兰从军》《三顾茅庐》《黄山飞瀑》《井冈春色》《百花争艳》《松鹤延年》《和靖咏梅》《春讯图》等，被中外馆藏机构和收藏家争相购藏。

张松茂的工笔粉彩，其源流特色皆应归宗宋法，无论山水花鸟、小品巨制，哪怕他的边缘风格都已经到了驾驭自如的洒脱。不管他如何独具个性，但都固守宗法，写实唯真，尽致纤毫。

他研究突破陶瓷专用颜料，特别是粉彩颜料不足的局限，除配制恢复失传的某些粉彩颜料之外，还精擂细碾，反复烧试出不少前人未用过的、能出特殊效果的釉上新颜料。这些研究成果，在他和施于人教授共同主持的制作祝大年《森林之歌》首都机场壁画时得到充分应用，而且他的色彩，往往与新彩颜料交替使用，形成一种更新意义上的新彩。这种文化意义上的绘画语言的独特表现力，使许多历来轻视陶瓷绘画的艺术院校的专家叹为观止，他们心悦诚服地承认：如此效果，在纸上达不到。

近 20 年来，张松茂极少画浑厚沉重的历史大画题，决不借寥寥数笔“以寄幽情”，不管一花一草、一山一树，都倾洒热情，凝聚功力，精描细染，反复铺陈。他不故作沉抑苍茫，雄峻豪放，而是让这些花草山树，有调遣、有聚集、有轻重、有规模、有全盘的苦心经营，使粉彩、新彩给人看来每每有融入时代旋律、贴近生活现实的大手笔的感受。至此，可以说，于近代和当代陶瓷艺人中，在守法和创新上的统一协调方面，张松茂是最大的成功者。

张松茂曾应邀赴美国、日本、新加坡、马来西亚、韩国、香港、澳门等国家和地区举办作品展览和进行艺术交流、访问。他从事瓷艺创作 60 年，成就载入

《当代国画家辞典》《中国当代陶瓷美术家辞典》《世界美术家传》《世界名人录》等典籍。

明清以来,景德镇艺馆作坊传艺授徒,除操作演习之外,多临习宋元法帖,与艺术院校学习中国画如出一辙,都要看谁的功夫下得最多、最真。张松茂于学徒时已经受过这些磨炼,但他仍恐不足,又在更高层次上重新补课,逐一细细揣摩,精益求精并扎扎实实地将这一脉相传的文化主线贯穿于所有艺术活动的始终。2011 年 9 月,景德镇市第一所公益性的社会办学——中国工艺美术大师张松茂陶瓷艺术培训中心在高新技术产业园区景东陶瓷集团正式挂牌,56 名热爱陶瓷艺术的从艺人员,成为该校的高级班首届学员。

麻石路与姜伯彰

1929年,在外地有过一定官场经历的姜伯彰回乡担任了县长。为了让乡梓对他留下良好印象,他着手准备改造市政,开辟一条“马路”(即芝田公路),并在县城街道铺设麻石路面,其时恰逢中共中央在上海设立总行动委员会,因而中止。不久姜伯彰聘绅士方钊升,前后任商会会长的王丰甫、胡炎熹等人,成立整理街道委员会。将中正街(即今解放街)东起筷子巷,西至流水沟止,一律放宽至一丈四尺,并赴星子采购大批麻石,将所有街道巷弄重新铺设。至于费用,全都摊派到大小店铺商号头上。

姜伯彰(1885—1971),字信暄,号芝阳老人、太公,鄱阳磨刀石村人。父亲姜鸿翥,清末邑廪生。

姜伯彰自幼聪敏好学,6岁入村中私塾读书,学习《三字经》《百家姓》《千字文》,8岁读《龙文鞭影》,因请教塾师对这4个字的解释,使老师解不出而感到窘迫,遭致被逐辍学。辍学后,他白天放牛,晚上在母亲的监督下,背读《唐诗三百首》。磨刀石村后不远有一座德胜山,相传是明太祖朱元璋与陈友谅大战鄱阳湖时明军屯兵取胜的地方。知道这段历史后,他顿生敬仰之情,纠集放牧稚童组织德胜会,并被推荐做会长。1896年,11岁的姜伯彰再次获得上学的机会,到本村另一所私塾读书。因他辍学的原因传遍乡里,有稍大的同学嘲笑羞辱他,他暗记在心。一次,塾师以“莺迁乔木”求对,他脱口对出“虎落平阳”。此联对后,塾师十分赞赏,连称他是“神童”。不久,他随父亲于本县名胜风雨山续读经书。当时,他父亲打算让他只读两年书,然后操持农耕,经营家业。得知自己读书时间有限,他更加勤奋努力,每天争分夺秒。那时没有钟表,为了不因贪睡而赖床,他买来长香,在适当的位置捆上一支爆竹,当香烧到时爆竹点燃,便起床点起油灯读书。风雨山风景好,每到九九重阳,这里游人如织。一日,府县幕僚来游,饮酒赋诗,学生群围而观,这时有个幕僚出言不逊,姜伯彰不服,提笔在石灰墙写下四句五言:“九九重阳日,来游风雨山。要登最高处,俯视天地间。”诗写好,那些人个个惊服。后来姜伯彰以府试第一的成绩名列案首。

1907年,因科举废学堂兴的缘故,姜伯彰在饶州中学预科毕业。这年,他与同窗好友何犹兴同时加入革命团体共进会。那时,新军管带李烈钧常到学校指导。经李烈钧介绍,他与胡廷銮、桂玉馨等加入孙中山倡导的同盟会。3年毕业后,姜伯彰考上了江西高等巡警学堂。按照规定,凡来这个学校读书的,只要毕业见习期满,便以警官任用。这时候,安徽督察、革命党人、光复会会员徐锡麟,因刺杀巡抚恩铭一案壮烈牺牲。徐在安徽创办了巡警学堂。徐一死,清朝廷将各省巡警学堂视为异类,不但提前一年毕业,而且不做警官安排。可是姜伯彰在毕业考试中成绩优异,无奈中当局只好将他安排到边远的龙南县,担任警务长兼巡警教练所所长。起初姜伯彰对此很是愤懑,准备不去。后来他听说同盟会正在香港设立统筹部,准备在广州起事,便欣然前往。因为龙南离广州近,便于联络,为革命需要,他只得委曲求全地到龙南就任。在龙南,他为改革地方陋习做了一定工作。1911年,姜伯彰从龙南回到鄱阳后,与外甥刘守奎一道创办了以染织为主科的工业学堂。武昌起义打响,九江率先响应,正在鄱阳的姜伯彰闻讯后,马上悄悄赶到九江,与响应起义的九江都督马毓宝取得联系,又迅速返回鄱阳,敦促管带黄金龙响应武昌起义,组织饶州军政分府,成为江西第二个响应武昌起义的州府,并光复了鄱阳、乐平、余干、万年、浮梁、余江、德兴7县。为此,他主政鄱阳水陆警政。

1912年,李烈钧主持江西政务,姜伯彰奉调内务司任职,任警官养成所教务长、饶州7县调查员。袁世凯准备当皇帝的消息传开后,李烈钧在湖口举行第二次起义,他受李烈钧委派,在修水吴城襄办兵站。湖口起义失败,姜伯彰东渡日本,加入了孙中山组织的中华革命党。1918年,姜伯彰当选为江西省第二届议会议员;翌年,为候补议员。是年,他与学友何犹兴在环龙路44号再次履行入党手续。1921年,孙中山就任大总统时,他参加了庆祝会。孙中山统军北伐,姜伯彰奉命与何犹兴从上海回到江西,在赣东北组织第九路游击军,以策响应。陈炯明叛变,北伐军回师广州,姜伯彰应召赴粤,经香港直达香山,任中央直辖游击总司令部秘书长兼香山县政府总务科长,代行县长事务。当时,陈炯明仍占据惠州,孙中山以大元帅镇广州,姜伯彰因积极筹措军饷,帮助朱卓文力争兼任香山县长,上书孙中山,深得孙中山赏识。1922年,他被调至孙中山身边担任机要秘书。

1924年，从粤返赣的姜伯彰为开展党务工作，先后在南昌发起兴办黎明中学，在九江创办商业职校。同年，他在鄱阳创建了国民党鄱阳县党部。1926年，蒋介石委派姜伯彰为财务委员会委员。在国民党江西省第二次代表大会上，他当选为主席团成员，还被推选为省党部监察委员会委员。孙中山病逝时，姜伯彰正在家处理母亲丧事，噩耗传来，哀恸不已，以致积忧成疾。大病初愈，他便应省立第五中学（鄱阳中学）之邀担任文史教员。

1928年，姜伯彰正式接手原任校长徐少光的工作，被推选为芝阳师范校长。这时，芝阳师范仅有学生70余人，经费不能支持，学校只为初级师范。对此，姜伯彰竭尽全力，不仅身体力行，亲自主持校务，强要自己的子女亲属入师范读书，还多方扩大影响，提出“人无不学，学无不成，成无不用，用无不宜”的办学目标，拟将芝师作为农村师范，并开设实验小学、幼稚园，之后又添办初中。

1929年，姜伯彰出任鲁涤平主政赣政府的鄱阳县县长，任职期间，一度兼任第二区指挥。统辖鄱阳、都昌、彭泽、湖口四县的军警武装，对这一地区的革命进行了围剿，造成极为恶劣的影响。1932年，他出任国民党政府陆海空总司令部南昌行营党政设计委员会委员。抗日战争时，他担任过熊式辉主政的省政府行政督察专员，江西省各界抗敌后援会委员、主任委员，江西省禁烟委员会常务委员。1940年，他出任熊式辉主政的省政府参议员。

1942年，姜伯彰应长子姜达衢、次子姜达权之邀，辗转到了重庆。不久，国民党元老张群出任国民党中央党史编纂委员会主任委员，邀请他担任编修，主编国民党大事记。当时，经国民党中央核准，他担任了江西省临时参议会参议员，1947年还当选为国民党立法院第一届立法委员。

1949年11月12日，姜伯彰只身去台。在台湾，他继续担任立法委员、主席团成员、文史组召集人。1969年，蒋介石聘请他担任国民党中央评议委员。他还一度担任过广州霭文中学董事。他先后在南昌创办《天庸报》，在上海与旅沪赣人一道创办《新江西杂志》，在南昌主笔《民治日报》，在九江创办《江声日报》，在鄱阳创办《饶州民报》，担任过《江西晨报》《天庸报》《江声日报》《民国日报》的社长。

姜伯彰念念不忘乡土之情，故里景物。1965年，江西旅台同乡会改组，他以自己的声望赢得了江西籍人的信赖，当选台北市江西同乡会第二届理事长。

1958年,台北市改隶行政院,他蝉联第一、第二届理事长,直到1971年8月病逝。任职期间,他发动赣籍各界同乡展开劝募活动,建造万寿宫,以祀奉江西福主许(逊)真君为号召,唤起江西人对江西一草一木、一习一俗的热爱。其后,又按大陆惯例建造江西会馆,在筹建江西会馆的同时,姜伯彰还倡导编纂了《江西文献》。文献以发扬江西人勤劳俭朴的精神,介绍赣省先贤志士的忠贞事迹,宣传桑梓的山川名胜、悠久文物、风土人情、生活习俗为宗旨,传播赣文化和中华文明,借此增强旅台赣人对中华民族的认同感、乡土情。

姜伯彰和周雍能在建国前是鄱阳的"风云人物",他们之间的权力争夺,几乎渗透到社会各个领域,也带来了一定的动乱。

士行校董周雍能

新中国建立前的国民党统治时期，鄱阳有姜周两派组织的斗争，这些人明争暗斗，常常引起社会动荡不安。其中，姜派即姜伯彰，周派则是周雍能。

周雍能虽然在鄱阳没有担任过任何实职，但在鄱阳的影响很大，他们为了扩大各自的影响，又常常渗透进教育机构，如姜派以芝阳师范为据点，周派以正风、士行中学为依托，所以委以周雍能士行中学名誉董事长之职。

周雍能（1895—1986），字静斋，祖籍河北通县周村，明永乐年间，他的始祖迁至饶州任官，遂落籍鄱阳县鄱阳镇十八坊，世代书香，为名门望族。

周雍能两岁丧父，9 岁丧母，10 岁随叔读私塾，12 岁正式进入鄱阳县高等小学就读。清宣统元年（1909），周雍能入南昌陆军小学读书，其时有 5000 多名考生参考，正取者仅 80 名，而他名列其中。3 年学满毕业，恰逢武昌起义南昌光复，这时他虽然只有 17 岁，但还得以军事学校学生的身份，荷枪巡街奉命维持秩序。不久，他从九江转到南京，任陆军十四旅二十七团二营六连见习军官。

1912 年 4 月，周雍能考入南京陆军中学第五期。就在这个时候，南京发生兵变，各省改制军官学校，江西设讲武堂并设将军班，周雍能于 8 月回南昌，入读李烈钧办的南昌讲武堂。1913 年“湖口起义”，他任调练团第二营营副。起义失败后，他先是回鄱阳，后经赣州、广州、香港到上海，在上海生病又回鄱阳调养，并住在双港小华姑丈家。前清廪生出身的姑丈，特地为他这位内侄写有赠诗：“一年容易又春风，西北东南各不通。天意怜才先抑郁，慢将成败论英雄。”没想到这诗对他激励很大，使他终生难忘。

1914 年，周雍能在广州参加孙中山组织的讨龙军敢死队，讨伐广东军阀龙济光。讨龙失败后，周雍能随朱卓文由上海转日本长崎到东京，受到孙中山接待，孙中山对周雍能在香港的表现很赞许，不久他加入中华革命党。此后两年，周雍能先后在香港、北京从事党务和入汇文大学（燕京大学前身）读书。1918 年，他奉孙中山之命到广东桂系军阀中开展策反工作，失败后回到上海。

1920 年，周雍能接受国民党派遣，到加勒比海的岛国古巴，开展建党工作。

当时，国民革命正处低潮，原先给孙中山很大支持的华侨和海外国民党人，因革命受到挫折，热情明显下降，海外筹款越来越少。为了解决困难，国民党考虑扩充海外支部，在原有的美国三番、越南西贡、加拿大温哥华海外支部之外，决定在古巴开展党务工作，周雍能在这种情况下到达古巴。在古巴，周雍能积极发展国民党员，着手筹办《民声日报》，并筹集资金 1.4 万美元，为此受到孙中山赞赏。

1921 年，孙中山对携款回国的周雍能委以重任，留在身边担任上海总理办公室秘书。1923 年，周雍能由孙中山的机要秘书升任为湘军第八路司令，继而改为赣军警备司令。

1925 年孙中山逝世，国民政府在广东成立，汪精卫任军事委员会主席，下设秘书处，他被任命为秘书处代理处长，不久因与汪不和被免职。翌年，蒋介石担任国民革命军总司令，周雍能参与总司令部工作，担任总司令部秘书。蒋介石率军北伐，因久攻武昌不下而攻江西，这时武器弹药、粮食衣服的补给及军饷等筹措问题丛生。为此，蒋介石在高安行营，决定组织“江西财政委员会”，周雍能被委以赣北财政处长，接着又委以江西交涉员、九江海关监督两职。他感恩知遇，竭力为蒋效劳，在不到两个月的时间里，筹得款项 100 余万元，深得蒋介石赏识。在九江时，周雍能利用英国领事贪生怕死逃离租界的机会，一举收回英租界，并在界内整顿税务，实施了二五附加税，即征收外国税的 5% 外，加 2.5%。此税是第一次欧战后，列强在华盛顿会议上，通过允许中国关税自立的初步协定：外国货物进口税率征收，可在百分之五外，加征二点五。然而，北洋军阀政府慑于外国淫威，一直未实施，至周雍能收回租界后才开始启征。

1927 年，国民党江西省政府成立，蒋介石嘱咐时任江西财政委员会主任、军需处处长的俞飞鹏，电召周雍能由浔返昌，担任李烈钧任江西省政府主席时的财长。这年，以方志敏领导的反“AB”团斗争的胜利，给蒋介石很大打击，蒋被迫离开南昌。随后武汉方面又开除蒋介石党籍，并解除蒋介石国民革命军总司令职务。蒋介石反动本质暴露，遂在京沪一带发动“4·12”反革命政变。18 日，南京国民政府成立，周雍能从南昌逃至南京，由南京市市长刘纪文引见蒋介石，经征得蒋同意，担任南京市财政局局长。7 月 15 日，驻南京的二十七军王普部调驻安庆，蒋介石为抵御武汉军东进，拟在安庆组织兵站，特率先委任周雍能为安徽省财政厅厅长。8 月 12 日蒋介石下野,9 月 1 日武汉军进至安徽,何键自任安徽代理主席,周雍能由芜湖逃出。后陈调元继任安徽省主席,承认他仍为财政厅厅长,但这时与他有同窗之谊的张定璠,当任上海市市长,周雍能应张定璠邀请,出任上海市特别市政府秘书。任职期间,张定璠忙于军务,上海市政府公务全权委托周雍能主持,以至成了不是市长的实质市长。

1929 年春,国民党内部发生分裂,上海特别市市长因出面调停失败而辞职,南京政府将市长职务交由担任秘书长的周雍能代理。4 月,新任市长张群到任,周雍能则申请到美国考察。一年后,周雍能结束在美一年的考察回到上海。第三年,周雍能出任设在北平的国民政府行政院驻北平政务整理委员会调查处副主任。

1937 年,周雍能再次出任上海市政府秘书长。不久,周应吴铁城之邀,出任广东省政府顾问,驻民政厅代行吴铁城兼厅长的一切职权。1938 年,周雍能兼任广东侨务处处长。1940 年,周雍能被派驻香港,担任海外代表处招待主任。香港沦陷,他奔赴重庆,担任重庆提炼桐油代替汽油的“盘溪”厂厂长。1944 年,周雍能担任重庆国民政府财政部秘书长。

1946 年,周雍能在制宪国民大会上,几经反复当上主席团成员;1948 年后任立法委员、行政院侨务委员会副委员长。

周雍能是 1949 年随国民党政府去台的。去台后,他先后担任预算委员会及交通委员会召集人、国民外交协会理事长、华侨协会常务理事。后在台湾,他协助包德明女士创办铭传女子商业专科学校,先后担任常务董事及董事长。

移民后裔

洪遵后裔数洪升

洪升即洪昇(1645—1704),字昉思,号稗畦,又号稗村、南屏樵者,钱塘(今浙江杭州)人。清代戏曲家、诗人,与《桃花扇》作者孔尚任并称"南洪北孔",为鄱阳洪遵后裔。

洪升生于世宦之家,康熙七年(1668)北京国子监肄业。20年一直科举不第,白衣终身。代表作《长生殿》历经十年,三易其稿,于康熙二十七年(1688)问世后,引起社会轰动。次年因在孝懿皇后忌日演出《长生殿》而被劾下狱,革去国子监监生功名,并使诸多好友受到牵连,以至引为"可怜一曲《长生殿》,断送功名到白头"的后人之叹。洪升晚年归钱塘,生活穷困潦倒。

洪升从小受到很好的教育,交游的师友都是一些博学而有高格的人。在他的老师中,有善写骈体文的陆繁弨,有精通音律的毛先舒,后来他还向当时的文坛领袖王士祯学习,又向大诗人施闰章学习诗法。戏曲作家袁于令、浙西派词人朱彝尊,以及经学家兼文学家毛奇龄等人都曾和他交友来往。洪升本是一个极有才华的人,在与这些文学界优秀人物的交游中,洪升的天赋得到了很好的发展;而精通词曲音律的师友如沈谦、毛先舒、袁于令等人,更使他在词曲音乐方面大受裨益,为他在戏曲创作上大显身手创造了条件。他获得了巨大成功,成了当时妇孺皆知的戏剧家,"以诗有名京师,尤工院本,宫商五音不差唇吻。旗亭壁间,时闻双鬟讴诵之,以故儿童、妇女莫不知有洪先生者"(《方志著录元明清曲家传略》)。他在曲的创作方面也取得了引人注目的成就,"以诗词、院本鸣于时"(《民国杭州府志》)。洪升对中国文学的贡献在于曲,他的《长生殿》代表着昆曲艺术的高峰。康熙四十三年(1704),江宁织造曹寅在南京排演全本《长生殿》,洪升应邀前去观赏,事后在返回杭州途中,于乌镇酒醉后失足落水而死。

洪升出生时,全家正在逃难之中,满月后才回到城里。洪姓是钱塘的望族,世代书香,家里藏书很多,有"学海"之称。其父之名不可考,好读书,喜谈论,出仕清朝。外祖父黄机,康熙朝官至刑部尚书和文华殿大学士兼吏部尚书。

洪升少年时期,曾受业于陆繁弨、毛先舒、朱之京等人,接受了正统的儒家教育,也受到他们遗民思想的熏染。他学习勤奋,很早就显露才华,15 岁时已闻名于作者之林。20 岁时已创作了许多诗文词曲,受到人们称赞。康熙三年(1664)七月,他与舅父之女黄兰次结婚。四年后,赴北京国子监肄业。因未得官职,失望而归,为了衣食而到处奔波。27 岁前后,由于别人的挑拨离间,他和父母的关系竟日益恶化,最后不得不带着妻子与父母分开另过,贫至断炊。家长的愤怒有增无减,洪升只好离开杭州。康熙十二年(1673)冬,洪升怀着痛苦的心情,又一次来到北京,一住就是 17 年。两年以后,他的诗集《啸月楼集》编成,受到李天馥和王士祯诸名流的赏识和培养,诗名大起,卖文为活,而傲岸如故。"交游宴集,每白眼踞坐,指古摘今"(徐麟《长生殿序》),他对现实颇为不满。徐嘉炎在《长歌行送洪昉思南归》中说他:"好古每称癖,逢人不讳狂。"尤侗称:"洪子既归,放浪西湖之上,吴、越好事闻而慕之,重合伶伦,醵钱请观焉。洪子狂态复发,解衣箕踞,纵饮如故。"

洪升在客居京城的日子里,生活艰难,虽然无辜被父母斥逐,但仍竭心尽力地做着孝子。康熙十八年(1679)冬,洪升的父亲以事被诬遣戍,母亲也被责令同行。听到这个消息,洪升"徒跣号泣",奔走呼号,向王公大人求情,"昼夜并行,钱塘去京师三千余里,间从泰岱江河,旬日余即抵家侍其亲北,会逢恩赦免。昉思洪升驰走焦苦,面目黧黑,骨柴嗌嗄"(朱溶《稗畦集叙》)。经过这一场变故,洪升父母的生活也没有了保障,本已拮据的洪升,又负担起赡养父母的责任,"多年遥负米,辛苦踏京尘"(陈訏《寄洪昉思都门四首》之一)。他多次返乡探望父母,屡屡奔波于北京、杭州之间。飘零奔波的生活,使洪升身心疲惫,感受到难言的痛苦。在诗里,洪升反复写到自己的这一份悲哀:"妻子长安亲旧国,年年北往复南征"(《感怀》),"北往南归两行泪,谁能分寄大江流"(《扬州

客舍夜雨》)。他深深地感叹:“败芦寒雨断矶边,梦醒孤舟泪泫然。堂上二人年六十,旅中八口路三千。谋艰桂玉羞逢世,心怯风波且任天。扰扰半生南又北,未知归计定何年。”(《夜泊》)通过这次事件,洪升对社会现实有了较深的认识,对人民历遭兵灾及水灾倍加同情,“棋局长安事,傍观迥不迷。党人投远戍,故相换新颜”,深恶统治集团内部倾轧与朝政的翻覆。

洪升二十九岁那年,他和朋友偶然谈起唐代开元、天宝间的事情,李白被唐明皇赏识,唐明皇爱才,使洪升大为感慨。于是他以李白为主角,创作了传奇《沉香亭》,为李白应诏在沉香亭填写清平调词的故事。到北京以后,一位朋友说《沉香亭》这个剧本写得并不好,“排场近熟”,没有超出其他表现同一题材的作品。洪升觉得有道理,于是他删去原剧中李白的情节,加入李泌辅佐肃宗中兴唐朝的故事,把剧本改名为《舞霓裳》。这一年,洪升已三十五岁,距离完成《沉香亭》传奇已有七个年头了。

康熙二十七年(1688),四十四岁的洪升想到历代的帝王妃嫔成群,很少有用情专一的,而像唐明皇那样爱恋妃子杨玉环的帝王实在罕见。马嵬坡赐死杨贵妃,违背了他们当初的盟誓,在唐代便已经有了许多关于唐明皇、杨贵妃的传说,像唐明皇游月宫等,于是洪升决定专写李、杨爱情,把《舞霓裳》改为《长生殿》。剧本脱稿后,立即受到朋友们的称赞。在演员们的要求下,这个本子被搬上了舞台,成为当时最受欢迎的剧目。

康熙二十八年(1689)八月上旬,洪升招来戏班在家中演出《长生殿》,城里很多名人都赶来观看。当时正是孝懿皇后佟氏于前一月病逝,犹未除服,给事中黄六鸿以国恤张乐为“大不敬”之罪名上章弹劾。洪升下刑部狱,被国子监除名。此案的政治背景为当时朝廷内南北两党之争。南党以刑部尚书徐乾学为首,多为汉族官僚;北党以相国明珠为首,多为满族官僚,互相抨击。洪升与南党中人较为接近,且素性兀傲,其《长生殿》中有触犯当时忌讳之处。北党借此发难,欲兴大狱。康熙帝故示宽柔,除对与会者如侍读学士朱典、赞善赵执信、台湾知府翁世庸等人都被革职处理外,并未深究《长生殿》剧本。

洪升突遭此难,在京中备受白眼揶揄,不得已于康熙三十年(1691)返回故乡杭州。在《长生殿》之祸发生前不久,陈訏在给洪升的诗中曾这样写道:“佣笔为生拙,天涯口漫糊。有家归不敢,负罪子如无。行役何妨远,伤心独向隅。亲恩终浩荡,但返莫踟蹰。”(《寄洪昉思都门四首》之三)回到杭州的洪升,疏狂如故,放浪西湖之上,写诗填词作曲。

康熙三十四年(1695),《长生殿》付刻,洪升老友毛奇龄作序,序中说:“予敢序哉?虽然,在圣明固宥之矣。”明确指出康熙帝已不再追究这部剧本。康熙三十六年(1697),江苏巡抚宋荦命人安排演出《长生殿》,观者如蚁,极一时之盛。洪升在宴席上“狂态复发,解衣箕踞,纵饮如故”(尤侗《长生殿序》)。自此之后,吴山、松江等地相继演出。

康熙四十三年(1704),六十岁的洪升,应江南提督张云翼的邀请来到松江。张云翼把洪升奉为上宾,特意召集宾客,选了几十名好演员,上演《长生殿》。是年,江宁织造曹寅听说后,又把洪升请到南京,遍请江南江北的名士,举行了一个盛大的宴会,演出《长生殿》。曹寅素有诗才,明声律,乃集江南江北名士为高会,独让昉思(洪升)居上座,置《长生殿》本于其席,又自置一本于席。每优人演出一折,曹寅与洪升“雠对其本,以合节奏。凡三昼夜始阕。两公并极尽其兴赏之豪华,以互相引重,且出上币兼金赆行。长安传为盛事,士林荣之”(金埴《巾箱说》)。

洪升致力于戏剧创作,在《长生殿》之前写过不少剧本,现仅存杂剧《四婵娟》。此剧仿明代徐渭《四声猿》,四折各写一个故事,有谢道韫咏雪、卫茂漪簪花、李易安斗茗及管仲姬画竹。

移民后裔清张英

张英(1637—1708),字敦复,一字梦敦,号乐圃,又号倦圃翁,安徽桐城人,清朝大臣,著名大臣张廷玉之父。康熙六年(1667),张英进士及第,得到大学士李霨称赞,许为"国士",改内弘文翰林院庶吉士,进入庶常馆学习满、汉课程。不久,因父亲离世,张英离馆回乡丧居。康熙九年(1670)服阕入都,补原官。两年后张英重返京师,仍为庶吉士。这年闰七月,康熙亲自考查张英等32人的满文情况,张英被钦定为第二(有说第一),授翰林院编修。康熙十二年(1673)四月,玄烨幸临南苑,张英扈从,作诗二首(有说四首),《南苑赋》一篇,掌院学士傅达礼、熊赐履举张英、李光地等四人,康熙钦定张英。不久充任日讲起居注官,康熙每次幸临南苑,张英必陪从,时间一长,深识张英。

康熙帝亲政后,以国史院、秘书院、弘文院内三院为内阁,设大学士,参与军政机密。又在故宫乾清宫西南角,设立内廷侍候皇帝的南书房,内阁和南书房都在一定程度上分散议政王大臣会议的权力,皇权得到加强。康熙十六年(1677)命(张)英入直,赐予他住在西安门内,翰林学士赐居禁城自此开始。当时刚开始讨伐三藩,来往的军书繁杂,康熙日御乾清门听政后,即幸懋勤殿,与儒臣讲论经义。张英每天早出晚归,甚至刚回到住处又复宣召,往往饿着肚子赶过去,慎密恪勤,对此康熙很是满意。皇帝每次视察南苑及巡纾四方,必以张英为随从。当时的制诰也多出他之手。在任职期间,张英还充任过皇太子胤礽的师傅,后升为侍读学士。

康熙二十年(1681),张英乞假回乡重新安葬父亲,五年后返朝。当时翰林院掌院学士缺人,康熙认为:"张英为人厚重,不干预外事,补授此缺十分合适。"张英遂任内阁学士兼礼部侍郎职。闰四月,康熙谕示吏部:"张英和内阁学士徐乾学学问淹通,宜留在朝中办理文章之事,嗣后不要将他们列为巡抚人选。"九月,张英与侍读学士德格勒撰写起居注失误,被吏部题革职降级,康熙帝从宽处理。数月后,康熙帝命内阁学士李光地接任翰林院掌院学士,张英改任兵部右侍郎。

康熙二十六年(1687),张英调任礼部右侍郎。李光地此时离职回乡省亲,康熙又命张英兼翰林院掌院学士。九月,张英转任礼部左侍郎,仍兼翰林院掌院学士衔,又兼管詹事府詹事事务。康熙二十八年(1689),张英升任工部尚书,仍兼管詹事府。翌年六月,张英奉旨兼管詹事府外再兼翰林院掌院学士;七月,张英调任礼部尚书,仍兼翰林院掌院学士。担任礼部尚书三个月后,康熙斥一等公佟国纲所写的祭文"极为悖谬",张英则因未能详审祭文而被免去了礼部尚书职务。后来,张英因教习庶吉士不严曾被连降三级。三年后,康熙恢复了张英礼部尚书的职务,命其仍兼管翰林院、詹事府。康熙还先后让张英充任纂修《国史》《大清一统志》《渊鉴类函》《政治典训》《平定朔漠方略》总裁官。康熙三十六年(1697),张英受命充任了会试正考官。七月,张英以年老上疏辞去了兼管翰林院、詹事府事务。两年后,康熙将张英提拔至相位,任命其为文华殿大学士兼礼部尚书。

张英待人平易谦和,不喜欢炫耀表现自己,即使荐举了别人,也不让他本人知道。在讲课时,民生利病,四方水旱,知无不言。康熙说他执政:"始终敬慎,有古大臣风。"康熙四十年(1701),张英以衰病求罢,诏许致仕。濒行,赐宴畅春园,敕部驰驿如制。康熙四十四年(1705)康熙南巡,张英迎驾淮安,赐御书榜额、白金千金。随至江宁,康熙临时经过,倾听张英恳奏,允留一日。"时总督阿山欲加钱粮耗银供南巡费,江宁知府陈鹏年持不可,阿山怒鹏年,欲因是罪之,供张故不办;左右又中以蜚语,祸将不测。及英入见,上问江南廉吏,首举鹏年,阿山意为沮,鹏年以是受知于上为名臣。"康熙四十六年(1707)上复南巡,张英迎驾清江浦,仍随至江宁,赐赉有加。

张英自壮年起便有田园之思,致政后优游林下七年。著写《聪训斋语》《恒产琐言》,以务本力田、随分知足诰诫子弟。康熙四十七年(1708)张英病逝,谥文端。雍正皇帝读书于乾清宫,张英曾侍讲经书,及他即位,追念旧学,赠太子太傅,赐御书榜额揭诸祠宇。雍正八年(1730)入祀贤良祠。乾隆登基后,加赠太傅。

张英和他儿子张廷玉在清初康、雍、乾盛世居官数十年,参与了平藩、收台湾、征漠北、摊丁入亩、改土归流、编棚入户等一系列大政方针的制定和实行,对稳定当时政局,统一国家,消弭满汉矛盾,强盛国计民生都起到了积极而重要的作用。二人为官清廉,人品端方,均官至一品大学士,是历史上著名的贤臣良相。同时二人还是史家公认的学者大儒。

在张家官运的背后是康、雍、乾三世,他们是清代有作为的皇帝,在有作为

的皇帝身边溜须拍马、邀宠作奸是没有市场的，特别是雍正皇帝，为政不长，却厉行政改，一生勤于国政，“崇俭而不奢”，“毫无土木、声色之娱”。张廷玉记录雍正：“上进膳，常承命侍食，见上于饭颗饼屑，未尝弃置纤毫。”饭粒落于桌上也不舍弃。在张家高官的背后，是威严自律的帝国皇帝。当时的清王朝尽管帝王自律而有作为，对汉人仍提防有加，防汉人颠覆政权，大兴文字狱，高官厚爵们也伴君如侍虎，如履薄冰。张家人低调屈身也成自然。据载，张廷玉之子张若靄殿试得一甲第三名（探花），张廷玉跪求雍正换人，以留得名额给天下平民英才，因为张家已太多出人头地的机会了。雍正深为感动，将张若靄降级任用，可见张家谦卑公允之心昭昭可鉴日月。

张英在朝廷当文华殿大学士、礼部尚书时，老家桐城的老宅与吴家为邻，两家府邸之间有个空地，供双方来往交通使用。后来邻居吴家建房，要占用这个通道，张家不同意，双方将官司打到县衙。县官考虑纠纷双方都是官位显赫的名门望族，不敢轻易了断。在这期间，张家人写了一封信，给在北京当大官的张英，要求张英出面干涉此事。张英收到信件后，认为应该谦让邻里，给家里回信中写了四句话：“千里修书只为墙，让他几尺又何妨？长城万里今犹在，不见当年秦始皇。”家人阅罢，明白其中意思，主动让出三尺空地。吴家见状，深受感动，也主动让出三尺房基地，这样就形成了一个6尺的巷子。

张英的父亲张秉彝，生性乐于施济，“遇人之急不啻身受”，方“桐苦寇”，且“岁大馑”之时，“设粥糜以济饥者，全活甚众”。其夫人吴氏亦常助之济施不倦。清代桐城张英家族，不仅是声势显赫的簪缨世家及书香门第，而且也是清代甲科世家的典型代表。自明迄清500余年的时间内，张氏在科举考试中取得了非凡的成就，先后有20余人中进士，成为当时著名的豪门望族。

张英著作有《笃素堂诗集》《笃素堂文集》《笃素堂杂著》《存诚堂诗集》《南巡扈从纪略》《易经衷论》《书经衷论》《四库著录》《聪训斋语》《恒产琐言》等。

张英有6个儿子，其中4子都显贵。长子张廷瓒（？—1702），康熙十八年（1679）进士，官至詹事府詹事。次子张廷玉（1672—1755），康熙三十九年（1700）进士。三子张廷璐，官至礼部左侍郎。四子张廷橥。五子张廷瑑（1681—1764），雍正元年（1723）进士，由编修、充日讲起居注官升工部右侍郎。乾隆九年（1744），改补内阁学士，兼礼部侍郎，主江西乡试。后因病归里，另著《示孙篇》6卷。六子张廷瓘。

三朝元老张廷玉

张廷玉(1672—1755),字衡臣,号砚斋,张英次子。康熙三十九年(1700)进士,历任直南书房、侍讲学士、内阁学士、刑部侍郎、吏部侍郎、礼部尚书、户部尚书、翰林院掌院学士、国史馆总裁、太子太保、保和殿大学士等职,主修《明史》。

康熙四十二年(1703),张廷玉授翰林院检讨,开始担任《亲征平定朔北略》的纂修官。翌年,入值南书房。康熙帝召他至畅春园,询问其父张英致仕居家近况,命他赋诗。张廷玉作七言律诗二首,颇得康熙帝称许。当日奉旨侍值南书房,特旨带数珠,著四品官服色。“辰(早七时)入戌(晚九时)出,岁无虚日。塞外扈从十一次,夏则避暑热河,秋则随猎于边塞。”圣祖车驾远巡遍历蒙古诸部落,“穷边绝漠,余(廷玉)皆洱笔以从”,张廷玉身居内廷,承袭父业,“久持讲握,简任机密”。后张廷玉父母亲离世,服阕,仍原官。

康熙五十一年(1712),充会试同考官,不久授司经局洗马兼翰林院修撰。康熙五十五年(1716),授内阁学士兼礼部侍郎。康熙五十六年(1717),充经筵讲官。康熙五十七年(1718),充武英殿试读卷官,充纂修《省方盛典》副总裁官。康熙五十九年(1720),授刑部左侍郎,次年授吏部左侍郎,兼翰林院士。

康熙六十一年(1722),康熙帝驾崩于畅春园,皇四子胤禛入承大统。经过二三十年的艰苦激烈的奋争,胤禛深觉皇位来之不易,为了实现自己夺得皇位的夙愿,大力扶植和培养自己的势力。他曾说:“为政以得人为要,不得其人,虽良法美意,徒美观听,于民无济也。”于是慎选张廷玉作为辅佐他筹划军国大政的主要助手。同年十二月,特旨授礼部尚书,并指出:“朕再四思维,非汝不克胜任。”从此,张廷玉跻身于枢臣之列。

雍正元年(1723),张廷玉复值南书房,与朱轼等人同为诸皇子师傅。四月,任顺天府乡试主考官。雍正帝嘉其公慎,加太子太保。八月,署理都察院事,兼管翰林院掌院学士事。九月,调任户部尚书。十月,张廷玉任四朝国史总裁官。雍正初年,清廷在西北对蒙古准噶尔部大举用兵。由于两路大将军用兵失机,

准部叛兵屡扰边境。雍正帝心情焦劳，频繁指授方略。张廷玉“日侍内值，自朝至暮，不敢退，间有待至一二鼓”。雍正六年(1728)，晋保和殿大学士，不久又兼管吏部尚书事务。雍正七年(1729)，雍正帝在隆宗门开始设立军机处，命张廷玉与怡亲王胤祥、蒋廷锡领其事。雍正帝将军需一应事宜交怡亲王胤祥、大学士张廷玉、蒋廷锡密为办理。之后，雍正帝以内阁在太和门外，侍值者多虞泄漏，“始设军机房于隆宗门内，为承旨出政之总汇”。张廷玉拟定了办理军机处的规制：“诸臣陈奏，常事用疏，自通政司上，下内阁拟旨；要事用折，自奏事处上，下军机处拟旨，亲御朱笔批发。”应当说，雍正帝设立军机处，其主要制度都是张廷玉所筹划的。正是从这时起，“大学士必充军机大臣，始得预政事，日必召入对，承旨，平章政事，参与机密”。张廷玉不仅典掌军机，又兼理吏部、户部要职，总裁乾隆《吏部则例》等典章制度，对清朝政治制度的确立奠定了基础。

雍正十三年(1735)，胤禛帝病危，临终前，张廷玉与庄亲王允禄、大学士鄂尔泰等同为顾命大臣，遗诏他日以张廷玉配享太庙。乾隆帝即位后，奉行皇帝遗命，由庄亲王允禄、果亲王允礼、大学士鄂尔泰、张廷玉辅政。因他们恳辞，以总理事务王大臣称职。乾隆元年(1736)，张廷玉再次奉命为皇子师，仍兼管翰林院事。自此以后，皇帝每逢巡幸，张廷玉总是留京总理事务。乾隆帝还经常将他留京总理朝政，夜宿紫禁城，并典试科举，选拔人才，考察荐举官吏。张廷玉虽政务繁重，因学问深通，还荣膺雍、乾两代皇子师傅，兼任编纂《清圣祖实录》《明史》《大清会典》《皇清文颖》《清世宗实录》《玉牒》等重要典籍的总裁官。

乾隆十三年(1748)正月，张廷玉陈疏以老病乞休。乾隆帝专降谕旨：“卿受两朝厚恩，且奉皇考遗命配享太庙。岂有从祀元臣归田终老?”宣谕慰留。

乾隆十四年(1749)，命他如宋代文彦博例，十日一至都堂议事，四五日一入内廷备顾问。当年冬天，张廷玉再次乞求离职养病。乾隆帝批准以原官致仕，并御制诗三章赏赐。张廷玉入谢，而见乾隆帝时，上奏说：“以前世宗宪皇帝破格给予臣厚恩，遗命臣配享太庙，去年跟从陛下祭祀时又有挽留臣告老回乡的谕旨，臣恐怕死后不能有这样高的待遇，而且外间也有类似的议论。”他免冠叩首，请求乾隆帝出一个凭证。乾隆帝很不高兴，但还是拟了手诏，申明雍正帝的成命，并赐诗以安其心。诗云："造膝陈情乞一辞，动予矜恻动予悲。先皇遗诏惟钦此，去国余思或过之。可例青田原侑庙，漫愁郑国竟摧碑。吾非尧舜谁皋契，汗简评论且听伊。"次日，张廷玉具折谢恩，遣子张若澄入宫向乾隆帝谢恩。乾隆帝因张廷玉不亲自谢恩颇为恼火，传旨令他明白回奏。当时，由军机大臣傅恒、汪由敦传写谕旨，旨还未下达。翌日黎明，张廷玉即来内廷谢恩。乾隆帝更为不快，认为这是军机处泄露消息的缘故，切责了汪由敦漏言。于是廷臣会议，商议剥夺张廷玉的官爵，罢去配享太庙的优待，乾隆帝下令削去他的伯爵。

乾隆十五年(1750)，皇长子永璜刚去世不久，张廷玉再次请求归乡，激怒了乾隆帝，于是命以太庙配享诸臣名示张廷玉，命其自审应否配享。乾隆帝用大学士九卿议，罢配享，免治罪。随后归去。后来又因四川学政编修朱荃坐罪，命张廷玉尽缴颁赐诸物。乾隆二十年(1755)，张廷玉卒于家中，享年八十四岁，死后葬于龙眠山，乾隆帝最终仍遵清世宗遗诏，命配享太庙。

张廷玉兼管翰林院多年，又担任国史馆和其他好几个修书馆的总裁官。在此期间，大量的编纂工作都是由他主持开展的。先后任《亲征平定朔北方略》纂修官，《省方盛典》《圣祖实录》副总裁官，《明史》《四朝国史》《大清会典》《世宗实录》《玉牒》总裁官。《清世宗实录》是雍正帝死后数月，乾隆帝命张廷玉等人纂修的，到乾隆六年(1741)正式完工。在编写的过程中，张廷玉运用了包括皇帝文翰、起居注等在内的各种档案文书，边写作，边向乾隆帝汇报，取得乾隆帝的认可。这样纂修难免要处处揣摩圣意，很难秉笔直书。《清世宗实录》共159卷，每月一卷，涉及的内容非常广泛，包括政治、经济、文化、民族事务、对外关系及自然现象等。它是张廷玉等人迎合圣意编写的，篡改历史较多，记载难免失真，虽然为后世提供了大量史料，但价值不高。

张廷玉诗歌作品内容丰富，题材多样，既有生动传神的题画诗，又有饱含智慧的说理诗；既有真挚感人的性情诗，也有润色鸿业的应制诗。其中不乏思想内容和艺术成就都较好的作品。他一生作诗数千首，题画诗是其中重要的一部分，较为全面地表达了他的人生见解，处世立行的心得之言。

除了编史，张廷玉最主要的任务就是缮写上谕。西北战事开始之后，张廷玉协助雍正完善了军机处。军机处后来成为国家军政大事的决策机构，而张廷

玉就是其中的办事大臣。军机大臣虽不参与决策,只是“跪奏笔录”,但平日缮写上谕、处理文书既是一项体力劳动,也是脑力劳动,而张廷玉都能办得井井有条,未曾出过岔子。雍正每次口授片刻,张廷玉便可拟就,即便每日十数次也是如此,其文思敏捷一般人难以企及。

在清廷对准噶尔用兵吃紧之际,羽檄交驰,每日属吏请求张廷玉指示和批阅的文件常达数百件,但即便如此,张廷玉也没有耽搁或是做错过一件事。史载他时常坐在轿中还在办公,甚至傍晚回到家中还要熬夜加班,以便第二天能及时拿出处理意见。雍正皇帝称赞道:“尔一日所办,在他人十日不能及也。”

书篆大家邓石如

邓石如(1743—1805),原名琰,避清仁宗讳,更名石如,字顽伯,自号完白山人、龙山樵人、笈游道人等。怀宁县白麟坂(今怀宁宜秀区五横乡白麟村)邓家大屋人。邓石如是中国"两弹元勋"、两弹之父、原子弹之父、著名核物理学家、中国科学院院士邓稼先的六世祖,我国杰出的书法家、篆刻家。

邓石如出身于清寒书香门第,祖、父均酷爱书画,皆以布衣终老穷庐。邓石如9岁随父读书,10岁辍学,14岁"以贫故,不能从学,逐村童采樵、贩饼饵,负之转鬻"。然而在祖父和父亲的影响下,他喜读书,好刻石,仿汉人印篆甚工。包世臣在《艺舟双楫》中,把他的书法列为"神品",誉为"四体书皆国朝第一"。刘墉、陆锡熊见他的书法都大吃一惊,登门求识面。书法史上以"我自成我书"自负的"浓墨宰相"刘墉,当时见到邓石如的字,拍案惊呼道:"千数百年无此作矣!"连眼界很高、学富五车的康有为,贬颜(颜真卿)贬柳(柳公权),贬晋帖,贬唐碑,而对邓石如的书法,不仅高度评价,还把他作为划时代的一个标志。曹文填称邓石如四体书皆为清朝第一。工刻印,出入秦、汉,而自成一家,世称邓派。邓石如7岁时,为"潇洒老人"作《雪浪斋铭并序》篆书,即博时人好评。从此,他便踏上书刻艺术之路。20岁在家乡设馆,任童子师,不耐学生"憨跳"而舍去,随父去寿州(今寿县)教蒙馆,21岁因丧妻辞馆,外游书刻以缓悲痛。乾隆三十九年(1774)他32岁时,复至寿州教书,并常为寿春循理书院诸生刻印和以小篆书写扇面,深得书院主讲梁献(亳县人,以善摹李北海书名于世)赏识,遂推荐他到金陵(今南京)举人梅镠家学习,成为举人梅镠的座上客。梅家既是宋以来的望族,又是清康熙御赐翰墨珍品最多的家族,家藏"秘府异珍"和秦汉以后历代许多金石善本。邓石如纵观博览,悉心研习,苦下其功。"每日昧爽起,研墨盈盘,至夜分尽墨,寒暑不辍。"在梅家8年,前五年专攻篆书,后三年学汉分。他40岁时离开梅家,遍游各处名胜,临摹了大量的古人碑碣,锤炼了自己的书刻艺术,终于产生了"篆隶真行草"各体皆备、自成一家的大量作品。乾隆四十七年(1782),他游黄山至歙县,结识了徽派著名金石学家方君任和溪南经学家程瑶

田,及翰林院修撰、精于篆籀之学的金榜。后经梅镠和金榜举荐,又结识了户部尚书曹文埴。乾隆五十五年(1790)秋,弘历八十寿辰,曹文埴入都祝寿,要邓石如同去,石如不肯和文埴的舆从大队同行,而戴草帽,穿芒鞋,骑毛驴独往。至北京,其字为书法家刘文清、鉴赏家陆锡熊所见,大为惊异,评论说:“千数百年无此作矣。”后遭内阁学士翁方纲为代表的书家的排挤,被迫“顿踬出都”,经曹文埴介绍至兵部尚书、两湖总督毕沅节署(署武昌)做幕宾,并为毕沅子教读《说文字原》。在署三年,因性趣不合而离开。

乾隆五十九年(1794),邓石如由武昌回故里,买田20多亩,建屋一栋,并亲书“铁砚山房”匾额置于门首。他常将书刻售资救济乡人,贫不能葬者都尽力资助。此后10年间,邓石如常游于南京、扬州、苏州、杭州等地。60岁时他游京口,结识包世臣,授书三年,并以书法要诀告诉他:“疏处可以走马,密处不使透风,常计白以当黑,奇趣乃出。”包以其法验六朝之书全都符合。邓石如63岁临终这一年,仍收门生程蘅衫,为篆书《张子西铭》。这一年,得知泾县有八块碑需以大篆、小篆、分书、行楷各体书写便一口答应,没想到仅书一碑因病而归,阴历十月卒于家。

邓石如“身材高大,胸前飘一绺长长的美髯,遇人落落,性格耿介,无所合,无款曲,无媚骨,无俗气,称得上顶天立地的一个伟男子”。因为他祖辈出身寒微,枯老穷庐,一生备尝人间的酸甜苦辣,过着“采樵贩饼饵,日以其赢以自给”的生活。他以“山人”自居,于荒江老屋中高卧,把“功名”两字都忘记了。每日清晨,研一盘满满的墨水,就着净几挥洒,必待墨水用干了,他才上床休息。他一生虽饱受生活的煎熬,却把功名利禄置于脑后,全身心地投入艺术的艰苦锤炼中。

邓石如不愿媚俗取巧,只归于淡,把世间万物都看得淡了,淡到自甘寂寞,远离红尘。当年他为湖广总督毕沅的幕友时,“与人论道艺,所持侃凿,丝毫不肯假借,布衣棕笠,贵客公卿间,岸然无所诎也”,俨然一种平民艺术家的本色。他看不惯官场的群蚁趋膻,也不愿阿谀权贵。虽为幕友,却也落落寡合,他不适合那个生态环境,于是拂袖而去,返回民间,适者自适,从此一生六十余年再也没有混迹于官场。

邓石如自号顽伯、完白山人、完白山民、龙山樵长、凤水渔长等,以石自比,以顽石自况,一个山野之人的特立独行,飘然如在眼前。说到邓石如的为人,与他同时代的人评价甚高,有的说他“高尚”,有的说他“高洁”。邓石如初入京都时，当时的人都以内阁学士翁方纲为书法宗师，翁亦骄横一时，而邓石如“独不谒”，不去登门拜访翁方纲。盛气凌人的翁方纲则极度贬抑邓石如的书法，而邓石如一笑置之，“不与校也”。

邓石如常居集贤关，得人赠两只鹤，精心喂养后蓄于僧院中，他陪它散步，它伴他读书，“朝朝两件闲功课”。不料某太守见而爱之，携鹤而去。邓石如极为不平，写了一封措辞严厉的信索还。从此与鹤为伴，晨昏无间。邓石如死时，那鹤发出尖厉的唳声，哀鸣数日后，打了一个旋，消失在大漠青空之中。人鹤两化，只留下一段聚散情义于古今。

邓石如好友、桐城派散文大家姚鼐，曾给他写过这样一副对联：茅屋八九间钓雨耕烟须信富不如贫贵不如贱；竹书千万字灌花酿酒可知安自宜乐闲自宜清。

关于邓石如的移民身份，有武进人李兆洛撰、道州人何绍基书的《邓君墓志铭》为证：“邓之先以国氏其自鄱阳迁怀宁县白麟坂者，曰君瑞，至君十三世。”

李兆洛（1769—1841），字绅琦、申耆，号养一，阳湖（今江苏常州）人，清代沿革地理学家，嘉庆进士，曾任知县，后在江阴书院主讲20年。通历史、音韵、历算，尤长舆地之学。编著有《养一斋集》《历代地理志韵编今释》《历代地理沿革图》《皇朝舆地韵编》《皇朝一统舆地全图》《江阴县志》等。

何绍基（1799—1873），晚清诗人、画家、书法家。字子贞，号东洲，别号东洲居士，晚号蝯叟。湖南道州（今湖南道县）人。道光十六年（1836）进士。历主山东泺源、长沙城南书院。通经史，精小学金石碑版。据《大戴记》考证《礼经》。书法初学颜真卿，又融汉魏而自成一家，尤长草书。著有《惜道味斋经说》《东洲草堂诗·文钞》《说文段注驳正》等。

附铭文《邓君墓志铭》：

邓之先以国氏，其自鄱阳迁怀宁县白麟坂者，曰君瑞，至君十三世。君字石如，自号完白山人。名与睿庙讳下一字同，故以字行。祖上皆潜德不耀，而学行纯笃。考讳一枝，号木斋，博学多通，工四体书，善摹印。性傲兀，不谐于世，娄空晏如。

君少贫不能从学，逐邨童樵采或贩鬻饼饵以给饘粥。暇即从诸长老问经书句读，效木斋先生篆刻及隶古书，弱冠为童子师刻石印写篆

隶鬻诸市。梁闻山先生以书名颍凤间见而赏之，介诸江宁梅石居镠。镠为文穆公孙，多蓄古金石文字，尽发其藏，以资观摩。木斋先生殁，既葬。出游天台、雁宕，偏览黄山三十六峰，登匡庐绝顶。金修撰榜与张皋文先生见君书，大喜，留馆金家，转客于曹文敏公所，旋偕至京师，与刘文清公论书最契。游盘山、西山、明十三陵而返。毕弇山尚书，开府两湖，尤重君，留岁余，以其间泛洞庭、登衡岳、访《岣嵝碑》、望九疑，其归也。橐中装且千金，始买田二十余亩，筑室曰"铁砚山房"。以毕公尝制四铁砚铭以贻也。后复北游，登泰山、谒孔林，偏访齐鲁间金石遗迹。六十后不复远游，纵迹止大江南北而已。

君修干，美髯魁伟，异恒人。与人论道所持，侃侃，丝毫不叚借，布衣棕笠，客公卿间，然无所也。偶有馀资，以周三族之贫者。弟璘儒弱已析炊矣，婚嫁事仍身任之。弟殁，教其二子如子。嘉庆十年十月卒，年六十有三。原配潘氏，无出。继室盐城沈氏，生子传密、女三人。沈孺人于归后，君无岁不出游，家中劳苦繁辱及同堂子女嫁娶事，皆孺人任之。以辛酉春，亦先君卒。君悲不自胜。壬戌春，得妾程氏，抚育子女，而君仍出游，盖埍馆前一月始归也。咸丰二年十二月，传密始葬君于梅冲李庄高祖墓左，二配亦合窆焉。距君之卒四十有八矣。君书真气弥满，楷则具备手之所运心之所追，绝去时俗，符古初。传密从余游，日久，故得叙而铭之，曰：望之峋峋，即之肫肫。综之纭纭，理之彬彬。一以为古，异一为今。醇岂独其书，是惟其人有云轮囷来覆斯窀。

嘉庆初元，君客丹徒袁郎中家，爱其二鹤，郎中举以为赠。载归铁砚山房驯扰特甚，闻君声欬则徘徊循侍。时或飞入青冥，不知所之，旋必自归。若相依为命也。庚申冬，雌鹤毙，沈孺人得疾以次年正月逝，君旋出游，寄独鹤于集贤关僧院，郡守樊君强携去，君致书数千言，太守以鹤见还。寄鹤书手草后为太守女夫陈芝楣中丞所藏。乙丑夏，独鹤在僧院与蛇斗，不胜死，君方在泾县书孔庙礼器碑，未竟得疾归，遂以冬初不起，呜呼！异矣！所历名山，攀援幽险，饥则撷草木实食之，夜间投寓必磨墨盈盌，纵笔作径尺大字，以消胸中郁勃之气。余生晚，未及见君，与传密善，属书申耆丈所撰志铭，并录遗事见示，因附记于后。时同治乙丑仲秋月，何绍基谨记。

晚清名臣李鸿章

李鸿章(1823—1901),本名章铜,字渐甫或子黻,号少荃(泉),晚年自号仪叟,别号省心。晚清名臣,洋务运动的主要领导人之一,安徽合肥肥东磨店乡群治村人,因排行第二,故民间又称“李二先生”。淮军、北洋水师的创始人和统帅,洋务运动的领袖,晚清重臣,官至直隶总督兼北洋通商大臣,授文华殿大学士。曾经代表清政府签订了《越南条约》《马关条约》《中法简明条约》等。日本首相伊藤博文视其为“大清帝国中唯一有能耐可和世界列强一争长短之人”,慈禧太后视其为“再造玄黄之人”,著有《李文忠公全集》。他与曾国藩、张之洞、左宗棠并称为“中兴四大名臣”,与俾斯麦、格兰特并称为“十九世纪世界三大伟人”。曾外孙女是中国现代作家张爱玲。

李鸿章祖上原姓许,因舅家李姓无嗣,李鸿章八世祖迎溪,遂兼祧许、李二姓,合肥“槽坊许”宗谱记载,先祖由江西瓦家坝迁来。

李鸿章少年顽皮,喜养雀,稍长颖悟过人。六岁始师堂兄李少岚就读,后从当地名儒周先生攻读四书五经,十八九岁便成了府学廪生。道光甲辰(1844)开科参加顺天乡试,中第 84 名举人。道光二十五年(1845)至京,其父把他举荐给曾国藩,曾见他英俊聪慧,能倒背《春秋》,大爱不已,授以义理经世之举。道光二十七年(1847)会试,李鸿章应试中第 25 名进士,殿试二甲,朝考一等,授翰林院庶吉士,与郭嵩焘、沈葆桢、李宗羲被称为“丁未四君子”。

咸丰间,李鸿章在与太平军的战斗中,屡战屡胜,奉旨记名以道府使用,赏加按察使衔。咸丰八年(1858),李鸿章至江西进见曾国藩,留军营草拟文稿、奏章,襄办营务。

同治元年(1862),李鸿章募淮勇 6500 人,挑选旧部将刘铭传、周盛波、张树声、吴长庆,先编为四营,曾国藩又把自己的亲兵营和曾国荃统领的一个营,计 3000 人,拨李鸿章统领,在安庆检阅淮勇,正式成立淮军。三月,租外轮八艘,由英舰护航,率首批淮军从安庆出发赴沪。李鸿章至沪,中外诸军皆归指挥。八月,太平军危及上海,李鸿章亲督沪防三次解围,授兵部侍郎兼都察院右副都御

史。同治二年(1863),李鸿章以“上海、广东两口交涉事件较多,势不能以八旗学生兼顾”为由,在上海奏设外国语言文字学馆,聘请中外教习,考选江浙14岁以下文童及年轻小官吏入学,充当通商督抚衙门及海关监督翻译官。接着又提议创立天津招商局。同治三年(1864),李鸿章在苏州设立制炮局。同治六年(1867),李鸿章将苏州炮局迁至南京,改名金陵机器局,专制枪炮,供应淮军军火,提供大沽炮台大炮。

同治九年(1870),天津教堂滋事引起事端,法国借口仇教,联合英、美、俄、法、比、西共七国向清廷抗议,廷议促李鸿章酌带郭松林等军克日起程,由陕入直,移师天津,密筹防卫,并命重新修建、加固大沽口炮台,添置德国新式巨炮,增建平炮台三座,重整三岔口水师和炮台。八月,调任直隶总督,兼任北洋通商事务大臣。同治十一年(1872),李鸿章在上海创办轮船招商局,官督商办。

光绪三年(1877),李鸿章奏准清廷,将镇江米市迁至芜湖。光绪四年(1878),设立天津邮政总局,又在天津招集商股一百二十万两,设立开平矿务局。后来发现煤质甚佳,便购买外国机器,采用新法开矿。光绪六年(1880),清政府创办海军,李鸿章在天津奏立北洋水师学堂,聘请英、俄水师官兵在津沽会考水师学堂学生;又于天津创办北洋电报学堂,培养电信技术员,并奏设南、北洋电信线,从天津沿运河南下抵镇江、达上海,长约三千里;在紫竹林、大沽口、济宁、镇江、苏州、上海等处设立电报分局。同年,李鸿章在上海设立机器织布局。光绪十年(1884),法军侵略越南,李鸿章与法国总兵福禄诺(后升司令)在天津私订《天津简明条约》(简称《李福条约》)。光绪十一年(1885),李鸿章与日本首相伊藤博文签订有关朝鲜事务的《天津条约》。六月,李鸿章代表清政府与法国公使巴特纳于天津商订《中法新约》(即《中法越南条约》,又称《李巴条约》)。九月,清政府设立海军衙门,命醇亲王奕譞为总理大臣,庆郡王奕劻和李鸿章为会办大臣,李鸿章掌握实权。

光绪十二年至十六年间(1886—1890),李鸿章以全权大臣的身份制定法国通商滇越边界章程。会订葡萄牙通商之约;在黑龙江开办漠河金矿;在天津设立宝津局,用机器制作货币。将北洋海军扩建为北洋舰队,在旅顺建设船坞,建置库厂,分筑炮台;在威海南北各口筑炮台十余座,命海军提督丁汝昌统率全队,周历南北印度各海面,习风涛,练阵技;同时招集商股借外债和官款,修筑津沽铁路。派郑观应等在上海正式成立机器织布局。

光绪二十年(1894),日军进攻大连湾炮台,丁汝昌请率海军支援,李鸿章不允。旅顺被占,李鸿章被革职留任,摘去顶戴。光绪二十一年(1895),日军占领威海卫、刘公岛,北洋海军全军覆没。二月,清政府赏还李鸿章翎顶、黄马褂,开复革留处分,授以全权大臣往日本议和。二十三日,李鸿章抵达马关,与日本全权大臣伊藤博文、陆奥宗光开议。二十八日,李鸿章在第三次谈判归途中遇刺,手枪击中面部颧骨,血满袍服。清廷闻之,传旨慰劳,命为头等全权大臣,偃卧密授事机,又命其长子、参赞李经方为全权大臣,出面办理议约。三月二十三日,签订了丧权辱国的《马关条约》。自此,李鸿章回至天津,称病不出。次年四月初,俄皇尼古拉二世举行加冕礼式,清廷特命李鸿章为头等钦差大臣前往致贺,兼游欧美各国。上念李鸿章垂老远行,国威新挫,赏其子经方、经述随即出使侍奉。

光绪二十二年(1896)正月,李鸿章由京出发抵彼得堡,向俄皇递呈国书,代光绪帝遥馈头等第一双龙金宝星等物。尼古拉二世对鸿章亦优厚备至,赠宝星一枚等物,拨专款三百万卢布作为铁路"租借交涉特殊用之基金"。四月,与俄外交大臣、财政大臣在彼得堡秘密签订《御敌互相援助条约》,即《中俄密约》。五月,自俄入德境至荷兰、法国巴黎,后抵英,朝见维多利亚女王。七月抵美国纽约,向总统递呈国书,谒格兰特总统墓,访问议院;后往加拿大。八月乘美国之船回国。九月抵京复命。

光绪二十六年(1900),义和团运动兴起。李鸿章奉命从广东行至上海,命提督梅东益等搜捕直隶义和团。七月,八国联军攻入北京城,义和团和旗兵在宫门外联合抵抗。八月,慈禧太后、光绪帝仓皇出逃。各国公使提出《议和大纲》十二条,强迫清政府接受。李鸿章力与辩论,经过千磨百折,竭尽心力,相持历岁,才定和约。

光绪二十七年(1901)七月,和议成,八国联军撤退,李鸿章力请皇太后、光绪帝回京。李鸿章奏旨新政,设政务处,任督办政务大臣,施署总理外务部事务。庆亲王、总理外务大臣奕劻和李鸿章代表清政府与十一国(德、英、俄、法、日、美、意、奥、西、比、荷)驻华公使签订《辛丑条约》。是年,李鸿章忧郁焦急,"肝疾增剧,时有盛怒,或加病狂",至七月,骤发咯血不起。九月二十七日午时,

卒于京师贤良寺,终年七十九岁。

李鸿章是位造诣甚深的晚清书法家,其书法功底非凡。在不方不正的扇面上,字字和谐,布局有序,行行有度,疏而不乱。览之让人心旷神怡,赏心悦目。李鸿章从政之余,喜欢收藏图书,在上海寓居丁香花园,有“望云草堂”藏书处。1949 年以后,李氏藏书归入复旦大学图书馆收藏。

李鸿章的负面评价主要来自他做出的错误决策,如过于避战和重视海防,愿意牺牲整个新疆放弃疆防;1885 年在完胜日本的情况下,签订的《中日天津会议专条》,给予了日本可以派兵进入朝鲜的权利;在中日甲午战争中的指挥失误,导致军舰在威海卫被全歼;中法战争胜利后,反而签订了不平等条约;等等。另外,在早期镇压太平天国运动时,杀人过多;洋务运动和他的一系列措施,并没有改变中国继续沦落的趋势,也让他的功劳并不显著。

淮军名将张树声

张树声(1824—1884),字振轩,道光四年出生于肥西张老圩(今属紫蓬山管委会),廪生出身,清末淮军将领。历任道台、按察使、布政使、巡抚、总督、通商事务大臣等职。

肥西张氏是当地一个大家族,据家谱记载,先世自江西迁合肥之南乡(李鸿章在为其父张荫谷撰写的墓表中有"先世著江西,明时……始迁安徽庐州合肥县……居周公山,山居大潜、紫蓬二山间"。又"张老圩"后人:"我们老家在江西瓦家坝");明季有鳌公者,再由南乡迁西乡,世居周公山下,至张树声一代,已传衍十一世。张树声自幼生长于一个书香门第,父亲张荫谷,治学以实行为先,沉潜经史,贯通大义,尤其侧重于经世济时之务,不屑于凡夫俗儒记诵辞藻的风气。张树声兄弟九人,他排行居长,二弟树珊、三弟树槐、五弟树屏,后来皆为淮军将领。由于家中人口众多,生计日渐蹙迫,加上科场始终不顺,无奈之下,他父亲只得放弃举业,为生计衣食奔忙,每晚便教诸子读书。众子在严父训导下,旦夕勉励,学识皆日渐精进,为以后事业的发展打下了良好的文化基础。

受到家学熏陶,张树声志向高远,少年时期,刻苦用功,绩学励行,除重点攻读"四书""五经"外,于天文、历算、地理、兵法等都有着浓厚的兴趣,在同时期的学友中甚为杰出,深得学界耆宿的赞赏。不久以博学冠群,录取为县学廪膳生员(简称为廪生)。

咸丰年间(1851—1861),社会矛盾激烈,内忧外患,天下大乱。太平天国军席卷大半个中国,捻军在淮河流域与之遥相呼应,江淮地区到处土匪、盗贼猖獗横行。合肥西乡民众惶恐不安,父老乡亲经常聚集在他家中,磋商应对之策。当时各地办理团练以自保,他父亲挺身而出,率先捐出家中存粮数百石,并动员富裕人家出资,贫穷之户合力,招募青年壮勇,亲率树声、树珊、树槐、树屏数子,在周公山下殷家畈筑堡垒寨,创办团练。

同治元年(1862),湘军统帅曾国藩在"三河之役"中大败,主力被歼七千余众,无力分兵援沪,命当时为其幕僚的李鸿章,招募两淮营勇组建"淮军",以补

湘军力量的不足。李鸿章受命后，接到张树声派人送来的禀帖，帖中洞陈安徽形势，表示了愿意投效的意图，还谈了合肥西乡团练的一些情况。李鸿章即将此信转呈曾国藩，并附信写道："张生血性忠义。"曾国藩阅信后，对张树声大加称赞："独立江北，真祖生也。"同治元年(1862)，首批招募的树(张树声)、铭(刘铭传)、鼎(潘鼎新)、庆(吴长庆)四营陆续开到安庆集中。未过几日，李鸿章正式移驻北门外新营盘，建立起独立的指挥部，"淮军"正式建立。

两江总督曾国藩，对张树声的才干十分赏识，同治四年(1865)上奏任命他为徐海道，协助其处理地方事务。曾国藩调任直隶总督后，奏调张树声担任直隶按察使。张树声到任后，立即着手清理积案。由于连年战乱，直隶一省的诉讼案件积压万余件，各级官吏为之疲于奔命，民生之困均源于此。曾国藩与张树声首先筹划清理办法，形成《直隶清讼事宜限期功过章程》。张树声致力奉行，不久将积案全数处理完毕。由于政绩卓著，张树声调补山西按察使、布政使，不久再升至护理山西巡抚。同治十年(1870)，张树声升为漕运总督，此后又担任过江苏巡抚、署两江总督等职。张树声在淮军诸将中，是除李鸿章之外，最早得任督抚一品大员要职的人。张树声任官期间勤奋努力、廉洁奉公，取得了一些值得称道的政绩。

光绪元年(1875)，张树声丁母忧去职回乡。在乡期间，他曾联合刘铭传等人在离故居张老圩不远处，创办"聚星书院"，请李鸿章、左宗棠等人题写匾额、门联，培养人才。

光绪四年(1878)，张树声起复后，历任贵州巡抚、广西巡抚。光绪五年(1879)，张树声升任两广总督，成为权倾朝野的重臣。任上，张树声重视办理南疆海防、陆防，也顺应洋务自强的时势，开办了一些造船、办学、架筑电线、修建炮台等洋务，收到一些成效。值得称道的还有"禁闱姓""洋药土烟税厘"等项。所谓"闱姓"，实为一种类似于今天彩票的赌博方式，当地虽然屡经申禁，但仍愈演愈烈，"赌日盛而民日贫"。因此，他坚决反对有人提出的"开禁抽捐"之议，从严加以禁止。洋药、土烟即鸦片。张树声上奏朝廷，采取加征税厘的办法加以控制，以期逐步减少民众吸食，在当时不失为一种无奈之举。

光绪八年(1882)四月，李鸿章因丁忧回籍，奏由张树声署理直隶总督兼北洋大臣。张树声接任不久，遇到朝鲜发生内乱。张树声果断指挥成功处置事变,清廷下旨:“此次朝鲜乱军生变……张树声相机调度,督率有方,著赏加太子少保衔。”

光绪五年(1879),张树声就任两广总督不久,就对南疆海陆防问题做了实地察看和部署。鸦片战争之后,中国南海边防日渐废弛。张树声看到原有虎门、长洲等处炮台或年久失修,或无人值守,一旦作战不堪一击;轮船一项更是空白。越南原为中国藩属之国,越南不保则中国边境不宁。对于法国蓄谋侵占越南、进谋两广的战略意图,张树声早有察觉和防备。当他还在广西巡抚任上时,就命令统领左江防营的记名提督黄桂兰,以出境剿匪的名义,进入越南境内的凉山、高甲等地安插勇营,择要驻防,一边剿匪,一边加强防守准备。

光绪十年(1884)二月,中法越南战争正式爆发。此时张树声已经重病缠身,“肝风旋动”,卧床不起了。只能依靠淮军旧将潘鼎新、吴宏洛,以及原属树字营的将领王孝祺、董履高等人在前线指挥作战了。后来,清军老将冯子材率苏元春、王孝祺、董履高等人,取得“镇南关大捷”,大败法军,收复凉山,终于打退了法军侵略的嚣张气焰。广西战场上的胜利,有力支持了刘铭传的抗法保台。最后,张树声因病势加剧,病逝于军中。

张树声是淮军将官中政治卓识的人,他临终前冒着遭受谴责的风险,“谨伏枕口授遗折”,请及时变法以奠国家长治久安,委托继任两广总督张之洞、兵部尚书彭玉麟等人代为转呈清廷。

张树声的遗著有《张靖达公奏议》八卷,为其幕僚何嗣焜将其历年奏疏143篇,编为八卷,于光绪二十五年(1899)刊印成书。

张树声的孙子张吉友于辛亥革命后“跑反”,从合肥带出他的一群孩儿,后来个个出名。六男孩宗和、寅和、定和、宇和、寰和、宁和;四女儿元和、允和、兆和、充和。张家六个弟弟的四个姐姐中,大姐元和的夫君是昆曲名角顾传玠,二姐允和的夫君是著名语言学家、汉语拼音发明人周有光,三姐兆和的夫君是著名作家、文物鉴赏家沈从文,四姐充和的夫君是著名汉学家傅汉斯。

台湾之父刘铭传

刘铭传,字省三,出生于合肥西乡(今肥西县)大潜山麓的刘老圩,合肥刘氏后人仍口口相传始祖来自瓦家坝。刘家世代务农,父刘惠,生6子,刘铭传最幼,排行第六。因儿时患过天花,乡里称“刘六麻子”。11岁时父亲病故,随后大哥三哥又相继去世,其他几个哥哥各自成家,此后便与母亲周氏单独生活。母子相依为命,靠贩私盐为生。刘铭传性情豪爽,有一天,刘家因缴不出团队的粮食,被当地土豪侮辱。刘铭传向土豪警告道:“你们再作威作福,欺侮乡民,我就宰掉你!”土豪见是一个赤手空拳的毛头小子,狂笑道:“孺子还敢阻挡我吗?”刘铭传夺下土豪的佩刀,手起刀落,劈下那土豪的头颅,跑回乡里大呼:“某土豪给我杀死了,你们要保卫家乡,就跟我来吧!”当即有数百名乡里青年表示拥戴,刘铭传便领着这些青年,在大潜山修圩筑寨,开始了团练生涯。

同治元年(1862)二月,李鸿章受曾国藩指派,到合肥招募淮军,刘铭传同张树声、潘鼎新、吴长庆等各领本部团练投奔。曾国藩对这批新募淮勇极为重视,所有器械粮饷的供应悉仿湘军,手订营制,亲到校场检阅,命刘铭传充任“铭字营”营官。“铭字营”中多为刘家子弟,刘铭传在营中职务最高,辈分也最高,其中的骨干将领都是刘家子弟和刘铭传办团练中结纳的“同里敢战之士”,他们绝对服从刘铭传的指挥,成了刘铭传起家的重要帮手。

同治二年(1862)十二月,刘铭传奉命率部参加合围常州的战役,经过4个多月激战,攻下常州。淮军入城后,疯狂屠杀了护王陈坤书以下太平军将士近万人,刘因功被“赏穿黄马褂”。同治三年(1863),太平天国洪秀全之子洪天贵福由洪仁玕等护送到广德,后又被堵王黄文金迎往湖州,不久复回广德。刘铭传奉令跟踪追击,攻陷湖州、打下广德,毙太平军堵王黄文金。洪仁玕、洪天贵福辗转至江西,先后被俘处死。刘铭传被清廷“补授直隶提督”,时年仅28岁,成为当时淮军将领中军职最高的人。

同治四年(1864)刘铭传因荐举非人而受革职处分,心灰意冷,在家乡闲居十几年。其时,国事日益衰败,外患也日益严重,在同一些办洋务和具有改良思

想的人士交往中，他的思想发生了很大变化。光绪九年(1883)，中法战争爆发，已解甲归田、在乡间隐居多年的刘铭传愤然而起，准备重赴沙场，杀敌报国。清政府任命他为督办台湾事务大臣，筹备抗法，不久又授福建巡抚，加兵部尚书衔。翌年，法国侵略者把战火烧到台湾海面，清廷诏令刘铭传入京，他当即上了一道《遵筹整顿海防讲求武备折》，慷慨主战。6月26日，清廷下诏，命刘铭传督办台湾军务。就在同一天，法国政府下令将驻越南的东京湾舰队和南中国海舰队混合编组，成立一支特遣舰队。是年7月16日，刘铭传抵达基隆，第二天即巡视要塞炮台，检查军事设施，并增筑炮台护营，加强台北防务。在他到达基隆的第15天，战争爆发。8月4日，法舰直逼基隆，法军远东舰队司令孤拔和副司令利士比派副官上岸，要求守军“于明日上午八时以前将炮台交出”，守军置之不理。5日，法舰在利士比的指挥下，齐向基隆炮台猛烈开火，摧毁了清军数处炮垒及营房，守军在死伤十余人后向内地撤退，法军登陆，占领基隆港，将港内各种设施和炮台进行破坏。6日下午，法军陆战队向基隆市街搜索前进，并攻击附近高地。守军在刘铭传亲自统率下从各个方向奋勇反击，逐渐缩小包围圈。经过几小时的激战，法军伤亡一百余人，狼狈逃回军舰，侵占基隆的计划破产。

法军侵犯基隆首战即告失败，于是又向清政府提出新的和议条件，清政府再次拒绝。此时，法舰已有预谋地集中于福州马江，乘清军将吏相信“和谈大有进步”、丝毫不做准备之际，于23日下午发动突然袭击，把福建水师所有战舰全部击沉，然后炮轰马尾造船厂和马江沿岸各炮台。法军牢牢掌握了台湾海峡的制海权，得以随心所欲地全力侵台。孤拔再犯基隆，守军奋勇抵抗约两小时，伤亡百余人，最后被迫后撤。法军乘势登陆进攻，基隆港湾及周围阵地尽失，基隆市区告危。这时，法军在利士比的指挥下正进攻沪尾。刘铭传在得到大批法军猛攻沪尾，沪尾不断告急要求增援的消息后，考虑到台北府城是统帅部所在地，军资饷械集中于此，不可稍有疏虞。为保台北，沪尾重于基隆，于是决定撤离基隆，移师沪尾。法军占领基隆后，于8日又对沪尾发起进攻。利士比以战舰七艘轰击沪尾市街和各处据点，然后登陆，分几路前进。法军不惯于陆战，一进丛林便失去了统一指挥，只得各自为战。这时，预先埋伏在各处的清军从北、东、南三个方向奋起截杀，锐不可当。在短兵相战中，守军充分发挥自己的优势展

开近战，法军溃不成军，伤亡惨重。最后，法军弹药已罄，全线崩溃，只得奔向海滩，逃回舰上。这场战斗中，法方自认死 27 名，伤 49 名；刘铭传在给朝廷的奏折中说：“我军阵亡哨官三员，死伤兵勇百余人，法军被斩首二十五级，枪杀三百余人。此外又俘获法兵十四名，枭首示众。”通过这次战役，法国人不得不承认淡水的败战。此后，法国舰队只轮流在淡水河口对这个海港实施封锁，再没有能力发动进攻。

光绪十一年（1885），清廷任命刘铭传为首任台湾省巡抚。刘铭传在台湾任职期间，修建铁路，开煤矿，创办电讯，改革邮政，发展航运事业，促进台湾贸易，发展教育事业，促进了台湾近代工商业的发展，台湾防务也日益巩固。清廷加封刘铭传兵部尚书衔，帮办海军军务。光绪十六年（1890），刘铭传因通商口岸税务问题与外商交涉基隆煤矿招商承办等事，遭到顽固派官僚的激烈反对和清廷的严厉申斥，忧病交加，被迫向清廷提出辞呈。次年，清廷准其辞职。刘铭传怀着忧郁之心，乘船离开他苦心经营 7 年之久的宝岛。中日甲午战争爆发后，清军溃败，清廷令刘铭传出山，刘因病重辞命。不久，《马关条约》签订的消息传来，刘铭传得知自己一生中花最大精力创置的台湾省被割让给日本，忧思郁结，口吐鲜血，于光绪二十二年（1896）一月十二日凌晨，在六安刘新圩停止了呼吸，享年 60 岁。死后，清廷追赠他为太子太保，谥壮肃。

刘铭传在台湾任职期间，提出新的行政区划方案，全台行政建置定为三府、一州、十一县、四厅，从而基本奠定了台湾地方行政区划的基础。

刘铭传根据台湾四面环海的地理特点，集中解决防务中炮和船两大问题，共修筑新式炮台 10 座，并配置新式炮；以澎湖作为海防建设的重点，派水师驻扎澎湖，添购兵船，改变了台湾“水师无船”的状况；对全台防军进行了整编。此外，还创办了一批以制造枪弹为主，兼务修理军械的军事工业。在筹备防务过程中，刘铭传重点在面对日本的台湾北部地区设防。

刘铭传设立抚垦总局，兼任抚垦大臣，命令地方官府对于番民“教之耕耘，使饶衣食”，发展番地生产；设置“番学堂”，招收番童入学，提高番人知识水平。他还亲自写了一首《劝番歌》，体现了他“示威怀德、一视同仁”的团结少数民族政策。

刘铭传在任台湾巡抚期间，大力兴办和整顿各种实业，其中最著名的为基隆煤矿；设立官脑总局、磺务总局，实行专卖制度。

在通信方面，成功铺设沪尾至福州川石山海底、安平至澎湖妈宫港海底电缆，并在此基础上设立了电报总局，同时还率先对旧的铺递驿站传送法进行了改革，仿效外国邮政通信的先进办法，在台北设立邮政总局，发行邮票；特设商务局，招募华侨商股，并将所募股金定购 10 艘轮船，成立了轮船公司，与外国商轮展开竞争；在台北设立铁路总局，使台湾铁路成为中国自行集资、自行兴建、自行控制的第一条铁路；在台湾大力发展近代教育，在全台各地开办了几十所书院、义学、官塾，并兴办了一座“西学堂”，开设英文、法文、地理、历史、测绘、算术、理化等课程。

刘铭传始终心系台湾，直到现在，海峡两岸的人民仍在怀念这位第一任台湾省巡抚，今天的台湾岛上还有许多刘铭传的纪念设施。

民国政要段祺瑞

段祺瑞(1865—1936),字芝泉,曾用名启瑞,晚年号称“正道老人”,生于安徽合肥,所以又称“段合肥”。中华民国时期著名政治家,号称“北洋之虎”,皖系军阀首领,孙中山“护法运动”的主要讨伐对象。

段祺瑞曾任民国总理,祖父段佩是淮军铭军将领,官至记名总兵。段家祖籍江西饶州,明代迁安徽,先落户英山县(时属安徽,今属湖北),到清初,其九世祖段本泰由英山迁寿州(今安徽淮南所属寿县)南乡保义集。清道光年间(1821—1850),段祺瑞的曾祖父友杰迁家于六安太平集以北三里。

清同治四年(1885),洋务派代表李鸿章创办北洋武备学堂,段祺瑞以优异成绩考入武备学堂,成为第一期预备生,旋分入炮兵科,“攻业颇勤敏,以力学不倦见称于当时,治学既专,每届学校试验,辄冠其侪辈,与王士珍等齐名于世”,受到李鸿章的器重。翌年,段祺瑞与宿迁举人吴懋伟之女吴氏在合肥结婚。

同治七年(1888),段祺瑞以第一名的成绩,被获准与其他四位同学到德国留学,以官费入柏林军校,学习一年半炮兵,后独自留在埃森克虏伯兵工厂实习半年。一年后学成回国,派任北洋军械局委员,调到威海随营武备学堂任教官。

“中日甲午战争”爆发后,段祺瑞与学生一道为阵地搬运炮弹,抗击日军。光绪二十一年(1895),袁世凯在天津小站训练新式陆军,请荫昌推荐人才,段祺瑞被调往天津小站,任新建陆军左翼炮队第三营统带,旋兼行营武备学堂炮队兵官学堂监督、代理总教习。同治二十五年(1899),随工部右侍郎、山东巡抚袁世凯,率武卫右军到山东镇压义和团,成为袁世凯扩编北洋军的重要帮手,编撰了许多本操练章典,是北洋三杰(北洋之龙王士珍、北洋之虎段祺瑞、北洋之豹冯国璋)之一。

光绪二十九年(1903),清廷成立练兵处:庆亲王奕劻为总理练兵大臣,袁世凯为会办大臣,铁良为襄办大臣,徐世昌为总提调。段祺瑞任练兵处军令司正使,加副都统衔。第二年,“武卫右军”改为“北洋陆军”,段祺瑞任第三镇统制官。

光绪三十二年(1906),清政府在保定创办“陆军行营军官学堂”,段祺瑞兼任学堂督办,北洋军官多是他的门生故吏。不久清政府调袁世凯任军机大臣兼外务部尚书,削去兵权,段祺瑞被授镶黄旗汉军副都统,专门督办陆军各学堂。

光绪三十四年(1908),慈禧和光绪先后病死,摄政王载沣欲杀袁世凯,段祺瑞制造假的兵变,致使载沣不敢动手。两个月后,军机大臣、外务部尚书袁世凯被“着即开缺,回籍养疴”。袁世凯临走前,将北京私宅赠予段祺瑞,段祺瑞仍留军中,常赴河南彰德与袁世凯密议。

宣统二年(1910),清廷以段祺瑞督办北洋陆军学务有功,赏头品顶戴,加侍郎衔,外放任江北提督,驻江苏清江浦,负责本地治安。

宣统三年(1911)10 月 10 日,武昌起义爆发,袁世凯出山,急令段祺瑞为第一军统领兼湖广总督。段祺瑞由于早年出国留学,接受了西方民主共和的思想,深知中国的落后源于集权腐败的家天下统治,于是在讨伐革命军时,并不真的大举进攻,而是与革命军谈判并接连电告清廷内阁、军咨府、陆军部,声言:“共和思想已深入将士之心,将领颇有不可遏之势,压制则立即暴动,敷衍亦必全溃。”

民国元年(1912)1 月 26 日,段祺瑞联名握有重兵的 46 名将领,致电清廷内阁、军咨府、陆军部,一致要求“明降谕旨,宣示中外,立定共和政体。清廷如不速断,则江海尽失,势成坐亡”。2 月 5 日,段祺瑞再率第一军全体将领致电清廷。2 月 12 日,隆裕太后宣布清帝退位。

民国四年(1915),段祺瑞反对袁世凯称帝,所以被迫卸去职务。袁称帝前,他曾五次劝阻,结果三次被拒绝,两次吃了闭门羹。他劝阻袁世凯称帝,说此事关系国家安危及袁氏身家性命,是万不能做的。而袁称帝后,受袁世凯几十年知遇之恩的他虽未公开声讨,但决不参与,且未获任何封赏。袁世凯死后,段祺瑞推举黎元洪任大总统,平息了南方革命军的反对声音,恢复国会和《临时约法》。

民国六年(1917),段祺瑞力主加入协约国,黎元洪表示反对,因对德宣战问题府院发生激烈冲突,段祺瑞主张宣战,黎元洪不同意,争执不下,段祺瑞去职。6 月 14 日,张勋复辟,段祺瑞立即到马厂准备讨逆。3 日,段祺瑞以讨逆军总司令名义发出讨伐张勋的通电,在马厂誓师,并与冯国璋联电数张勋八罪,发表讨

伐张勋的檄文。12 日即攻入北京，赶走张勋，恢复共和。后冯国璋任总统，段祺瑞任总理。

民国六年(1917)，在继任的冯国璋总统任期内，段祺瑞就解决南北分裂、统一中国的方式问题与冯国璋发生第二次府院之争，11 月 22 日辞职，次年 3 月 22 日复职。同年，冯国璋总统的任期届满，安福国会选举徐世昌为大总统。段与冯约定共同下野，段祺瑞通过安福系继续在幕后操纵政权。

民国十三年(1924)10 月 23 日，冯玉祥发动北京政变，推翻大总统曹锟，先邀请孙中山北上，后与奉系妥协，请段祺瑞出山，任中华民国临时政府的临时执政(国家元首)。

民国十四年(1925)4 月 24 日，段正式取消法统令，废除中华民国第一届国会，由临时参政院替代。

民国十五年(1926)3 月，北京群众五千余人，由李大钊主持，在天安门集会抗议，要求拒绝八国通牒。段祺瑞执政府(段祺瑞当时不在执政府，亦未命令开枪)竟下令开枪，当场打死 47 人，伤 200 余人。3 月 19 日，各地舆论纷纷谴责国务院门口屠杀。3 月 20 日，段祺瑞明令抚恤死者，医治伤者。强大的舆论压力迫使段祺瑞政府召集非常会议，通过了屠杀首犯“应听候国民处分”的决议。4 月，段祺瑞被冯玉祥驱逐下台，退居天津日租界当寓公，潜心佛学，自号“正道居士”。九一八事变后，他拒绝与日本人往来，颇有操守。

民国二十二年(1933)，段祺瑞悄悄离开天津，脱离日本人的势力范围，移居上海。民国二十五年(1936)，段祺瑞因胃病突发病逝。

段祺瑞当任中华民国国务总理后，为推行“武力统一”政策，镇压孙中山倡导的护法运动，不惜出卖国家权益，向日本大量借款。两年间，共向日本借款 5 亿日元。通过这一借款，把中国山东和东北地区的铁路、矿产、森林等权益大量抵押给日本。

段祺瑞一生中曾经“三造共和”，1912 年，段祺瑞率前线北洋将领 46 人，联名致电清政府吁请清帝退位，结束了中国延续两千多年的封建帝制；袁世凯蓄意称帝时，他反对帝制；1917 年张勋复辟，段祺瑞率兵讨伐，使复辟破产。其实，段祺瑞“三造共和”的目的是为自己争权，在推翻袁世凯和张勋帝制后，仍实行独裁统治。

段祺瑞派心腹徐树铮收复外蒙古居功至伟。辛亥革命后，外蒙古因沙俄扶植脱离中国，当时的中国根本无力与沙俄对抗，然而段祺瑞瞄准俄国爆发十月革命，无暇顾及外蒙古的机会，派徐树铮一举收复外蒙古，举国人民欢欣鼓舞。外蒙古的回归，不仅打击了民族分裂势力，更保证了中华民国的领土完整与主权统一。在这一点上，作为当时的政府首脑，段祺瑞值得称颂。

段祺瑞一生清正耿介，颇具人格魅力，号称"六不总理"，曾四任总理，四任陆军总长，一任参谋总长，一任国家元首。是中国现代化军队的第一任陆军总长和炮兵司令。任过中国第一所现代化军事学校——保定军校的总办。九一八事变后，日本人曾胁迫段祺瑞去东北组织傀儡政府，段严词拒绝。

清末民初，段祺瑞是中国政坛上一个纵横捭阖、翻云覆雨的显赫人物。他的"三造共和"有贡献也有非议，他六次执掌北京政府，既外争主权，又大量举债，有"卖国"之嫌。他曾经集政府首脑和国家元首于一身（中华民国临时执政），但一生不事敛财，无房无地，晚年不为日本人所利用。尤其是在他辞世后，留下的一份令国人深思的"八勿"亲笔遗嘱，至今让人敬仰："勿因我见而轻启政争；勿空谈而不顾实践；勿兴不急之务而浪用民财；勿信过激之说而自摇邦本；讲外交者勿忘巩固国防；司教育者勿忘保存国粹；治家者勿弃固有之礼教；求学者勿骛时尚之纷华。本此八勿，以应万有。所谓自力更生者在此，转弱为强者亦在此矣。"

两弹之父邓稼先

邓稼先(1924—1986),安徽省怀宁县人。核物理学家,中国武器理论研究工作的奠基者和开拓者之一,中国研制和发展核武器的技术组织领导者之一,中国原子弹理论设计总负责人,中国科学院院士。

1924 年 6 月 25 日,邓稼先出生于安徽省怀宁县祖居铁砚山房,清代大书法家邓石如是六世祖。父亲邓以蛰是北京大学教授,母亲王淑蠲持家。邓稼先 5 岁在北平读小学,11 岁入中学,12 岁插班考入北平崇德中学初二年级,读到高一,在英文、数学和物理方面打下了良好基础。1941 年,17 岁的邓稼先考入国立西南联合大学物理系,学习 4 年,终身受益。1945 年,大学毕业。1946 年夏,受聘任北京大学物理系助教至 1948 年 7 月,同时在北大讲助会义务工作。1947 年,顺利通过赴美研究生考试。1948 年 10 月,入美国普渡大学物理系,师从德尔哈尔,研究理论核物理。1950 年 8 月获得博士学位,婉言辞谢了导师建议去英国发展的好意,9 天后乘船回到诞生不久的新中国。

1950 年 10 月,邓稼先被分配到中国科学院近代物理研究所,担任助理研究员。1951 年,加入九三学社。1952 年,晋升副研究员,在著名理论物理学家彭桓武教授的领导下从事原子核理论研究。1951—1958 年,他在《物理学报》上独立发表和合作发表了一批学术论文,为我国原子核理论研究做了开拓性工作。1954 年兼任中国科学院数理化学部副学术秘书,协助学术秘书钱三强和吴有训副院长工作。1956 年,加入中国共产党。1958 年 8 月,调任第二机械工业部第九研究院,担任理论部主任,领导我国第一颗原子弹的理论设计工作。从此,他为发展我国的核事业隐姓埋名,呕心沥血,孜孜不倦地奋斗了 28 年。他对工作极其负责任,对技术精益求精,处处以国家利益为重。困难面前坚定不移,勇往直前,关键时刻舍生忘死,无私无畏地奉献毕生精力,使我国的核武器从无到有,用 38 年时间跃到国际先进水平。

1958 年起,历任第二机械工业部第九研究所理论部主任,九院 901 所副所长、所长,核工业部九院副院长、院长。1982 年,当选为中共第 12 届中央委员会

委员。1986 年任核工业部科技委副主任和国防科工委科技委副主任。

从原子弹氢弹原理的突破和试验成功及其武器化，到新的核武器的重大原理突破和研制试验，邓稼先做出了重大贡献。1959 年选定中子物理、流体力学和高温高压下的物质性质三方面作为研制我国第一颗原子弹的主攻方向，这是他为我国原子弹理论设计工作做出的最重要的贡献。从此，他在十分困难的条件下，一面领导核武器理论设计，一面开展爆轰物理、流体力学、高温高压状态方程、中子运输等基础理论研究，对原子弹的物理过程进行了大量模拟计算和分析，根据发表的其他金属材料的状态方程，推出低压区铀的状态方程，修正了托马斯－费米理论，求出极高压下的核材料状态方程，并且巧妙地与低压区状态方程连接，给出了相当大区域内的完整状态方程，满足了理论设计的要求，中国第一颗原子弹的理论方案由此产生。1964 年 10 月，中国成功爆炸的第一颗原子弹，就是由他最后签字确定了设计方案。他还率领研究人员在试验后迅速进入爆炸现场采样，以证实效果。他又同于敏等人投入对氢弹的研究。按照"邓－于方案"，最后终于制成了氢弹，并于原子弹爆炸后的 2 年零 8 个月试验成功。同法国用 8 年零 6 个月、美国用 7 年零 3 个月、苏联用 4 年的时间相比，我国创造了世界上最快的速度。我国第一颗原子弹试验成功，威力相当于 2 万吨 TNT0，原子弹的理论设计方案受到检验。1963 年 9 月接受了研制我国第一颗氢弹的理论设计任务。1967 年 6 月 17 日，我国第一颗氢弹试验成功，威力相当于 330 万吨 TNT。"两弹"的研制成功，邓稼先功勋卓著，为打破超级大国的核垄断，增强我国国防实力，保卫世界和平做出了不可磨灭的贡献。1969 年 9 月 23 日，我国首次地下核试验成功。1978 年起，邓稼先领导核武器的小型化实战化研制工作，1984 年底，第二代核武器研制取得突破性成功，核弹头小型化的设计技术水平已经接近理论极限。1964—1984 年，国家进行了 32 次核试验，次次凝聚着他的智慧和心血，他亲自在现场主持试验队的工作 15 次，次次获得成功。1985 年 8 月在清扫癌瘤的大手术以后，他忍着病痛和化疗后的痛苦，在病床上和同事们反复商量拟定出给中央的建议书，详细列出我国在变化了的国际形势下研制核武器的主要目标、具体途径和措施，并以第一作者署名。1986 年 4 月，建议书上交中央。他逝世后，后继同志按照这个建议书继续奋斗 10 年，终于使我国的核武器研制达到了以实验室模拟代替试验的国际先进水平。这份

建议书是他在生命的最后一刻为我国核事业做出的重要贡献。在邓稼先逝世十周年的日子(1996 年 7 月 29 日),我国进行了最后一次核试验(第 45 次)。成功后,中国政府声明:从 1996 年 7 月 30 日起暂停核试验。

1980 年邓稼先被增补为中国科学院院士,1982 年获全国自然科学一等奖,1984 年被评为国家级中青年有突出贡献的专家,1985 年以“原子弹的突破和武器化”和“氢弹的突破及武器化”两次荣获国家科学技术进步奖特等奖。1986 年,国务院授予“全国劳动模范”称号,荣获国家“七五”期间第一枚全国劳动模范奖章;1987 年,第三次获国家科学技术进步奖特等奖;1989 年,以“核武器的重大突破”第四次获得国家科学技术进步奖特等奖;1999 年,获得两弹一星功勋奖。张爱萍将军把他誉为“两弹元勋”,李鹏总理题词“民族之光”。此前他的名字鲜为人知,但他对祖国的贡献永载史册。

邓稼先和周光召领导编写的《我国第一颗原子弹理论研究总结》,是一部开创性的核武器理论设计基础巨著,它总结了上百位科学家的研究成果,阐述了流体力学、爆轰原理、状态方程、中子运输等基础理论,详细描述了原子弹物理过程各个发展阶段的图像,对其中的物理规律做了深入探讨,譬如球面爆轰波理论、冲击波与金属的相互作用、冲击波的聚焦和不稳定性、核材料压缩度的粗估方法、裂变系统深燃耗的解析表达式,不仅继续指导着后来核武器理论设计的进一步发展,也是培养科研人员的入门教科书。

邓稼先在一次实验中,受到核辐射,身患直肠癌,于 1986 年 7 月 29 日在北京不幸逝世,终年 62 岁。邓稼先同志在弥留之际,还用生命的最后一丝智慧和力气,与于敏合著并共同署名了一份关于中国核武器发展的建议书,向祖国献上了一片真诚。该建议书的内容至今仍然保密。

附:邓氏族氏

邓石如,中国清代书法家、篆刻家。清代书法金石学家和文坛泰斗、经学宿儒,邓派的创始人。邓稼先之六世祖。

邓传密,书法家,邓稼先之五世祖,邓石如之子,毕生极力搜集邓石如遗墨、金石,并以唐人双钩之法摹之。晚年主讲于石鼓书院。

邓艺孙,字绳侯,书画家,邓石如重孙,邓稼先的祖父,诗文书画皆清回绝

俗。曾任安徽都督府教育司司长。著有《毛诗讲义》《离骚解诗》等。

邓以蛰,字叔存,白麟坂(今安庆市宜秀区五横乡白麟村)邓家大屋人,邓稼先之父,是著名书法家邓石如的五世孙,教育家邓艺孙的第三子,现代美学家、美术史家、教育家。

邓季宣,邓稼先四叔,著名教育家。

邓稼先,中国“两弹元勋”、两弹之父、中国原子弹之父。著名核物理学家,中国科学院院士。一位伟大而倍受尊敬的物理学大师。中国核武器理论研究奠基人。为中国原子弹、氢弹原理的突破和试验成功及其武器化,以及新的核武器的重大原理突破和研制试验,均做出了卓越贡献。